U1013035

程燕蓉　兰　剑　著

织密兜底保障“安全网”：政策兜底与贫困治理之路

西南大学出版社
国家一级出版社　全国百佳图书出版单位

图书在版编目(CIP)数据

织密兜底保障"安全网":政策兜底与贫困治理之路 / 程燕蓉,兰剑著. -- 重庆:西南大学出版社,2022.11

ISBN 978-7-5697-1720-4

Ⅰ.①织… Ⅱ.①程… ②兰… Ⅲ.①扶贫-研究-中国 Ⅳ.①F126

中国版本图书馆CIP数据核字(2022)第239270号

织密兜底保障"安全网":政策兜底与贫困治理之路

ZHIMI DOUDI BAOZHANG "ANQUANWANG": ZHENGCE DOUDI YU PINKUN ZHILI ZHI LU

程燕蓉 兰剑 著

责任编辑: 何雨婷

责任校对: 李晓瑞

封面设计: 观止堂_未氓

排　　版: 杨建华

出版发行: 西南大学出版社(原西南师范大学出版社)

地址:重庆市北碚区天生路2号

市场营销部:023-68868624

邮编:400715

印　　刷: 重庆新生代彩印技术有限公司

成品尺寸: 160mm×235mm

印　　张: 18.5

字　　数: 275千字

版　　次: 2022年11月 第1版

印　　次: 2022年11月 第1次

书　　号: ISBN 978-7-5697-1720-4

定　　价: 86.00元

前言

党的二十大报告全面系统深入地阐述了中国式现代化的中国特色、本质要求和重大原则，明确指出"中国式现代化是全体人民共同富裕的现代化"，并要求"着力维护和促进社会公平正义，着力促进全体人民共同富裕，坚决防止两极分化"。消除贫困、改善民生，逐步实现共同富裕，是社会主义的本质要求，是我们党的重要使命。党和国家历来高度重视兜底保障工作，习近平总书记强调，要坚持以人民为中心的发展思想，扎实做好保障和改善民生工作，实实在在帮助群众解决实际困难，兜住民生底线。兜底保障事关困难群众基本生活，关系民生，连着民心，是保障基本民生、促进社会公平、维护社会稳定的兜底性、基础性制度安排，是国家治理体系和治理能力现代化的重要组成部分。兜底保障政策整合了民政、卫健、教育、人社和残联等部门的帮扶资源，依托最低生活保障制度、特困人员供养、临时救助、医疗救助、教育救助等政策，对农村完全或部分丧失劳动能力、不能通过产业扶持和就业帮扶等措施保障基本生活的困难群体（也可称为"两无"贫困人口）实行政策性兜底保障。

改革开放以来，经过四十余年的建设，我国兜底保障政策得到了长足发展，已初步建立范围较为广泛、内容较为丰富的兜底保障制度体系，在贫困治理、保障困难群众基本民生等方面发挥了极其重要的作用。在脱贫攻坚时期，以社会救助为主导的兜底保障政策兜紧兜牢民生最后的"安全网"，为打赢脱贫攻坚战发挥了不可磨灭的作用。脱贫攻坚战略目标完成后，为进一步提升兜底保障政策效能，加快农村社会保障制度改革完善，助力巩固拓展脱贫攻坚成果与全面推进乡村振兴战略有效衔接，亟须从理论和实践两个层面深入研究兜底保障政策的实施现状、存在的问题及建设路径。因此，本书以习近平总书记关于扶贫开发工作、乡村振兴的重要论述为指导，聚焦养老、医疗、住房、教育等基本民生问题，对农村老年人、贫困家庭的未成年人、低保户等特殊困难群体进行针对性研究，总结归纳兜底保障政策实施现状与问题，基于政策设计、政策执行与实施效果的视角探讨健全完善兜底保障政策体系的路径，为我国进一步做好新发展阶段农村反贫困工作，深入改革完善农村社会保障制度，织密民生兜底保障“安全网”，扎实推进农村共同富裕，加快实现中国式现代化等提供理论支撑与决策参考。

综合运用问卷调查和个案访谈的研究方法收集实证数据资料，选取国内一些典型的农村地区，开展实地调研。综合调查数据分析得知，调研地各项兜底保障政策运行良好、有序，兜底保障成为“两无”贫困人口脱贫和保障基本生活的“重要利器”，该政策为打赢脱贫攻坚战做出了非常重要的贡献。针对自身无力保障基本生活的低收入人群，各地从低保救助、医疗救助与医疗保障、养老保险与养老扶持、教育救助等层面给予帮扶，从而确保贫困人口能够获得最基本的生活保障。农村社会保险与社会救助协同推进，能够较好地保障困难群体的基本生活。例如，国家对年满60周岁的所有农村居民每月发放一笔基础养老金。无论之前是否缴纳养老保险，只要年满60周岁的农村老人都能领取。虽然基础养老金每月从几十元到一百多元不等，但这对于农村贫困老年群体而言，能够在一定程度上缓解经济压力。同时也发现，因为收入水平较低，很多家庭对养老保险的缴纳还不够重视。尤其在过去，农村很多家庭往往选择缴纳最低档次的养老保险，因养老金的个人账户积累很有限，待年满60周岁后能得到的养老金仍然较低，这为老年贫困的产生埋下隐患。

通过分析兜底保障对象的基本特点以及致贫因素，可以发现：一是兜底保障家庭人力资本严重匮乏，社会资本存量低，文化资本水平低，经济资本十分脆弱；二是兜底保障家庭的致贫因素主要有自然条件差、经济社会发展不平衡、身体健康不佳、知识文化和技能匮乏等；三是通过定量数据的回归模型发现，“人力资本”“物质资本”“社会资本”“经济资本”对被访家庭是否成为兜底保障对象存在显著影响，其中身体健全状况（是否残疾)、知识文化水平、年龄、具备劳动能力的程度、住房宽裕度、有效社会关系网络、被访者是否觉得经济有保障、家庭中是否有未缴纳养老保险者等具体变量对被访者成为兜底保障对象存在显著影响。

基于兜底保障政策"设计—实施与执行—成效"的分析视角,作者发现兜底保障政策仍然存在诸多问题和现实困境,主要体现在如下三个方面。一是在政策设计上,农村兜底保障政策体系尚不完善,政策碎片化严重,兜底保障政策与扶贫开发政策衔接配合不够,兜底保障资金来源渠道单一。二是在政策实施与执行中,兜底保障准入机制还不够畅通,兜底保障对象识别精准度还须提升,动态调整机制亟待完善,退出机制执行难度大。三是在实施效果上,"撒胡椒面"的兜底保障政策,兜底脱贫效用有限;兜底保障的依赖问题较严重,"争进"与"赖退"并存;配套帮扶政策不足,兜底保障群体返贫风险高。这些问题的存在,也进一步要求农村兜底保障政策应加快改革。

本书针对兜底保障重点人群进行了深入研究,对事关养老、医疗、教育、住房等的民生问题进行了一些探索性研究。如针对农村的养老问题,聚焦农村养老的基本现状与面临的新形势,分析了农村养老困境以及如何构建农村养老兜底保障体系。因为农村地区经济基础总体上较为薄弱,针对农村老人的社会保障制度还不完善,社会福利和保障待遇还较低,农村老人仍面临因老返贫、因病致贫的风险。伴随着农村老龄化趋势的加快,很多贫困老人面临"老无所依""老无所养"的巨大风险,加快构建养老兜底保障体系的任务艰巨。因此,亟须发挥家庭、政府、市场、社会等各个主体的作用,构建完善的多层次养老兜底保障体系,确保农村困境老人基本生活有保障、医疗问题有保障、生活照料和精神关爱有保障。其中,家庭仍然是农村养老的主体,为兜底养老起着"定海神针"的作用;政府是养老兜底的主体,是家庭养老失灵和社会养老失灵的有力保障;社会是有益补充。

脱贫攻坚目标任务完成后,兜底保障政策的发展面临着新形势,如:反贫困重心虽发生转变,但低收入群体规模仍然庞大;多维贫困成为主导,社会风险增加;低收入家庭经济脆弱,已脱贫人口面临巨大返贫风险;

等等。面对新形势,必须深化拓展兜底保障政策中“兜底”的内涵,准确把握兜底保障的贫困类别,精确认定兜底保障对象。加快构建和完善综合型、系统化的兜底保障政策体系,一方面要涵盖困难群体兜底保障基础性需求,解决基本生活问题;另一方面要兼顾困难群体基本的发展型需求,提供基本的发展机会和条件。要更好发挥兜底保障政策兜住民生底线、稳定社会秩序等方面的功能,实现精准识别、精准帮扶与“应保尽保、应兜尽兜”的目标,亟须加强以下几方面的路径建设。一是强化兜底保障制度体系衔接,凝聚农村反贫困合力。健全以民政部门为主导,各职能部门相互配合衔接的部门协作机制,持续加强兜底保障政策与乡村振兴战略的深度衔接,完善社会力量参与兜底保障的各项激励与优惠政策。二是推进兜底保障资源靶向流动,实现兜底保障精准运行。完善家庭综合经济核查机制,综合评估家庭贫困程度,建立联合认定机制,精准认定兜底保障对象,加快民政领域政务信息化进程,简化申请审核程序,加快构建积极有效的兜底保障主动发现机制。三是健全完善兜底保障过程管理,加强动态兜底服务。新时代的兜底保障应坚持适度普惠和标准放宽原则,确保贫困人口能够共享经济社会发展成果,完善兜底保障标准与经济发展水平、物价上涨的联动机制,加强兜底保障的过程管理,建立对兜底保障对象生活变化的跟踪机制,规范化运行兜底保障退出机制。四是建立更加公平、可持续的兜底保障制度,不断提升兜底效果。中央和省市财政加大对落后地区兜底保障资金的转移支付力度,持续提升兜底保障水平,协同推进基本生活兜底保障和发展型、能力型层面的兜底保障,强化配套扶持政策的支持力度,全面提高农村家庭的整体互助能力,提升对困难家庭的整体帮扶水平。

2020年打赢脱贫攻坚战,意味着我国已经很好地解决了绝对贫困问题,但兜底保障的贫困人口仍然存在,相对贫困现象仍会发生,返贫致贫的风险因素仍然存在。《中共中央 国务院关于全面推进乡村振兴加快农业农村现代化的意见》对“实现巩固拓展脱贫攻坚成果同乡村振兴有效衔接”做了专题部署,明确提出对摆脱贫困的县,从脱贫之日起设立5年过渡期,做到扶上马送一程,持续巩固拓展脱贫攻坚成果,接续推进脱贫地区乡村振兴。着眼已脱贫人口的收入增长、教育发展、医疗保障、住房保障等基本情况，巩固拓展脱贫攻坚成果的任务十分艰巨，守住不发生规模性返贫底线的任务十分艰巨。同时，已经消除绝对贫困，并不意味着当前就不会再发生贫困，并不表示没有绝对贫困人口。无论是在脱贫攻坚期，还是完成脱贫攻坚目标任务之后，我国仍然存在一部分困难群众难以依靠自身力量，难以依靠产业帮扶等措施保障基本生活。

进入新发展阶段，兜底保障政策同样必须兜牢兜紧民生底线，保障困难群体的基本生活，要在助力持续巩固脱贫攻坚成果的同时，加强农村社会保障与乡村振兴战略的衔接，提升养老保险、医疗保险的保障水平，健全分层分类、城乡统筹的社会救助制度体系，力争在农村社会保障制度更加成熟上取得新成效。因此，新发展阶段农村反贫困工作的重心在于持续巩固拓展脱贫攻坚成果，促进脱贫群众生活更上一层楼，确保不发生规模性返贫，加强农村低收入人口常态化帮扶。兜底保障政策在其中仍将发挥非常重要的作用，是一项基础性的制度安排。要坚决守住防止规模性返贫底线，就要对农村低保对象、农村特困人员、农村易返贫致贫人口，以及因病因灾因意外事故等刚性支出较大或收入大幅缩减导致基本生活出现严重困难人口等加强帮扶，以现有社会保障体系为基础，健全农村低收入人口常态化帮扶机制。对脱贫人口中丧失劳动能力且无法通过产业就业获得稳定收入的，按规定纳入农村低保或特困人员救助供养范围，并按困难类型及时给予专项救助和临时救助。这也充分说明，迫切需要加快完善兜底保障政策体系，充分发挥兜底保障制度救急难、兜底线的功能，有效保障低收入群体过上"比较体面"的生活，让脱贫群众在内的广大人民共享发展成果，朝着逐步实现全体人民共同富裕的目标继续迈进。

由于作者学识有限，本书谬误在所难免，诚恳接受学界同人的批评指正，在此深表谢意！

目录

第一篇　总述

第二篇　社会调查与现状测度

第三篇　影响机制与问题剖析

第四篇 专题研究与案例分析

第五篇　体系构建与建设路径

第一篇　总述

第一章 导论

第一节　研究背景与研究意义

兜底保障,是习近平总书记精准扶贫、精准脱贫思想中“五个一批”工程的重要组成部分,是指要对完全或部分丧失劳动能力的困难群体,通过社会保障等政策来实现政策性兜底保障。这既是“让广大人民群众共享改革发展成果”的国家方略,也是社会主义制度优越性、扎实推动共同富裕的根本要求。相比以往的反贫困战略,“精准扶贫、精准脱贫”是党中央、习近平总书记审时度势,在总结我国以往扶贫开发实践基础上确立的一项基本方略。精准扶贫改变了以往“漫灌”的扶贫方式,转向精准识别、精准帮扶、精准考核的“滴灌”扶贫方式,对解决农村反贫困难点、啃下贫困问题的“硬骨头”具有重要的意义。

一、研究背景

2015年10月,国家主席习近平在减贫与发展高层论坛上首次提出“五个一批”的脱贫措施,明确提出“坚持分类施策,因人因地施策,因贫困原因施策,因贫困类型施策,通过扶持生产和就业发展一批,通过易地搬迁安置一批,通过生态保护脱贫一批,通过教育扶贫脱贫一批,通过低保政策兜底一批”,这为打通脱贫“最后一公里”开出破题药方。在2015年11月召开的中央扶贫开发工作会议上,习近平总书记更加详细地阐述了“五个一批”的内涵。对于解决好“怎么扶”的问题,按照贫困地区和贫困人口的具体情况,实施“五个一批”工程,即“发展生产脱贫一批、易地搬迁脱贫一批、生态补偿脱贫一批、发展教育脱贫一批、社会保障兜底一批”。其中,“社会保障兜底一批”即指对贫困人口中完全或部分丧失劳动能力的人,由社会保障来兜底。习近平总书记明确提出,“统筹协调农村扶贫标准和农村低保标准,加大其他形式的社会救助力度”“要加强医疗保险和医疗救助,新型农村合作医疗和大病保险政策要对贫困人口倾斜”。2015年下发的《中共中央 国务院关于打赢脱贫攻坚战的决定》明确要求,稳定实现农村贫困人口不愁吃、不愁穿，义务教育、基本医疗和住房安全有保障，并要求在2020年确保我国现行标准下农村贫困人口实现脱贫，贫困县全部摘帽，解决区域性整体贫困。我国各地区纷纷开展了社会保障兜底促进精准扶贫的政策实践，对于难以依靠自身力量、难以依靠产业扶持实现脱贫的贫困人口实施政策兜底保障，突出了社会救助兜底扶贫的功能和意义。例如，民政部、国务院扶贫办等出台了农村低保与扶贫开发政策有效衔接的指导意见，一些省（区、市）相继出台了社会保障兜底推进精准扶贫的实施意见。

“五个一批”工程助力我国在2020年打赢脱贫攻坚战，尤其是社会兜底保障发挥了兜住民生底线的作用，构建了对困难群体最后的“安全网”，对于保障基本民生、维护社会稳定等具有不可替代的作用。2020年，中国打赢脱贫攻坚战，消除了绝对贫困，但这并非意味着没有绝对贫困人口，也不是说2020年以后就不会再发生贫困了，而是说国家已经对所有低于贫困线的困难群体通过社会保障等政策进行兜底保障，避免困难群体落到贫困线以下，从而可以保持相对体面的生活水平。因此，无论是在脱贫攻坚期，还是完成脱贫攻坚目标任务之后，我国将仍然存在少部分贫困人口。这部分贫困者往往条件特殊，如无劳动能力或者无法通过扶贫开发尽快脱贫，那么就仍然需要依靠政策性兜底保障。

党的二十大报告明确指出，“全面建设社会主义现代化国家，最艰巨最繁重的任务仍然在农村”，进一步要求“巩固拓展脱贫攻坚成果，增强脱贫地区和脱贫群众内生发展动力”。新发展阶段针对脱贫脆弱群体、突发贫困群体等如何实现应兜尽兜、兜住兜牢、“不留锅底”，是各地必须面对的重大课题，但是因资金投入、精准识别、兜底成效等存在较大困难，使得一些地方仍然存在着政策衔接“脱臼”、兜底保障对象识别不精准、动态管理与退出机制不健全等突出问题，亟须从理论和实践两个层面进行系统研究。应通盘考虑脱贫攻坚战略完成后农村反贫困形势、少部分贫困人口的兜底保障问题，构建理论分析框架，综合评价现状与问题，分析现实困境与原因，搭建精准兜底保障的政策体系。这对贯彻落实习近平总书记关于农村反贫困、民生建设等方面的重要指示，巩固拓展脱贫攻坚成果同乡村振兴有效衔接、做好新发展阶段农村反贫困工作等都具有十分重要的理论价值和现实意义。

二、研究意义

（一）学术价值与意义

深刻领会习近平总书记关于扶贫开发、乡村振兴等的指示精神，通过对社会保障、社会救助政策及农村贫困治理、乡村振兴战略的理论凝练，将兜底保障与农村反贫困战略进行对接，探究政策性兜底保障的实践难题与学理困境，创新农村社会保障制度建设、农村反贫困政策衔接的理论成果，回应新时代兜底保障的现实与理论问题，为助推建构完善的政策兜底保障体系、推进农村反贫困政策衔接等奠定学理基础。

（二）应用价值与意义

紧扣新时代农村反贫困工作进程，以问题为导向，准确把握农村贫困治理的新要求、新趋向，重点研究政策性兜底保障的现实困境化解路径、政策衔接配合机制与制度完善路径，为进一步做好农村兜底保障工作、解决兜底保障政策设计与实施的问题、改革完善农村社会保障制度等提供参考建议，直接服务于党和国家“三农”工作、农村反贫困的重大需求。

第二节　研究的理论基础

一、底线公平理论

现代社会矛盾多发，充满风险，冲击安全稳定和社会底线的事件时有发生，底线公平引起社会的广泛关注和越来越多学者的研究。“底线公平”

概念最初由景天魁研究员于2002年在吉林大学的一次演讲中提出，他在2004年第36届国际社会学大会时正式发表主要见解。他指出，强调底线公平，是因为“一般公平”的抽象性、绝对性在现实中很难做到，可能还会造成更大的不公平。“一般公平”的一个重要特点就是强调以“平等”为前提，并常常与“平等”混同。“平等”的政治含义是指地位平等、权利平等，在经济上和数量关系上却常常指“均等”“平均”。但是“均等”“平均”不一定就是公平，甚至可能是不公平。现实也表明，“一般公平”无法解决甚至会加剧穷国与富国之间的不公平，无法解决甚至会加剧一国之内不同阶层之间的不公平。景天魁进一步指出，底线福利旨在满足社会成员基本的生存需求、健康需求和发展需求，至少在目标上应该努力做到基本没有差别，这是一种公平、无差别的公平；非底线福利，因为是满足享受型需要和面向少数人的发展型需要的，应该有差别，当然也要把差别保持在合理的范围内，这是另一种意义上的公平，有差别的公平。（景天魁，2012）该理论的基本内容集中体现在其学术著作《底线公平：和谐社会的基础》之中。按照景天魁的说法，底线是全社会除去个人之见的差异之外，共同认可的“一条线”。底线划分了社会成员权利的一致性和差异性，底线以下表现为权利的一致性，底线以上体现为权利的差异性，所有公民在这条底线面前所具有权利的一致性。（景天魁，2008）底线公平是在中国面临一系列限制条件下，在社会保障和社会福利建设中实现公平与发展相均衡的福利基点，依据底线公平理论可以建立体现公平与发展相均衡的制度机制，形成有助于实现公平与发展相均衡的内生动力。（景天魁，2015）最低生活保障制度、义务教育、公共卫生和基本医疗是权利一致的底线福利制度，所有人都具有一致性的权利，是政府和社会必须承担的责任。

底线公平理论一经提出就受到学界的广泛关注，并得到政府有关部门的重视。同时期国内很多学者也进行了研究和阐述。郑功成（2006）指出，底线公平是维护人的生存权利，生存权是其他一切权利的前提，它需要完善的社会救助制度来保证。袁方（2010）认为，社会公平包含底线公平，底线公平又是社会公平的现实体现，底线公平将抽象的社会公平具体化，使社会公平更具现实意义和针对性，是人民对社会公平理念在现实中的主观认知和客观实现,底线公平是社会公平的现实根基。彭华民、顾金土(2009)指出,底线公平不是低水平的公平,底线是指一种界限,是指不能含糊、不能推卸、必须坚持、必须做到的事情。在道德上,底线是与尊严、荣誉、良心能否守住攸关的言行标准和规范。底线公平倡导弱者优先、政府首责、社会补偿、持久效益,着力解决"既保持发展活力,实现可持续发展,又能实现社会公平"的难题,推动中国社会保障朝着既普遍覆盖、人人共享,又与经济发展水平相适应的方向健康发展。毕天云(2017)指出,底线福利公平是社会福利公平的基础,具有地位基础性、性质绝对性和政府首责性等基本特征,其实现途径包括最低生活保障公平、义务教育公平、公共卫生服务公平和基础养老金公平。底线公平规定了中国民生建设所应当依据的原则与标准、项目及目标,它是实践理性、工具理性以及价值理性的统一。底线公平理论可以作为中国民生建设的理论基础,底线之下的民生建设项目是政府不可回避的责任,底线之上则可以发挥市场机制的力量。底线公平不仅体现为一种特定的价值理想,更直接表现为全面的制度实践。(高和荣,2009)兜底保障政策是保障极端贫困人口、最困难群众基本生活的必需路径,是社会最后的"安全网",必须坚持底线公平。

二、可持续生计理论

随着贫困问题的不断演进,社会对贫困问题的认识不断深化,人们对贫困内涵的认知不断变化,逐渐从单一视角向多维视角转变。阿玛蒂亚·森的贫困理论认为,贫困必须被视为基本可行能力的被剥夺,而不仅仅是收入低下。相关的能力不仅是那些能避免夭折,保持良好的健康状况,能受到教育及其他基本要求,还有各种各样的社会成就。贫困意味着贫困人口在基本生存、教育、健康、就业等多重领域的匮乏或缺失。生计的基本含义是生活的手段或方式,主要包含能力、资产以及维持生活所必需的活动等三个方面。可持续生计意指通过维持和提高生产能力来保障财产、资源、收入的稳定,并且储备足够消耗和应对损失的食物和现金,以满足基本生存的需求。(陈艾、李雪萍,2015)英国国家发展署(DFID)认为,只有当一种生计能够在压力和打击下得以恢复,能够在当前和未来保持甚至加强其能力和资产,同时又不损耗其自然资源基础,这样的生计才是可持续的。该机构建立了可持续生计框架(SLF)模型,其把影响可持续生计资本划分为自然资本、人力资本、金融资本、物质资本和社会资本5个部分,并通过生计脆弱性、生计资本与生计策略之间的关系,阐述了能力再造的内涵。(张峻豪、何家军,2014)DFID重点强调了生计资本的重要性,改善贫困人口的资产可得性有助于奠定他们的生计基础,提出创造更多的收入、提升福利、降低生计脆弱性、抑制食物短缺、提高食品安全、更可持续地利用自然资源等途径。生计可持续的基本条件是生计内容的整体性,单一反贫困主体难以满足贫困农户整体性生计内容的需要,因此实现农民可持续生计的必由之路就在于推进各反贫困主体有机合作。这对我国创新农村反贫困行动和改善农户生计具有重要的启发。(王三秀,2010)

20世纪末,伴随着经济全球化和各国经济社会的不断发展,全球在反贫困方面取得重要成绩的同时,也面临着返贫顽疾、社会排斥以及政府负担过重等一些新问题的困扰。因此,可持续生计理念引起了更为广泛的重视和系统研究。进入21世纪以来,对该理论的关注角度有新的变化,如有西方学者在探讨社会政策选择问题时,提出兼顾当代人和下一代人生计的主张。从1992年"可持续生计"被首次提出至今,国内外围绕可持续生计框架开展了大量的研究和实践。如世界各地的扶贫开发和可持续生计建设项目中广泛采纳可持续生计理论,在一些非洲和南亚国家,可持续生计分析框架正在被用来指导相关的生计实践和调查评估。在我国,该理论的应用主要集中在评估贫困状况和找寻治理措施上。可持续生计既是生计追求的目标,也是生计实现科学发展的结果,强调必须以人为本,立足现有资源,通过内生发展与外力帮扶相结合,实现生计渠道的扩展和生计能力的提升。(赵锋,2015)可持续生计视角下我国农村贫困治理的核心问题是生计资本的增加和生计策略的优化,促进"生计环境—生计资本—生计策略—生计产出"的良性循环。(何仁伟等,2017)

三、贫困恶性循环理论

贫困恶性循环理论(vicious circle of poverty)是哥伦比亚大学教授纳克斯于1953年在其著作《不发达国家资本的形成》中提出的关于资本与经济发展关系的理论。他认为,由于发展中国家的人均收入水平低,投资的资金供给(储蓄)和产品需求(消费)都不足,这就限制了资本形成,使发展中国家长期陷于贫困之中。在供给方面是“低收入→低储蓄能力→低资本形成→低生产率→低产出→低收入”的恶性循环;在需求方面,同样存在着“低收入→低购买力→投资引诱不足→低资本形成→低生产率→低产出→低收入”的恶性循环。将两个循环联系起来,可以看出,一方面即使有了投资引诱,也缺少储蓄可以用来投资;另一方面,即使有了储蓄,也会因为投资引诱不足而难以消化储蓄。两个循环的起点都是低收入,终点也都是低收入,而整个循环的关键点都是资本形成不足。这两个恶性循环相互联系,很难打破,很难由向下的循环转变为向上的循环,因而发展中国家的长期贫困是难以改变的。

综上所述,纳克斯总结成一句话:“一国穷是因为它穷。”贫困导致投资不足,投资不足导致低产出,低产出导致低收入,如此循环,这就是发展中国家贫困再生产的过程和机制。持这一观点的学者认为,发展中国家长期陷入贫困是由于一连串的、较低的“投入—产出”行为造成的,要打破这种恶性循环,必须采取平衡增长方式,在增加储蓄的同时必须进行大规模、全面的投资,实施全面增长的投资计划,形成各行业之间的相互需求,扩大市场容量,以保证投资成功。通过同时在许多工业部门之间相互提供投资引诱,使各部门的投资有利可图,资本形成就能实现,恶性循环就能摆脱。过去我国很多地方贫困的症结在于自然、历史、社会、文化等多种原因,受制于多重恶性循环的自我演化状态,经济落后与环境恶化紧密相连,形成低水平、无序发展的自然、社会、经济复合系统,因此治理贫困问题,应该从系统论的视角,着眼于致贫因素,尤其要从贫困人口陷入恶性循环的根源入手,提出针对性的、综合性的干预政策,如此才能收到应有的扶贫效果。

四、贫困文化理论

贫困文化理论从社会文化的角度解释贫困现象,最早由美国人类学家奥斯卡·刘易斯提出,他对墨西哥、波多黎各贫民窟进行了研究,并在《五个家庭:墨西哥贫穷文化案例研究》一书中采用民族志的个案研究,指出从农村迁入城市的移民家庭由于长期在社会权力体系中处于弱势地位,部分人为了应对无处不在的贫困状况,选择被动和消极的生活态度,这种生活态度也随之形成一种贫困亚文化。社会上一些人之所以处于十分贫困的状态,就是因为有贫困文化。刘易斯认为,这种贫困文化对处于社会底层的成员产生了独有的、特殊的社会影响和心理影响。他在1961年出版的《桑切斯的孩子们:一个墨西哥家庭的自传》一书中,进一步阐释了什么是贫困文化,那就是一种生活方式相当稳固恒久,在家族内部世代传承;对家族成员来说,贫困文化具有自身的模式以及明显的社会和心理后果;它是影响其融入更高层次的全国性文化的重要动因,是自成一体的亚文化。虽然贫困表现为一种经济现象,却是一种自我维持的文化体系。贫困群体在长期的贫困状态下,形成了以特定生活方式、行为规范和价值观念为表现形式的亚文化,贫困本身得以在这种亚文化保护下相传及繁衍,贫困的下一代长期受到这种文化的熏陶,他们难以改变自己的生活方式,即使遇到摆脱贫困的机会也很难利用这种机会走出贫困。作为该文化的体现者,贫困者脱离社会生活主流,处于自我封闭状态,不能与社会融为一体,具有边缘感、无助感与依赖感,贫困文化让他们产生自卑感,在心理上缺乏自控力,具有较强的短期行为倾向等。(Lewis,1971)摆脱贫困文化的束缚,只有依靠底层群体自身的文化自觉和社会觉醒。贫困文化论提出后,受到了美国社会的广泛关注,并影响了后来美国解决贫困问题的一些具体政策措施,如要求领取福利必须履行一定的义务和责任以及其他限制条件。同时,有些学者在此基础上,验证了贫困文化的存在,如默里对美国黑人贫民窟进行研究后发现,大多数贫困者不愿意自我奉献、努力工作。在这种独特亚文化影响下,生活在社会底层的贫困者不能建立积极的价值观和人生信仰,导致物质生活的匮乏。(Greenstone,1991)

因此,消除贫困就必须改造贫困文化,促使贫困者接受积极向上的价值文化。与此同时，这种贫困论受到非常严厉的批判，更多的研究认为贫困不是文化造成的，而是社会不公平所导致，或者是其他制度、环境因素造成的。深入分析贫困文化理论可以发现，在特定的田野语境里，刘易斯力图解析穷人之所以受穷以及贫穷如何塑造穷人人格的问题，但他没有注意到个体的生活如何受到历史、文化和政治经济结构等的制约，其观点难以摆脱20世纪西方资本主义发展特有语境的影响，在某种程度上迎合了现代化理论追捧者的说法（李文钢，2018）。[①]在一定程度上，贫困文化理论夸大了贫困群体与其他人在文化上的差异，但实际上各群体观念和行为上的差异是社会地位的反映，贫困文化理论并没有从根本上阐释贫困群体贫困的起始原因。有些研究开始更为关注穷人之所以成为穷人的特殊处境，即贫困处境论，更加强调穷人的特殊处境对形成贫困文化的作用，且认为这种文化是穷人无从选择的结果，不认为存在一种不分地域和文化的贫困文化。

第三节 研究对象与研究框架

一、研究对象

以政策兜底保障的实践困境、理论困境与精准对策为研究对象，通过对无力脱贫、无业可扶的“两无”贫困人口以及基层扶贫干部、民政干部的调查研究，总结归纳兜底保障的基本现状，分析农村低保、养老保险、医疗保险与大病救助、临时救助等兜底保障政策的发展困境，从政策衔接与配合、标准制定与动态管理、准入与退出机制等层面进行路径设计与对策探讨。

① 李文钢．贫困文化论的误用与滥用[J]．中国农业大学学报:社会科学版，2018（05）:22-31.

二、研究框架

为巩固拓展脱贫攻坚成果，防止发生规模性返贫，通过政策性兜底保障“两无”贫困人口，各地积极行动，落实党和国家的决策部署，在强化兜底保障相关政策功能的同时，仍然存在政策衔接不畅、瞄准偏离、资源溢出、功能异化等现实问题。秉承理论研究、应用研究和政策研究相结合的宗旨，结合调查研究分析，本书总体框架内容如下：

一是关于兜底保障研究的文献梳理。深刻领会中国特色反贫困理论的科学内涵、精神实质和实践要求，系统梳理现有研究成果，总结归纳研究空缺与亟待加强之处。

二是兜底保障政策实施的现状测度与问题分析。通过问卷调查和个案访谈对农村兜底保障的基本现状进行测度，分析兜底保障对象的基本特征、致贫的主要因素、样本地区兜底保障政策实施的基本情况以及贫困人口成为兜底保障对象的影响因素，进而厘清兜底保障政策在政策设计、政策执行与政策效果中存在的现实困境。

三是新时代兜底保障政策的体系构建与路径优化研究。准确把握农村反贫困面临的新形势、新挑战，回应当前兜底脱贫政策存在的问题，构建新时代兜底保障制度体系，基于政策配合、兜底保障对象与标准、动态管理等视角，探讨织密兜底保障“安全网”的对策建议。

第四节　研究思路、具体研究方法与创新之处

一、研究的基本思路

以习近平总书记关于扶贫开发、乡村振兴等的重要论述精神为指导，

准确把握社会保障、社会救助与农村反贫困的系列政策，紧扣农村反贫困战略目标与实践指向，回应农村贫困治理、兜底保障的重大理论和现实问题，通过理论提炼与文献梳理、实地调查与现状分析、问题分析与对策探讨等方式方法，选取连片特困地区、革命老区等欠发达地区，深入调研农村反贫困的基本进展和兜底保障的实施现状，总结归纳政策性兜底反贫困的实践困境与理论困境，基于政策宏观构架、中观战略布局、微观对策嵌入的视角，研究精准对策并设计发展路径，为我国完善社会保障与救助体系、构建精准兜底保障"安全网"、巩固拓展脱贫攻坚成果等提供理论支撑与决策参考。

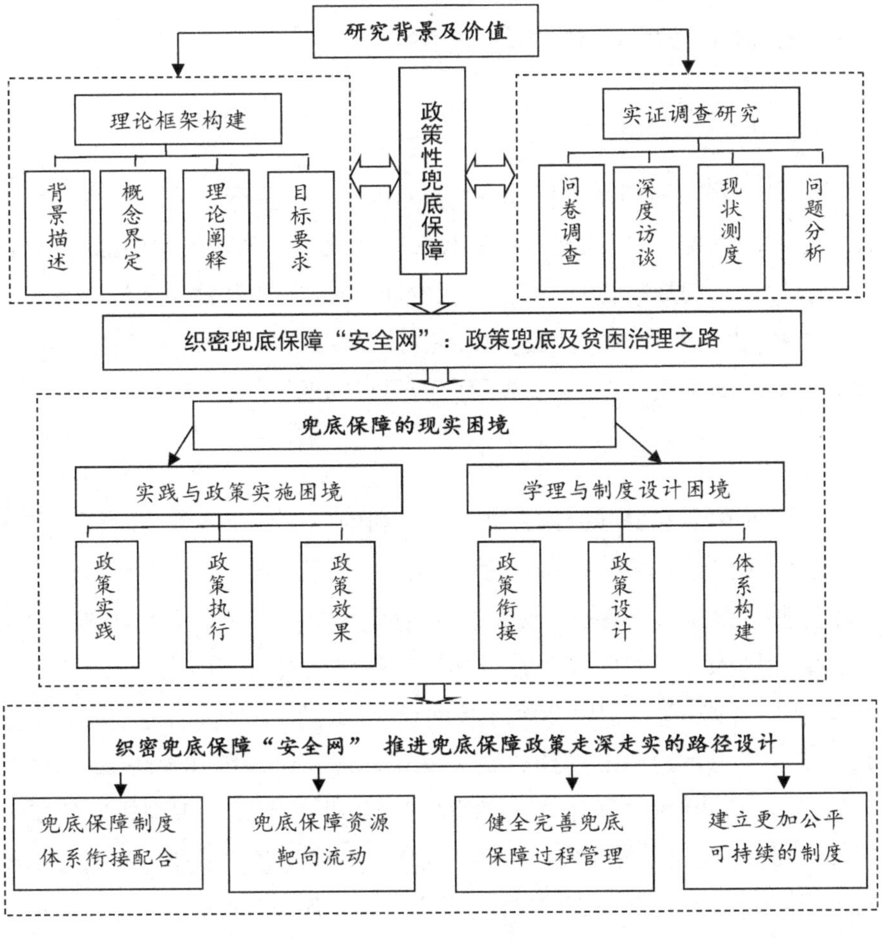

图 1-1　技术路线图

二、具体研究方法

第一,资料收集法。主要采取问卷调查与访谈研究两种方法。通过问卷调查,掌握农村社会保险、社会救助体系以及兜底保障政策实施现状;通过深入访谈,了解兜底保障政策实施面临的问题与困难,以及困难群体的诉求。

第二,资料分析法。主要采用定量分析与定性分析两种方法,对问卷调查数据采用SPSS软件进行统计分析,对访谈资料采用个案研究与案例研究的方式进行提炼和升华。

三、研究特色和创新之处

(一)学术思想的特色和创新

本研究着力强调社会保险、社会救助等社会保障政策与农村扶贫开发政策的高度统一,研究兜底保障政策如何服务于国家反贫困战略;在新时代农村反贫困战略视野下,思考农村社会保险、社会救助制度的改革与完善路径,更为紧扣农村社会保障制度体系完善的现实需求,更加切合党和国家关注的重点方向、学术界研究的热点问题。

(二)学术观点的特色和创新

本研究在学术观点上具有以下特色和创新:(1)兜底保障政策在各地实践和现实操作上还存在政策衔接不畅、动态管理不健全、准入和退出机制不完善等困境,以及在政策改革、目标定位、立法与管理等领域的理论与制度设计困境;(2)除应完善低保兜底保障功能外,还应充分发挥农村低保、养老保险、医疗保险与医疗救助、教育救助、临时救助等政策的综合兜底帮扶作用;(3)精准设计兜底保障政策与农村扶贫开发政策、乡村振兴战略等的有效衔接路径,建立针对困难群体的主动发现与快速反应机制;以乡村振兴和完善兜底保障制度体系为契机,进一步推动贫困人口在基本生活、养老、医疗、教育等领域的综合兜底保障,深入完善新时代农村社会保障制度体系。

（三）研究方法的特色和创新

注重多种研究方法的相互配合与灵活运用，综合采用定量与定性研究方法，运用问卷调查、深度访谈等方法收集资料，通过SPSS软件分析定量数据，通过定性研究分析访谈和个案资料，使论证更加立体化。

第二章

研究动态与研究述评

第一节 兜底保障的现行政策梳理

“精准扶贫、精准脱贫”是党中央、习近平总书记审时度势，在总结我国以往扶贫开发实践基础上确立的一项基本方略。精准扶贫改变了以往“漫灌”的扶贫方式，转向精准识别、精准帮扶、精准考核的“滴灌”扶贫方式。对于精准扶贫“怎么扶”的问题，习近平总书记明确提出了“五个一批”脱贫措施，即“发展生产脱贫一批、易地搬迁脱贫一批、生态补偿脱贫一批、发展教育脱贫一批、社会保障兜底一批”。“五个一批”脱贫措施被写入《中共中央 国务院关于打赢脱贫攻坚战的决定》，并明确要求开展医疗保险和医疗救助脱贫，实行农村最低生活保障制度兜底脱贫，对无法依靠产业扶持和就业帮助脱贫的家庭实行政策性保障兜底；将所有符合条件的贫困家庭纳入低保范围，做到应保尽保；加大临时救助制度在贫困地区落实力度，提高农村特困人员供养水平。《国务院关于印发“十三五”脱贫攻坚规划的通知》对社会保障兜底脱贫提出了更加细致的指导意见，如明确提出统筹社会救助体系，将符合农村低保条件的贫困家庭全部纳入农村低保范围；动态调整农村低保标准，确保2020年前所有地区农村低保标准逐步达到国家扶贫标准；加强农村低保与扶贫开发及其他脱贫攻坚相关政策的有效衔接。

与此同时，针对特定贫困群体、特殊群体的兜底保障问题、脱贫攻坚问题，中央相关部门相继出台了多个指导文件。如《国务院关于进一步健全特困人员救助供养制度的意见》就要求，在全国建立起城乡统筹、政策衔接、运行规范、与经济社会发展水平相适应的特困人员救助供养制度，将符合条件的特困人员全部纳入救助供养范围；坚持托底供养，强化政府托底保障职责，为城乡特困人员提供基本生活、照料服务、疾病治疗和殡葬服务等保障。民政部和国务院扶贫办联合发布多个文件，针对社会救助的兜底保障工作提出明确目标和要求。如《民政部 国务院扶贫办关于进一步加强农村最低生活保障制度与扶贫开发政策有效衔接的通知》指出，在工作实践中，各地还不同程度存在认识不清晰、理解有偏差、落实不到位等问题，要求按照农村低保和建档立卡贫困人口各自识别认定的标准、程序等，分别把符合条件的对象纳入救助或帮扶范围，实现双向衔接；参考国家扶贫标准科学制定农村低保标准；注意激发农村低保对象等困难群众脱贫增收的内生动力。《民政部 财政部 国务院扶贫办关于在脱贫攻坚三年行动中切实做好社会救助兜底保障工作的实施意见》（下简称《意见》）进一步指出，充分发挥社会救助在打赢脱贫攻坚战中兜底作用，保障完全丧失劳动能力和部分丧失劳动能力且无法依靠产业就业帮扶脱贫的未脱贫建档立卡贫困人口的基本生活。该《意见》明确要求进一步加强农村低保制度和扶贫开发政策有效衔接，全面落实特困人员救助供养制度，进一步加大临时救助力度。《民政部 财政部 国务院扶贫办关于在脱贫攻坚兜底保障中充分发挥临时救助作用的意见》要求，着力发挥临时救助在促进解决“两不愁三保障”问题方面的积极作用，立足当地经济社会发展水平，合理制定临时救助标准，切实兜住基本生活底线，推动形成相对统一的临时救助标准。

因为2020年年初突发新冠疫情，给当时的脱贫攻坚带来影响，有因疫情影响返贫致贫的困难群众，还有一些未脱贫的贫困人口。为此，民政部、国务院扶贫办联合印发了《社会救助兜底脱贫行动方案》的通知，明确要求编密织牢基本民生兜底保障网，切实做到兜底保障不漏一户、不落一人；及时把未脱贫建档立卡贫困人口、脱贫后返贫人口、新增贫困人口中符合低保政策的人员全部纳入农村低保范围；及时将符合条件的未脱贫建档立卡贫困人口纳入救助供养范围；加强临时救助和低保政策衔接，对返贫人口和新增贫困人口，可视情先行给予临时救助；深入了解掌握新冠肺炎患者家庭以及因疫情导致难以就业、收入减少等生活困难家庭情况，及时将符合条件的家庭或人员纳入临时救助等社会救助覆盖范围。

由此，在中央及相关部委的指导下，全国各地区纷纷开展兜底保障促进精准扶贫的政策实践，突出社会救助兜底扶贫的功能和意义。地方相继出台社会保障兜底推进精准扶贫的实施意见，使得社会保障在脱贫攻坚中发挥了重要作用。

第二节　社会救助兜底保障

一、社会救助兜底保障定位与功能研究

社会救助制度是社会保障体系中最基本、最基础性的制度安排，是保障基本生存、维护社会底线公平和社会稳定的制度。但随着我国经济社会不断的发展，越来越多的学者注意到社会救助制度的定位问题。社会救助制度应该发挥什么样的功能？有学者指出，社会救助制度有一些因先天不足以致难以克服的缺陷，其中一个就是社会救助制度目标仅仅是保障救助对象最起码的生活水平，这就是通常所说的“救急不救穷”，即“托底性”（唐钧，2016）。对于社会救助的功能和定位，学术界尚有一些争议，但总体来看，社会救助制度被认为是社会保障“最后的安全网”，是反贫困的“最后一道防线”。2020年我国完成脱贫攻坚目标任务之时，仍有规模巨大、丧失生产生活能力的贫困人口需要社会救助的托底扶持。

郑功成（2015）认为，经过几十年的高速发展，我国城乡居民普遍解决了温饱问题，但民生诉求全面升级，对提升救助水平和拓展救助项目有了新要求和诉求。南开大学关信平教授（2019）一直呼吁要在提升社会救助制度目标基础上加强社会救助能力建设。通过多年的努力，目前我国已接近消除生存型贫困的目标，但这并不意味着反贫困目标的完全实现。2020年后的反贫困任务依然艰巨，因为目标更高，社会救助制度将具有更加重要的作用。中国贫困问题正在发生深刻的变化，生存型贫困逐渐减弱，生活型贫困日益凸显，社会救助制度的主要任务应该是针对生活型贫困者的实际需要，重点帮助他们缩小与非贫困者的收入差距，提高其生活质量，促进其融入社会，进而增强摆脱贫困的能力。（关信平，2017）

二、社会救助兜底保障标准研究

社会救助制度体系中，低保发挥着兜底保障贫困群体生活的功能，但

对于确定什么样的最低生活保障标准,学术界具有较大的争议。就目前确定低保标准的方式而言,一般由各地民政部门会同财政、物价、统计等部门研究并提出方案,报同级人民政府批准后实施。但因为各地经济社会发展水平和生活成本的差异,低保标准的确立不一定那么科学合理。有学者提出,社会救助兜什么样的"底","底"在哪儿?社会救助的"底"并非简单考量"收入—支出",而是受到外部结构、内在结构变迁与政策协调性的深刻影响。(贾玉娇、宋昊,2020)越来越多的研究提出,低保标准的确立需要综合考虑,而不能简单地以收入为标准。乐章、程中培(2017)通过构建"收入—财产"标准的分析框架,发现"收入—财产"标准对低保认定会产生显著影响,但城乡低保制度瞄准效率有待提高,政策文本外的多重因素影响着低保救助资源的分配,原因在于低保救助资源相对充足、政策执行者的自由裁量与社会救助体系中的功能叠加。对于低保标准的高低问题,学术界具有较大争议。关信平(2016)认为,当前我国城乡低保标准偏低,并且还存在着标准单一和不均衡的问题,提出应该依据改善民生、政策托底的要求,建立全国统一的低保标准指导体系,并在使用收入标准的同时引入类别标准,按照某种人群特征或困难特征来标定困难人口。曹艳春、陈翀(2016)认为,建立在"绝对贫困"理念基础上的低保标准具有保障不足、就业激励不足等缺陷,与低保制度挂钩的配套制度导致低保制度的"高含金量",引发救助对象对低保制度的福利依赖。

韩克庆(2018)通过对农村低保和扶贫开发标准进行分析,指出兜底性救助仍是低保制度需要坚持的政策目标,贫困地区的低保制度仍是兜底性救助,而非平均化福利,认为只有低保标准低于扶贫标准,才可以体现低保制度的"兜底"定位。此外,韩克庆(2018)通过对低保标准与居民收入和支出水平、低保标准与最低工资标准、低保标准与农村扶贫标准的关系进行研究,提出以收入占比法来确定和调整低保标准。测算显示,目前我国城市低保标准占城市居民人均可支配收入的15%~25%,农村低保标准占农村居民人均可支配收入的20%~35%。韩克庆提出,在实现兜底性功能的前提下应逐步提高低保标准,实现社会救助制度从兜底性向发展型的转变。岳经纶、胡项连(2018)从反腐败的视角分析了低保覆盖率和低保人数持续下降但低保平均保障标准逐年增加的影响因素，发现民政人员的价值取向在反腐重压下从避免公众找麻烦转向避免审计部门问责，其行为也相应出现了从多纳入到多退出的转变。

三、社会救助兜底保障目标瞄准研究

目标瞄准是确保社会救助精准发挥兜底保障功能的重要一步，以往很多成果对社会救助兜底保障中最重要的救助制度——低保的审核、执行等进行了研究。

一是对低保审核的研究。张昊(2017)通过案例研究，分析了农村低保制度实施与政策要求不符的表现与成因，指出家庭收入因难以准确衡量而在识别中被淡化，老龄、残疾等直观特征成为主要的识别依据，评审过程中更加突出村民评议，但伦理道德、乡村治理、村组干部意志等都可能对评审过程施加影响，并且一些附加或配套政策强化了评审乱象的客观效果。安永军(2017)对鄂东某村进行了调研，发现社区评议机制存在较大的瞄准困境，面临着管理粗放导致分配不公、监督薄弱导致瞄准偏离等问题。

二是基层政策执行的软化与瞄准偏差研究。寇浩宁、李平菊(2017)认为，基层政府在农村低保政策执行中存在过度放宽与过度收紧的问题：若上级要求“应保尽保”则过度放宽，若上级要求适度收紧则过度收缩。安永军(2018)的研究指出，因收入核查与社会基础不适应，导致政府现有信息能力难以有效核算申请对象的收入，收入核算界定低保户时的规则发生了软化，这赋予了政策执行者过大的自由裁量权，造成政策目标偏移。祝建华、邓茜钰(2017)研究了基层低保目标定位过程中出现的“宁漏勿错”与“宁错勿漏”的两难困境，惯性行政思维、审计压力、基层创新动力不足等导致“宁漏勿错”，而极端事件的压力、政府主导责任的强调、制度创新等导致“宁错勿漏”的出现。

三是对于如何理解农村低保目标瞄准的偏差，很多学者进行了深入研究。仇叶、贺雪峰(2017)认为，农村低保制度出现一种以福利扩散和福利捆绑为特征的泛福利化现象，低保制度背离底线救助的定位，导致低保指标在基层分配中面临困境,使社会公平的价值目标遭受冲击。雷望红(2019)通过对黔西南某乡的调查发现,基层政府通过政策吸纳,导致低保政策成为政策配角或政策便车。这使得政策对象评选标准泛化、政策资源严重稀释、政策目标彻底异化等。这一现象是科层体系内部的行政压力以及农村低保政策自身特性所产生的。

还有学者实证分析了农村低保政策的瞄准效果,认为如果依照收入贫困标准,低保瞄准率低;如果按照多维贫困标准,低保瞄准率有所提高,但覆盖率仍较低。(朱梦冰、李实,2017)

四、农村社会救助兜底保障现状与问题研究

在最近的几十年里,我国的社会救助事业取得巨大进步,初步建立起多元化的救助制度体系,充分发挥了兜底保障的作用,但也面临一些困难和挑战。从制度层面来看,经过40多年的改革与建设,我国社会救助制度已经从传统型救济向综合性救助体系过渡,但初步建立的综合性救助体系还不能充分应对贫困形势的新转变,出现救助理念呈现消极救助取向、功能定位不完善、制度运行与管理效能不高等问题。(兰剑、慈勤英,2018)此外,在顶层设计上存在制度性缺陷:"多龙治水"格局至今未得到根本改变,立法滞后,中央和地方权责界定不清,城乡发展不平衡,救助模式单一,需求升级增加压力等。(林建,2017)尤其是随着贫困形势的转变,社会救助兜底保障面临着更多挑战,如以精准救助审视社会救助运行机制,发现当前社会救助的功能发挥存在精准识别障碍、精准帮扶障碍和精准管理障碍。(孙远太,2016)从供给模式来看,当前我国社会救助在政府层面存在着公平性问题,市场方面存在着效率性问题,社会层面存在着灵活性问题。(陈成文、陈建平,2019)

农村低保承担着兜底保障的主要功能,很多学者对低保制度设计、基层执行等进行了诸多研究。低保制度对农村扶贫济困起到很重要的作用,但如何识别、保障贫困户等成为基层治理难题。(贺雪峰,2017)更多的研究成果反映出农村低保制度在基层执行中面临的诸多问题,如印子(2019)的研究指出,现阶段农村低保政策偏差重点已经从以往的关系保、

人情保、治理保现象，转向低保户所获资源远多于低保边缘户，引发了新的社会不公。导致低保政策“走样”的原因就在于配额制主导的“社区瞄准”偏差以及社会救助政策简单捆绑执行形成福利叠加。福利叠加现象的产生，在道德层面上，低保户获得弱势群体的道德优势，从而获得其他政策优待的合法性；在技术上，为节约信息成本，往往把低保视为其他优待政策的信息通道。（安永军，2017）尤其在政策执行中，出现救助对象认定不科学、救助标准偏离经济发展状况、低保政策缺乏激励效果、低保立法和社会监督机制不完善等问题，深深地影响了政策执行效果。（刘洪银、李沁，2017）

五、完善社会救助兜底保障功能对策研究

从社会救助兜底保障的功能出发，以往很多研究成果主要从宏观发展、微观对策方向等方面提出了如何进一步发挥社会救助的兜底保障作用。

一是在宏观方向上，主要从优化制度设计、加强资源整合、完善管理体制和提升救助能力等层面提出增加社会救助的减贫效能。（杨穗、鲍传健，2018）我国各地的社会救助在项目设置、救助细则等领域存在一定差异。在救助体系上，我国社会救助更趋向于生产型社会救助体系，因此在完善社会救助制度体系上应分类设置生活救助，增加老龄救助、妇女及儿童救助等专项救助，完善临时性救助项目。（杨爽，2018）有学者提出，中国社会制度须进一步得到整合，效能须进一步提升，其制度走向在于救助对象向全体贫困者过渡，向城乡一体化的社会救助体系建设过渡，社会福利与社会救助制度整合向政府—市场—社会多元主体过渡。（韩克庆，2015）当前救助体系不统筹、不协调的问题较为突出，明显制约着社会救助效果。王延中、王俊霞（2015）的研究指出，通过区域统筹发展，推进发展型社会救助，统筹考虑生活救助与就业援助，统筹协调社会救助与其他社会保障制度、扶贫开发政策的衔接配合，加快建立积极型、发展型社会救助制度。在发展方向上，坚持目标导向，充分发挥社会救助兜底效应；坚持问题导向，提高社会救助保障能力；坚持获得感导向，优化社会救助服务

水平。(余大银,2018)兰剑、慈勤英(2018)的研究指出,因制度定位及执行偏差,产生了比较严重的救助依赖现象和“贫困的沉淀”,救助对象主观改变能力弱,面临着可行能力被剥夺的风险,防范新时代社会救助制度的运行风险应更加注重贫困治理和“去救助依赖”,加强能力和服务援助构建综合性救助,注重贫困群体的可行能力培养等。兰剑、慈勤英(2019)的研究进一步指出,农村社会救助亟须强化兜底保障和政策衔接,更加关注相对贫困和多维贫困,建立贫困风险预警机制,注重贫困者的长远发展。

二是在微观对策上,多为通过实证研究分析不同地区完善社会救助的对策。刘七军、李金锜(2017)的研究认为,民族贫困地区贫困人口脆弱的家庭收入难以支撑巨额刚性支出,支出型贫困现象极为严重,提出强化顶层设计,转变救助观念,建立积极的救助方式、多方联动机制和分级救助体系,提升造血功能等对策。另外,也有很多研究成果对于如何完善低保制度,进一步发挥低保的兜底保障作用提出了对策。对于如何提升基层低保政策的执行效果,刘洪银、李沁(2017)的研究从政策自身、政策执行主体、政策执行对象等层面提出科学分类低保对象,设立高、低两条低保线,完善农村低保立法和社会监督机制等。为实现精准施保,须建立低保与专项救助制度的分类衔接机制,科学合理发挥村级组织的协助功能。(印子,2019)此外,刘欣(2016)对贵州社会救助兜底扶贫实践进行研究,分析了精准扶贫视角下农村社会救助制度的功能整合与发展转型。

第三节　社会保障的兜底作用与功能发挥

一、社会保障改革成就研究

自1978年改革开放以来,我国经济与社会保障双双取得巨大成就,经济体制改革和社会保障变革相辅相成，经济增长潜力得到持续释放的同时，传统社会保障制度得到全面而深刻的变革，确保人民福利水平得到巨大提升。社会保障制度的变革与发展，也有力促进了市场经济体制改革和经济增长，其在我国遭遇经济发展危机时发挥了关键性稳定与保障作用。（郑功成，2018）

一是我国社会保障发展和改革具有特色。郑秉文（2018）认为，社会保障成为市场经济运行的调节器和社会稳定的“安全网”，其对经济社会发展的主要贡献是使企业组织成为真正的市场主体，使个人成为“自由劳动者”。很多学者指出，我国社会保障事业走出了一条中国特色的发展道路，借助自上而下的政策供给，实现了从制度全覆盖到人员全覆盖，坚守底线公平与基础普惠，实现支出水平与经济发展同步，人民群众对社会保障制度的满意度较高，向着更加公平、可持续的方向迈进。（高和荣，2017）中国特色的社会保障体系具有以下基本特点：社会保障保基本，推进经济增长与社会保障建设相协调；政府主导和社会共建共享，建设适应社会主义市场经济体制的现代社会保障制度体系；脱贫攻坚和积极就业并进，借鉴国际经验和新技术。以上这些特点极具中国特色，构成了社会保障的中国模式。（王延中、王俊霞等，2018）

二是社会保障建设目标明确。如丁建定、王伟（2019）的研究指出，改革开放以来，党和国家提出了一系列中国特色社会保障制度目标，社会保障制度从经济体制改革的配套措施转变为社会建设的重要组成部分。党的十九大报告对包括社会保障在内的民生事业和社会治理提出了全面的新要求，要求按照“兜底线、织密网、建机制”“全面建成覆盖全民、城乡统筹、权责清晰、保障适度、可持续”的多层次社会保障体系。

二、社会保障宏观发展态势研究

新中国的社会保障可以分为传统社会保障和现代社会保障两个阶段，经历了深刻的理念与政策演变，其价值理念经历了平均主义、效率优先、注重公平、共享发展四个阶段的嬗变。（张彦生、王虎峰，2017）改革开放之后,现代社会保障已从国企改革的配套措施发展为国家治理的重要方略,从城乡二元分割转向城乡统筹,从效率优先、兼顾公平转向公平优先、共享发展,从单项突破转向协同推进。在制度实施中,社会保障被赋予了深厚的人文关怀和人文精神,在人的生存发展中发挥着重要的兜底和推动作用;在制度建设中开始注重理论指导与政策实践的协同推进。(白维军,2019)我国社会保障水平呈现"西低东高,内陆低沿海高"的特点。在适度水平方面,东部经济发达省份评分位居前列,而西南、西北地区则普遍较低;在公平程度方面,中西部地区的评分则反超东部地区;在有效性方面,呈现出中部、西南等几省份领跑全国的现象。(王轩等,2018)从社会保障体系建设情况来看,我国社会保障体系存在保障分担不合理、权责关系不明确、体系运行效率不高等问题。汪文志(2016)的研究指出,可以通过完善相关立法、增加财政投入、注重顶层设计、创新体制机制等方面构建多层次的保障体系。对于农村社会保障的建设,有研究指出,当前农村社会保障制度稳定性、公平性不足,保障责任不明确,导致这些困境的原因在于二元结构与分割统筹的双重悖论、传统体制与现行政策的双重束缚以及制度与行动的实践张力。(秦继伟,2018)

党的十八大以来,党和国家高度重视保障和改善民生,为我国社会保障制度建设指明了目标,做出了一系列重大决策部署。白维军、樊文苑(2018)以CSSCI数据库为研究基础,梳理出十八大以来我国社会保障研究的七大热点领域,指出社会保障研究热点具有鲜明的时代性,研究主题稳定与变化并存,研究方法与视角创新。自2012年以来,我国社会保障发展成绩斐然,但也存在一些问题,如制度模式尚未实现定型、成熟,保障主体之间的关系与责任分担机制不明确,地区之间不统一,项目之间不协调,管理服务体制与运行机制不完善。这些问题影响了养老保险基金的可持续发展,社会保障服务的有效供给,以及政府、市场、社会的有效分工与管理体制机制的高效运行。因此,应进一步明确社会保障建设的多元主体,完善财政性、保险性、社会性、商业性等四大保障支柱。(王延中,2018)

三、精准扶贫与社会保障功能发挥研究

社会保障是一个制度体系，以社会救助、社会保险等为主导，在精准扶贫战略中承担着兜底性制度保障功能。目前，学术界对社会保障的兜底脱贫功能、社会保障扶贫成效等进行了诸多研究。

一是针对社会保障在精准扶贫中作用的研究。胡鑫(2019)的研究指出，社会保障制度保障贫困人口基本生活，织起“安全网”；缓解社会风险，充当“稳定阀”；平衡收入差距，形成“调解器”。也有学者指出，社会保障体系中的社会救助、社会保险、社会救助、优抚安置、慈善事业等都可以在兜底扶贫中发挥作用，各参与主体基于扶贫开发与社会保障整合联动，通过精准识别、资金筹集、监督管理等保障贫困人口的基本生活。(公丕明、公丕宏，2017)另外，也有学者的研究指出，政府向社会组织购买社会保障扶贫服务，可以实现乡村治理结构由秩序治理向服务型治理转型。(朱俊立，2014)

二是对特定地区或区域社会保障扶贫作用的研究。多庆(2015)指出，西藏建立了比较完善的医疗制度、覆盖城乡的新型农村社会养老保险制度、多层次的社会救助制度解决农牧民生活困难，这些对促进西藏经济发展、边疆社会稳定和反贫困等发挥了重要作用。李琼、张登巧(2017)对少数民族地区社会保障制度的减贫功能进行了研究，发现通过社会救助的扶贫兜底、社会保险的防贫以及社会福利制度的减贫实践，少数民族地区的贫困问题得到了缓解，但离真正消除贫困还有差距。

三是关于社会保障的扶贫效果研究。张召华等(2019)利用我国健康与养老追踪调查数据探讨社会保障扶贫与防贫的区域及个体瞄准效果，发现社会保障对城乡地区均有显著的扶贫与防贫效应，但对城市地区的作用效果较大。在防贫效果上，对城市地区保障对象的定位比较准确，而对农村地区保障对象的定位存在一定错位。

四是关于社会保障反贫困面临问题的研究。左停等(2018)的研究指出，社会保障反贫困面临着城乡二元结构和制度设计碎片化、社会保障与减贫发展的关联程度还不高、社会保障理念和项目还不够积极等问题。

第四节　兜底保障政策与扶贫开发衔接

扶贫开发政策和社会保障政策是我国农村反贫困的主要政策，两者在不同的领域各有侧重点地发挥作用。关于两者的衔接与配合，现有研究成果主要从三个方面进行。

一、扶贫开发政策与社会保障政策研究

贺雪峰(2018)的研究指出，不同于其他国家和地区，我国农村反贫困在制度设计上存在两种不同的功能互补的制度体系，扶贫政策重点为有劳动力的农户增收创造条件，社会保障政策则是为缺少劳动力以及缺少响应市场条件能力的家庭提供基本生活保障。但当前反贫困领域存在政策错位现象，如精准扶贫与农村低保、医疗、教育政策等的重叠与错位，可能造成政策效率的损失。李志平(2017)认为，今后一段时间我国扶贫开发和社会保障政策的最优组合方式是“紧保障、宽扶贫”，减贫的重点依次是提高贫困户资源整合能力与技术水平，加大扶贫资源投入力度，减少农村互惠伦理人情世故。

二、精准扶贫政策与社会救助制度衔接研究

以往研究对两者之间衔接存在的问题进行了分析，并提出解决对策。毕金平(2018)认为，两项政策建立依据、行政主管部门的不同以及实施过程中的碎片化，使得两者出现了衔接困境，据此提出加快精准扶贫立法并与社会救助法相协调、优化行政管理体制等对策。汪怀君、汝绪华(2018)比较系统地分析了社会救助与精准扶贫有效衔接的“瓶颈问题”，在对象衔接上，出现妨碍精准定位、精准识别、精准分类的“最后一公里”问题；在政策衔接上，出现政策的碎片化、交叉重叠、漏洞问题严重、整合力度欠缺等问题；在标准衔接上，出现资金匮乏、投入不足，尚未建立统一稳定的投入增长机制等问题；在信息衔接上，出现大数据时代的信息孤岛等问题；

在管理衔接上，出现多头管理等问题；在思想理念上，出现扶贫盲目跟风、扶贫人员作风虚浮与扶贫对象思想贫困等问题。刘宝臣、韩克庆(2016)的研究指出，社会救助与扶贫开发两类不同的政策体系，因产生的基础、针对的目标人群和所要解决的问题以及运行机制的差异，出现政策覆盖的人群有重叠的情况，分割运行的状态带来诸多问题，影响了反贫困效果。要让二者有效衔接，依赖于反贫困政策框架的整体设计，应从家计调查、信息库建设、社会力量参与、政策评估等方面入手。扶贫开发应注重贫困地区的社区发展，社会救助应注重贫困人口的基本生活。

还有一些研究成果，通过协同和整合两项制度的视角，分析两者之间的衔接与配合。白小平等(2017)的研究指出，通过完善社会救助立法，将相关精准扶贫项目增列为社会救助项目，推进社会救助从生存型向发展型转变；借助社会救助制度的普遍实施，增强精准扶贫应对相关风险的能力，解决项目碎块化与不适宜、"运动式"与可持续性差、多头管理与监管难等问题。匡亚林(2018)认为，精准治贫与社会救助既有逻辑同构的联系，也有碎片分化的区别。两者体系交叉、重叠且受困于碎片化的现状，抑制了贫困治理能力的发挥，亟待加强政策衔接，形成制度合力，发挥大国社会保障集中力量办大事的积极作用。

三、精准扶贫政策与最低生活保障制度衔接研究

以往研究成果主要从理念和衔接实践等层面展开，但在研究深度与广度上都有待拓展。焦克源、杨乐(2016)的研究进一步指出，制度衔接是社会保障与扶贫开发联动扶贫的先行军，在研究方法上要尝试运用定量研究方法，在研究方向上应注重评估衔接效果，在研究区域上应着重考察集中连片特困区。

一是对特定地区精准扶贫政策与低保制度整合衔接的研究。李丹等(2017)从实证研究入手，分析了民族地区精准扶贫政策与民族人文习俗特征的关联性，研究了低保与精准扶贫的联动逻辑，发现民族地区普遍性贫困会影响贫困户识别的精准度，自上而下的指标控制、贫困线与低保线的分离导致低保排斥，但低保兜底保障对贫困群体的物质脱贫与心理安

全具有重要作用。焦克源、张焱（2018）对六盘山连片特困区具有典型贫困特征的两个县进行了研究，发现贫困人口识别、政策评价监督、干部队伍建设、部门之间协作对两项制度的衔接绩效起主要作用，政策精准及政策执行是主要的影响过程。王蒙（2018）研究了某县两项制度由虚假衔接向实质衔接的转变历程。

二是关于精准扶贫与低保制度有效衔接的问题与解决对策研究。李迎生、李金珠（2019）认为，当前扶贫开发与农村低保衔接存在“两线分离”“两库分离”等难题，体制分割、整合不足影响两项政策的衔接，他们提出着眼于2020年后的反贫困政策框架，在当下过渡期则应推进两线合一、标准衔接、综合施策、精准识别、动态管理、保障公平等。张泽胜（2017）通过研究山东省两项制度衔接现状，指出两项制度在衔接上存在对象认定条件和对象识别偏差、对象退出难和退出程序不一致等问题，提出通过统一两项制度对象认定条件、健全精确瞄准工作机制、做好动态管理工作等对策。吴海涛、陈强（2019）提出，着力构建代表贫困农民真实利益需求的利益代表机制、规范合理的利益表达机制、效率优先兼顾公平的利益协调机制，并通过加快反贫困领域高层次立法、完善扶贫资金统筹、完善衔接标准的动态调整机制等推动两项制度的衔接配合。熊海斌等（2016）提出推动制度创新、技术创新、促进部门整合、协调贫困人口差别、构建多主体多方式“大扶贫格局”、统筹城乡中央地方社会经济全局等方式推进两项制度衔接。

第五节　国际社会保障与社会救助兜底反贫困

一、国外关于兜底保障的研究

随着区域化扶贫战略效率的不断下降，越来越多的学者将视角转向精准、靶向扶贫。仅仅依靠自然的经济增长无法实现有效减贫，经济增长率趋同的国家在减贫成就上也存在着巨大差距。因此，政府倾向于制定精准帮扶的政策体系，并提出通过合理的制度设计和包容性增长等方式来保障贫困群体受益。世界银行（2009）的研究报告指出，脱贫的重点在于增加贫困人口参与经济、社会、政治的机会，为贫困者创造脱贫的客观条件（Cancian & Danziger，2011）。但也有学者认为，政府在实施扶贫政策时，部分政策的制定更多的是基于政治动机，无法将扶贫资源精准地投入最需要的贫困地区。这也就导致扶贫资源的浪费与低效。

对于具体的扶贫政策，社会救助制度在保障贫困群体基本生活、摆脱贫困上发挥了重要作用，现行西方国家救助政策倾向于鼓励和帮助有劳动能力者实现就业，对于已经陷入贫困的弱势群体则通过社会保障兜底。如美国的社会保障体系包括贫困家庭短暂援助、养老及困难补贴、食品券、医疗与住房补助等。因此，国外学者主要从包容性增长与反贫困的深度融合、工作和福利、就业与提供职业培训等视角展开研究，针对的人群多为有劳动能力和发展潜力的贫困人口。

二、社会保障的国际建设经验研究

全球范围内虽然社会保障建设取得重要进展，部分国家已经实现全民保障，但放眼世界，很多地方社会保障的覆盖面还不够广，相关投入也严重不足，特别是在非洲、亚洲的一些国家和地区。如果缺乏社会保障制度的保护，人民容易陷入贫困，遭受不平等和社会排斥，各国有责任提供保证基本生活水平的社会保障。对于国际社会保障建设经验的研究，一是从社会保障与扶贫的结合切入，如张璟、许竹青（2019）对亚太地区社会保障指数，以及英国、美国、印度社会保障与扶贫相结合的经验进行了研究，指出诸多国家力图通过建立普惠性社会保障制度来帮助弱势群体，通过改变贫困瞄准方法、扩大社会救助等可以提升社会保障的减贫效果，中国应加强政策创新，提高社会保障覆盖的广度和深度，鼓励多方参与；二是从特定国家和地区的社会保障建设切入，如曹亚娟等（2018）对芬兰普惠式的社会保障体系进行了研究，认为普惠主义是芬兰社会保障体系的核心思想，对我国的启示主要体现在要积极引导混合所有制经济、重视和重用社会组织、充分利用人口资源以及积极推动社会平等方面。

三、社会救助的国际建设经验研究

为更好地保障国民的基本福利，世界各国或地区根据自身的经济社会发展特点和福利制度模式，构建了各具特色的社会救助制度。一是从全球社会救助制度的建设经验来看，无论各国采用何种模式的救助体系，一般都具有以下基本特点：强调政府是社会救助制度的责任主体，经济是社会救助的物质基础，法律是社会救助的根本保障，分类救助是社会救助的重要手段，发展型救助是社会救助的必然趋势。（刘浩瀛等，2014）二是对特定国家或地区社会救助制度改革与发展的研究，分析改革经验，提出对中国建设社会救助制度的建议。田蓉、周晓虹（2018）对欧盟国家的社会救助改革进行了研究，指出自2008年起，欧盟国家推行充分收入保护、融合就业市场等积极包容的社会救助策略，为需要帮助的人提供服务以促进适龄劳动人口就业。据此，两位学者提出中国未来社会救助服务发展应坚持政策引导与资金支持、服务人才培养与质量监控、救助资源整合与机制协同、信息共享与精准供给、社会救助服务与就业支持服务相结合。吕学静（2016）对日本社会救助制度改革进行了研究，分析了在财政困难和少子化、人口老龄化背景下，日本社会救助制度的改革措施，如修订《生活保护法》、颁布《儿童贫困对策法》等，指出中国社会救助制度改革可以借鉴其兜底保障对象的普遍性，促进救助对象自立等做法，并加强监督管理。刘晓雪（2017）研究了英国的照护社会救助，分析其在照护需求评估、家计调查、对非正式照护者的支持等方面的经验，提出中国建立照护社会救助制度可以考虑建立全国统一的照护社会救助制度、完善照护社会救助的资格评估、提供切实符合“双困”老人实际需求的照护服务等建议。李卫东（2018）对发展中国家的社会救助制度进行了研究，认为自2007年金融危机以后，发展中国家社会救助发展呈现出加快发展的趋势，更加认识到发展社会救助、建立社会“安全网”的重要性。该学者总结了发展中国家社会救助管理的经验，如大力推进社会救助政策或战略的制定、建立跨部门的协调机制、重视管理信息系统建设、重视救助对象的瞄准和认定。该学者指出，发展中国家社会救助的覆盖面还有较大拓展空间，社会救助金水平有限，救助金的瞄准精度不高，减贫效果有限且区域差别大。

四、社会保障功能发挥与反贫困研究

社会保障制度在世界各国的反贫困中发挥着非常重要的作用，尤其是伴随着人们对贫困内涵、成因等问题认识的不断加深，社会保障也越来越朝向帮助贫困人口获得更多公平参与经济社会发展的机会、更多自我发展的机会等。关于国际社会保障功能发挥与反贫困的研究，主要体现在如下两方面。

一是关于全球社会保障发展的总体现状与态势的研究。国际劳工组织(2018)认为，全球大多数国家都已制定了以全国性立法为基础的社会保障制度，但在某些地方仍然仅涵盖少数人口，如亚洲和非洲部分国家和地区；全球仅有45%的人口被至少一项社会保障制度有效覆盖，享有全面社会保障的人口仅占29%，缺乏社会保障将使得人们在整个生命周期中容易遭遇贫困、不平等和社会排斥；在建设经验方面，各国往往按照各自国情，依次按项目建立制度体系，通过不同机制优先满足收入水平高低两端人口，其中以社会救助的形式建立非缴款型机制来惠及贫困群体；放眼全球尚需进一步扩大社会保障覆盖面，并确保充足的待遇给付。

二是对特定国家或地区社会保障建设经验的研究。陈永胜、钟仁耀(2018)对以色列的社会保障建设进行了研究，认为20世纪80年代以色列正式建立长期照护制度，其法制开路、机制灵活、理念先进的经验值得中国借鉴。尤其是在老龄化的背景下，中国建设社会保障制度应进一步协调好家庭与社会的关系、资金与服务的关系、服务人才内部培养与外部引进的关系等。

第六节　对以往研究的简要述评

综上所述，可以发现当前关于兜底保障的研究已经形成一批颇有价值的研究成果，尤其在社会救助、社会保障的国际发展经验，社会救助兜底保障及其完善路径，社会保障、社会救助与精准扶贫、精准脱贫政策衔接等方面具有十分丰富的研究成果。

兜底保障政策体系初步构建，但也存在不足。在脱贫攻坚时期，国家高度重视社会保障兜底脱贫的作用，中央及地方制定了实施方案，这具有重要的现实指导价值。无论是中央层面，还是省市县层面，都充分认识到兜底保障，尤其是社会救助兜底脱贫的重要性。然而在基层执行中，虽然各地能很好地执行各项兜底保障政策，让贫困人口在无业可扶或无力脱贫的情况下通过低保救助获得兜底保障，但基层执行人员对于政策间的衔接、实施困境等还存在把握不足、认识不到位等情况。

研究内容丰富，但也有部分领域研究不充分。学术界集中于对社会救助兜底保障的研究，如农村低保如何服务于兜底脱贫，但对于兜底保障的标准、限度以及救助对象的认定，社会保障体系内各项政策的衔接配合以及与扶贫开发政策的衔接等相关的研究成果还比较少。国外反贫困研究成果集中于包容性增长、工作和福利、就业与职业培训等，对于已经陷入困境的无力脱贫者，主要通过完善的社会保障体系兜底。总的来看，目前对兜底保障的政策落实困境、实践困境以及社会保障兜底的制度设计与学理探究还非常缺乏，亟须加强对兜底保障政策的学理研究、现实问题与对策研究。

在研究方法上，学理探究多于实证研究。现有研究在理论探讨、宏观政策等层面对兜底保障进行了诸多研究，从中外比较、经验借鉴等视角对社会救助、社会保障建设进行了探讨。但纵观以往研究成果也发现，因收集实证资料困难，从实证角度研究兜底保障的成果还比较少。

第二篇　社会调查与现状测度

第三章

社会调查情况介绍与样本特征分析

第一节　社会调查情况介绍

一、调查时间与地区选取

考虑到西部地区是反贫困的主战场，且深度贫困多集中发生于连片特困地区，兜底保障政策对该类地区的反贫困更显重要，因此主要选取西部地区，同时兼顾东部、东北地区开展调查研究。项目组2018年至2019年分别在青海省、西藏自治区、贵州省、云南省、四川省、重庆市、陕西省、湖北省、江苏省、海南省、吉林省等地进行问卷抽样调查和访谈研究，收集一手调查数据。

二、调查对象与调查方式

面向农村的贫困群体进行调查，在调查对象的选取上主要包括以下四类：(1)低保户、建档立卡贫困户；(2)已经退出建档立卡贫困户或已经退出低保救助范围，其收入水平仍然较低的居民；(3)认为自身非常贫困，有可能要进入兜底保障范围，或想进入保障范围却没有进入的低收入群体；(4)负责民政工作、扶贫工作的基层干部。

通过问卷调查的方式收集数据，主要包括：(1)了解被访者及其家庭成员的受教育程度、身体健康状况、工作状态及社会关系网络；(2)被访家庭住房、农业生产以及消费支出与收入情况；(3)被访者及其家庭成员的社会救助、养老保险、医疗保险、子女受教育等基本情况；(4)被访者对贫困的认知、对兜底保障及基层扶贫工作的评价等。

通过个案访谈，收集更加深入和细致的研究资料，主要包括：(1)对典型的贫困家庭进行深入访谈，听取他们对贫困、脱贫及政府扶贫政策等方面的想法、意见等，更加深入地了解他们的家庭经济与生活状况，掌握兜底保障政策对他们脱贫、生活的影响;(2)对负责扶贫实务、民政实务的领导干部或基层干部进行访谈,目的在于更加深入地了解当地扶贫开发、兜底保障等政策的执行与落实情况,以及实际工作中面临的困难与存在的问题,听取他们对完善兜底保障政策的建议。

三、问卷调查的抽样方式

为确保调查样本的代表性,在西部选取7个省(区、市),在中部、东部、东北、华南分别选取一个省进行抽样调查,充分考虑经济社会发展和政策的差异性,选取各地区比较贫困的乡镇和村进行调查。对于被调查者的选取,主要按照整群抽样的方式进行。当访问到某个贫困村或小组时,实行整群抽样,对该村或该组的所有贫困家庭进行访问;以家庭住户为单位,并在每户中确定1个家庭成员为最终的被访者,该家庭成员代表其家庭回答问题。由于贫困户家庭成员文化水平普遍不高,为保障顺利获取有效资料,一般选取家中户主作为被访者,或者选取正在接受兜底保障的家庭成员作为被访对象。

四、实地调查与总体样本

开展调查时,由调查人员一对一地对被访者进行提问,调查人员根据被访者的回答填写问卷。因贫困地区多地处偏远的地方,交通不便,经过一年多的努力,在全国11个省(区、市)的贫困农村总共访问579个贫困家庭,完成579份问卷。开展问卷调查的同时,选取具有代表性的被访者(典型的贫困家庭)及当地基层干部进行深入访谈,总共获得86个典型案例的个案访谈资料。

第二节　样本基本特征分析

一、被访者的地域分布

在全国11个省(区、市)、16个市(州)、20个县(区)、84个村(社区)开展调研。从地区分布来看,侧重调查西部地区,共在西部地区的7个省(区、市)入户调查498户贫困家庭。此外,在东部、中部等区域选取4个省份进行抽样调查。总体而言,调研范围广泛覆盖农村贫困地区,尤其对西部深度贫困的贫困县、贫困村开展调研,掌握了翔实的一手调查数据。

表3-1　调研样本区的分布

省(区、市)	样本量	样本市(州)、县(区)	样本村(社区)分布
贵州	71	铜仁市德江县	胜坝、农晨、石板
		遵义市凤冈县	东山、石盆、关口
陕西	49	榆林市清涧县	庵上、牛家湾、刘家碱
		西安市未央区	楼阁台、惠西、店子
四川	88	甘孜藏族自治州康定市	阿斗沟、色龙、崩沙、寸达、门坝
		凉山彝族自治州金阳县	打古洛、木尼古尔、布洛、沙洛依达
		绵阳市三台县	长新、长河
		宜宾市江安县	中桥
西藏	30	那曲市尼玛县	尼玛隆、谷寨、鲁玛那荣、尼隆

续表

省(区、市)	样本量	样本市(州)、县(区)	样本村(社区)分布
云南	33	临沧市凤庆县	等上、上寨、安石、清水河、前锋
		曲靖市马龙区	杨官田、让田、翠屏
青海	20	西宁市大通回族土族自治县	胡基沟、老营庄、阿家、巴音、新寨、红石崖
重庆	60	开州区	相辞
		万州区	谭绍、长石、双流、龙滩、金福
海南	19	澄迈县	玉堂、文玉、大亭、罗驿、玉楼、石联
湖北	162	恩施土家族苗族自治州来凤县	马家坝、枫香坪、杉木塘、渔塘
		恩施土家族苗族自治州咸丰县	渔塘坪、十字路、天上坪、湾田、细皮沟、明星、石门坎、板桥、土司坝、真假坑、新场、墨池寺、太平沟、晨光、白地坪
		孝感市应城市	热火、红堂
吉林	27	长春市宽城区	孟家、姜家、六马、小城子、蔡家
江苏	20	南通市通州区	八总桥、同乐、龙坝、亭东
合计	579	16个市(州) 20个县(区)	84个村(社区)

资料来源：根据调研资料整理

N=579

二、被访者的人口学基本特征

表3-2对被访者的基本特征进行了统计分析。从性别分布来看，男性被访者所占比例达到61.5%，女性被访者占比为38.5%。男性被访者所

占比重较大，这是因为入户进行问卷调查时，往往选择户主（一般为男性），或者选取文化水平较高的家庭成员回答问题（家庭主要成员中男性成员文化程度往往高于女性）。从被访者的年龄分布来看，45岁至64岁的被访者数量最多，占比高达42.3%；其次是65岁至79岁的群体，占比为23.8%。可以发现45岁至79岁的群体成为陷入贫困的最主要群体。

从政治面貌来看，被访者多为非党员，占比高达97.4%，只有2.6%的被访者为党员。从被访者的民族来看，本次调研地选取了很多少数民族聚居地区，少数民族贫困人口成为重要的被访对象。从婚姻状况来看，被访者因未婚、离婚、丧偶等导致无配偶的，占比为34.4%，目前有配偶的被访者占比为65.6%。从受教育程度来看，被访者多处于初中及以下教育水平，占比高达91%；其中有42.8%的被访者从未上过学，有33.7%的被访者文化程度为小学，有14.5%的被访者文化程度为初中。这说明兜底保障对象的文化程度非常低。

从被访者的身体健全程度来看，“身体健全”的被访者占比为73.8%，有16.9%的被访者“身体不健全，轻微残疾”，有9.3%的被访者属于“身体很不健全，严重残疾”。这说明兜底保障对象中有一部分残疾贫困人口。从受助者的健康状况来看，身体健康的被访者占比为46.1%，有34%的被访者“身体不太健康，经常生病”，有15.4%的被访者“身体很不健康，但生活能自理”，有4.5%的被访者“身体很不健康，生活不能自理”（对丧失表达能力的被访者，部分问题由亲属代答）。这说明兜底保障对象中有很大一部分人健康状况不佳。

从被访者的劳动能力及目前工作状态来看，有3.1%的被访者属于在学的未成年人，有16.0%的被访者属于有劳动能力的老年人，有22.3%的被访者属于无劳动能力的老年人，有9.7%的被访者属于无劳动能力的成年人（不包括未成年人和老人），有48.9%的被访者属于有劳动能力的成年人（其中从事农业工作和非农业工作的成年人占比分别为36.1%、12.8%）。

表3-2　被访者基本特征统计表

基本信息		频数	比例
性别	男性	356	61.5%
	女性	223	38.5%
年龄	18岁以下	5	0.9%
	18岁~29岁	48	8.3%
	30岁~44岁	115	19.9%
	45岁~64岁	245	42.3%
	65岁~79岁	138	23.8%
	80岁及以上	28	4.8%
政治面貌	党员	15	2.6%
	非党员	564	97.4%
民族	汉族	311	53.7%
	少数民族	268	46.3%
有无配偶	无配偶	199	34.4%
	有配偶	380	65.6%
受教育程度	未上过学	248	42.8%
	小学	195	33.7%
	初中	84	14.5%
	高中	31	5.4%
	大专及以上	21	3.6%
身体健全程度	身体健全	427	73.8%
	身体不健全，轻微残疾	98	16.9%
	身体很不健全，严重残疾	54	9.3%
身体健康状况	身体健康	267	46.1%
	身体不太健康，经常生病	197	34.0%
	身体很不健康，但生活能自理	89	15.4%
	身体很不健康，生活不能自理	26	4.5%

续表

基本信息		频数	比例
劳动能力及目前工作状态	未成年/在学	18	3.1%
	老年人,有劳动能力	93	16.0%
	老年人,无劳动能力	129	22.3%
	成年人,无劳动能力	56	9.7%
	成年人,从事农业工作	209	36.1%
	成年人,从事非农业工作	74	12.8%

资料来源:根据问卷调查数据整理

N=579

三、被访家庭的基本特征

表3-3对被访家庭的基本特征进行了统计分析。从被访家庭的人口规模来看,2人户、5人户及以上的被访家庭占比较高,分别达到25.6%、24.3%。2人户的被访家庭多为老年夫妻群体,他们年老后与已成婚的子女分家,老两口相依为命。5人及以上的被访家庭占比较高,主要是因为有些贫困家庭未成年子女较多,或者老中青三代共同生活在一起。从家庭成员的年龄结构来看,有15岁以下的未成年人的被访家庭占比达到37.8%,有65岁以上的老年人的被访家庭占比为44.7%。

从家庭成员的身体健全状况来看,家中有至少1人轻微残疾的被访家庭占比为26.8%,家中有至少1人严重残疾的被访家庭占比为17.3%。从家庭成员身体健康状况来看,家中有至少1人不太健康的被访家庭占比高达59.8%,家中有至少1人非常不健康的被访家庭占比为28.8%。从家庭可用劳动力情况来看,无可用劳动力的被访家庭占比高达16.8%,这是家庭陷入贫困的主要原因;有1个可用劳动力的被访家庭占比为26.4%,有2个可用劳动力的家庭占比为34.0%,有3个及以上可用劳动力的家庭占比为22.8%。从被访家庭的住房情况来看,多数家庭拥有“自建住房”,占比达到78.2%;同时也有很大一部分被访家庭的住房为“政府扶持建/修房”,占比为16.4%。

从接受低保救助状况来看,有66.0%的被访家庭属于低保户,“曾经是低保户,现已退出”的被访家庭占比为11.9%,“从未申请过低保”的被访家庭占比为8.8%,被访家庭仅属于“五保户”的占比为2.6%。这可以看出,绝大多数被访家庭正在接受兜底保障,涵盖低保救助、特困人员供养。从“(调查时)家庭是否属于建档立卡贫困户”来看,有55.1%的被访家庭“现在属于建档立卡贫困户”,有36.6%的被访家庭“从未被纳入建档立卡贫困户”,有8.3%的被访家庭“之前属于建档立卡贫困户,现已退出”。对建档立卡贫困户和非建档立卡的低收入群进行调研,针对已经退出建档立卡贫困户的群体进行调研,了解和掌握他们的生活情况,有助于比较分析不同生活困难群体的基本生活以及兜底保障政策对他们生活的影响情况。

表3-3 被访家庭基本特征统计表

基本信息		频数	比例
家庭规模	1人户	67	11.6%
	2人户	148	25.6%
	3人户	126	21.8%
	4人户	97	16.7%
	5人户及以上	141	24.3%
家庭成员的年龄结构	有15岁以下的未成年	219	37.8%
	有65岁以上的老年人	259	44.7%
家庭成员身体健全状况	家中有至少1人轻微残疾	155	26.8%
	家中有至少1人严重残疾	100	17.3%
家庭成员身体健康状况	家中有至少1人不太健康	346	59.8%
	家中有至少1人非常不健康	167	28.8%
家庭可用劳动力情况	无可用劳动力	97	16.8%
	有1个可用劳动力	153	26.4%
	有2个可用劳动力	197	34.0%
	有3个及以上可用劳动力	132	22.8%

续表

基本信息		频数	比例
家庭住房情况	自建住房	453	78.2%
	自购商品房	11	1.9%
	单位或集体福利房	7	1.2%
	租/借房屋	13	2.3%
	政府扶持建/修房	95	16.4%
目前接受低保救助状况	仅属于低保户	382	66.0%
	曾经是低保户,现已退出	69	11.9%
	申请过低保,未批准	53	9.2%
	从未申请过低保	51	8.8%
	仅属于"五保户"	15	2.6%
	具有低保户和"五保户"双重身份	9	1.5%
(调查时)家庭是否属于建档立卡贫困户	现在属于建档立卡贫困户	319	55.1%
	之前属于建档立卡贫困户,现已退出	48	8.3%
	从未被纳入建档立卡贫困户	212	36.6%

资料来源:根据问卷调查数据整理

N=579

第四章

兜底保障对象的贫困现状及致贫因素分析

第一节 兜底保障对象的贫困现状分析

一、家庭人力资本严重匮乏

人力资本(human capital),也称“非物质资本”,指体现在劳动者身上的资本。以下从贫困家庭成员的身体健全程度、身体健康状态、家庭拥有的可用劳动力等方面进行分析。

1.残疾人口占比高,肢体残疾、多重残疾人口多。从被访者的身体健全程度及残疾类型来看,有149个被访者属于残疾人(总样本579个,残疾人在总样本中占25.7%),其中,一级残疾、二级残疾、三级残疾、四级残疾、身体轻微残疾的被访者分别占5.4%、32.9%、12.1%、12.7%、36.9%。从残疾类型来看,智力残疾、精神残疾、肢体残疾、听力残疾、视力残疾、言语残疾、多重残疾的被访者分别占8.1%、8.7%、52.3%、6.7%、8.7%、0.7%、14.8%。属于肢体残疾的被访者占比最高,达52.3%;其次是多重残疾(包括多种类型的残疾),占比为14.8%;再次是视力残疾和精神残疾,均占8.7%。这可以看出兜底保障对象中的残疾人口比重较大,肢体残疾与多重残疾成为主要的残疾类型,且视力残疾和精神残疾所占比重大。

表4-1 被访者身体健全程度与残疾类型统计表

		残疾类型							合计	
		智力残疾	精神残疾	肢体残疾	听力残疾	视力残疾	言语残疾	多重残疾	计数	比例
残疾程度	一级残疾	0	0	3	0	2	1	2	8	5.4%
		0.0%	0.0%	37.5%	0.0%	25.0%	12.5%	25.0%	100.0%	—

续表

		残疾类型							合计	
		智力残疾	精神残疾	肢体残疾	听力残疾	视力残疾	言语残疾	多重残疾	计数	比例
残疾程度	二级残疾	7	8	18	4	4	0	8	49	32.9%
		14.3%	16.3%	36.7%	8.2%	8.2%	0.0%	16.3%	100.0%	—
	三级残疾	2	2	10	2	1	0	1	18	12.1%
		11.1%	11.1%	55.5%	11.1%	5.6%	0.0%	5.6%	100.0%	—
	四级残疾	1	1	15	0	2	0	0	19	12.7%
		5.3%	5.3%	78.9%	0.0%	10.5%	0.0%	0.0%	100.0%	—
	身体轻微残疾	2	2	32	4	4	0	11	55	36.9%
		3.6%	3.6%	58.2%	7.3%	7.3%	0.0%	20.0%	100.0%	—
合计		12	13	78	10	13	1	22	149	100.0%
		8.1%	8.7%	52.3%	6.7%	8.7%	0.7%	14.8%	100.0%	—

注：N=579

从贫困家庭成员身体健全程度与残疾状况来看，被访家庭成员中有1人身体轻微残疾的占21.4%（124户），被访家庭成员中有2人身体轻微残疾的占4.8%（28户）；被访家庭成员中有1人身体严重残疾的占16.2%（94户），被访家庭成员中有2人和3人身体严重残疾的均占0.5%（3户）。这可以看出，有残疾人口的贫困家庭占比较大，且部分家庭残疾人口数量较多。

表4-2　贫困家庭成员身体健全程度与残疾状况统计表

		家庭成员中处于此类状态的人数					合计
		0	1	2	3	4人及以上	—
家庭成员身体健全者有几人	计数	53	99	137	104	186	579
	比例	9.1%	17.1%	23.7%	18.0%	32.1%	100.0%
家庭成员身体轻微残疾者有几人	计数	424	124	28	2	1	579
	比例	73.2%	21.4%	4.8%	0.4%	0.2%	100.0%
家庭成员身体严重残疾者有几人	计数	479	94	3	3	0	579
	比例	82.8%	16.2%	0.5%	0.5%	0	100.0%

注：N=579

2.贫困人口整体健康状态不佳，重大疾病、慢性病、老弱人口多。从被访家庭成员的身体健康状况来看，120户（占20.7%）被访家庭没有“处于健康状态”的家庭成员，有128户（占22.1%）被访家庭只有1人“处于健康状态”，有103户（占17.8%）被访家庭有2人“处于健康状态”，有105户（占18.1%）被访家庭有3人“处于健康状态”，有123户（占21.3%）被访家庭有4人及以上“处于健康状态”。对于是否有不太健康的家庭成员，调查数据显示，237户（占比高达40.9%）被访家庭有1人不太健康，96户（占16.6%）被访家庭有2人不太健康，11户（占1.9%）被访家庭有3人不太健康。对于是否有很不健康的家庭成员，统计数据显示141户（占24.4%）被访家庭有1人很不健康，18户（占3.1%）被访家庭有2人很不健康，8户（占比1.4%）被访家庭有3人及以上很不健康。这说明贫困家庭的整体健康水平低下，不健康或处于亚健康状态的家庭成员较多。

表4-3 贫困家庭成员身体健康状态统计表

		家庭成员中处于此类状态的人数					合计
		0	1	2	3	4人及以上	—
家庭成员中处于健康状态的人数	计数	120	128	103	105	123	579
	比例	20.7%	22.1%	17.8%	18.1%	21.3%	100.0%
家庭成员中不太健康的人数	计数	233	237	96	11	2	579
	比例	40.2%	40.9%	16.6%	1.9%	0.4%	100.0%
家庭成员中很不健康的人数	计数	412	141	18	7	1	579
	比例	71.1%	24.4%	3.1%	1.2%	0.2%	100.0%

注：N=579

从被访家庭中是否有患重病的家庭成员情况来看，(在最近的一年里)有428户(占73.9%)被访家庭无患重病的家庭成员，131户(占22.6%)被访家庭有1人患重病，20户(占3.5%)被访家庭有2人患重病。从被访家庭中是否有患慢性病的家庭成员情况来看，(在最近的一年里)315户(占54.4%)被访家庭无患慢性病的家庭成员，191户(占33.0%)被访家庭有1人患慢性病，66户(占11.4%)被访家庭有2人患慢性病，7户(占1.2%)被访家庭有3人及以上患慢性病。这说明贫困家庭中，有患重病或慢性病家庭成员的家庭占比较高，因病致贫成为重要的贫困现象。

从家庭成员中有在学未成年人的数量来看，140户(占24.2%)被访家庭有1人正处于在学状态，94户(占16.2%)被访家庭有2人正处于在学状态，33户(占5.7%)被访家庭有3人及以上正处于在学状态。从家庭成员中有65岁及以上老年人的数量来看，144户(占24.9%)被访家庭有1名老年人，114户(占19.7%)被访家庭有2名老年人，1户(占0.2%)被访家庭有3名及以上老年人。从总体分布情况来看，贫困家庭有老弱人口的比例较高。这说明这些家庭一是需要更多支出用于年幼家庭成员的教育投入，二是需要更多支出用于老年人的医疗、养老等，这些因素也在一定程度上加剧了贫困家庭的贫困程度。

表4-4　贫困家庭成员"患病"与"老弱"人口数量统计表

		家庭成员中处于此类状态的人数				合计
		0	1	2	3人及以上	—
最近一年家庭成员中患重病的人数	计数	428	131	20	0	579
	比例	73.9%	22.6%	3.5%	0	100.0%
最近一年家庭成员中患慢性病的人数	计数	315	191	66	7	579
	比例	54.4%	33.0%	11.4%	1.2%	100.0%
家庭成员中在学的人数	计数	312	140	94	33	579
	比例	53.9%	24.2%	16.2%	5.7%	100.0%
家庭成员中65岁及以上老年人的人数	计数	320	144	114	1	579
	比例	55.2%	24.9%	19.7%	0.2%	100.0%

注：N=579

3.贫困家庭劳动力严重不足，且缺乏有效工作技能。劳动力是贫困户脱贫的重要支撑。从前文的分析来看，贫困家庭成员整体健康状况不佳、老弱病残人口比重大，使得这些家庭的劳动力严重不足。从贫困家庭可用劳动力的数量来看，97户（占16.8%）被访家庭无可用劳动力，153户（占26.4%）被访家庭仅有1个可用劳动力，197户（占34.0%）被访家庭仅有2个可用劳动力，83户（占14.3%）被访家庭有3个可用劳动力，49户（占8.5%）被访家庭有4个及以上可用劳动力。这可以看出，贫困家庭可用劳动力并不充足。

从家庭成员中具备完全劳动能力和部分劳动能力的人口数量来看，一是具备完全劳动能力者的数量，209户（占36.1%）被访家庭没有“具备完全劳动能力者”，175户（占30.2%）被访家庭的“具备完全劳动能力者”仅有1人，129户（占22.3%）被访家庭的“具备完全劳动能力者”有2人，42户（占7.3%）被访家庭的“具备完全劳动能力者”有3人；二是具备部分劳动能力者的数量，289户（占49.9%）被访家庭没有“具备部分劳动能力者”，214户（占37.0%）被访家庭的“具备部分劳动能力者”有1人，64户（占11.0%）被访家庭的“具备部分劳动能力者”有2人，11户（占1.9%）被访家庭的“具备部分劳动能力者”有3人。这可以看出，贫困家庭可用的劳动能力者数量严重不足。

从贫困家庭在外务工和在家务农人口数量来看，361户（占62.3%）被访家庭无人外出务工，136户（占23.5%）被访家庭有1人外出务工，69户（占11.9%）被访家庭有2人外出务工，13户（占2.3%）被访家庭有3人外出务工。对于很多贫困地区而言，外出务工是增加家庭收入的重要方式，外出务工人员数量不足也说明贫困家庭脱贫的困难度较大。174户（占30.0%）被访家庭无家庭成员在家务农，179户（占30.9%）被访家庭有1人在家务农，181户（占31.3%）被访家庭有2人在家务农，30户（占5.2%）被访家庭有3人在家务农，15户（占2.6%）被访家庭有4人及以上在家务农。这说明贫困家庭在家务农的人口比重较大，农业收入的高低在一定程度上可以决定贫困家庭能否脱贫。

家庭劳动力是否具备一定的技能，是决定家庭收入水平和收入来源稳定性的重要保障。本研究所指技能是指从被访者的角度出发，具备从事某项工作的技能并且该技能可以为劳动者谋生提供更多保障。从贫困家庭成员具备的劳动技能来看，488户（占84.3%）被访家庭没有任何家庭成员具备专门劳动技能，65户（占11.2%）被访家庭有1人具备专门技能，24户（占4.2%）被访家庭有2人具备专门技能，2户（占0.3%）被访家庭有3人具备专门技能。这可以看出，贫困家庭具备劳动技能的人口占比很低，劳动技能的缺失使得贫困家庭往往难以获得稳定的收入来源，从而进一步增加了贫困群体的脱贫难度。

表4-5 贫困家庭劳动力基本情况统计表

		家庭成员中处于此类状态的人数					合计
		0	1	2	3	4人及以上	—
家庭成员中可用劳动力有几人	计数	97	153	197	83	49	579
	比例	16.8%	26.4%	34.0%	14.3%	8.5%	100.0%
家庭成员中具备完全劳动能力者有几人	计数	209	175	129	42	24	579
	比例	36.1%	30.2%	22.3%	7.3%	4.1%	100.0%
家庭成员中具备部分劳动能力者有几人	计数	289	214	64	11	1	579
	比例	49.9%	37.0%	11.0%	1.9%	0.2%	100.0%
家庭成员中在外务工的有几人	计数	361	136	69	13	0	579
	比例	62.3%	23.5%	11.9%	2.3%	0	100.0%
家庭成员中在家务农的有几人	计数	174	179	181	30	15	579
	比例	30.0%	30.9%	31.3%	5.2%	2.6%	100.0%
家庭成员中有专门技能者有几人	计数	488	65	24	2	0	579
	比例	84.3%	11.2%	4.2%	0.3%	0	100.0%

注：N=579

二、家庭社会资本存量低

社会资本（social capital）是个体或团体之间的一种关联（如社会网络、互惠性）所产生的信任与支持。一般而言，在社会结构中个体或团体所处的不同位置所能带来的资源具有巨大差异，这种资源数量的差异就可以视为社会资本存量的强弱。社会资本，尤其是具有“过硬交情”的亲朋好友，也能从一定程度上帮助贫困家庭渡过生活难关。

1.贫困家庭社会关系网络幅度不宽。一是被访家庭经常交往的亲朋好友数量。数据显示，有39户（占6.7%）被访家庭没有经常交往的亲朋好友，159户（占27.4%）被访家庭坦言经常交往的亲朋好友数量为1~3人，136户（占23.5%）被访家庭坦言经常交往的亲朋好友数量为4~6人，86户（占14.9%）被访家庭坦言经常交往的亲朋好友数量为7~9人，159户（占27.5%）被访家庭坦言经常交往的亲朋好友数量为10人及以上。从社会交往数量来看，有一部分家庭经常交往的亲朋好友数量较多，这主要缘于兄弟姐妹较多或处于大家族中，彼此之间能够做到和睦相处。有一部分贫困家庭经常交往的亲朋好友数量偏少，在调研时发现是因为家族内部、亲戚之间容易起矛盾，如赡养父母导致的兄弟姐妹反目、人情交往礼尚往来不对等所导致的隔阂。二是贫困家庭难以交到称心如意的朋友。人情似纸张张薄，世事如棋局局新。贫居闹市无人问，富在深山有远亲。这种现象广泛存在，进一步降低了贫困群体社会资本的存量。这些数据说明，贫困家庭的社会关系网络往往比较窄，与其经常交往的亲朋好友数量不多，反映出其社会资本存量严重不足。

2.贫困家庭社会关系网络的质量不高。为了进一步考察被访家庭社会关系网络的质量，选取在政府部门任职和经商的亲朋好友数量作为考察指标。一是贫困家庭在政府部门任职的亲朋好友数量。统计数据显示，479户（占82.7%）被访家庭没有任何亲朋好友在政府部门任职，仅73户（占12.6%）被访家庭在政府部门任职的亲朋好友数量为1~3人。一般而言，在本地政府部门工作的公职人员往往能够给予本家族或亲属、朋友一定的关怀或相关资源，贫困家庭没有这方面的亲朋好友，在一定程度上就丧失了该领域的关系网络。二是贫困家庭在经商的亲朋好友数量。统计数据显示，447户（占77.2%）被访家庭没有任何亲朋好友在经商，97户（占16.8%）被访家庭在经商的亲朋好友有1~3人，24户（占4.1%）被访家庭在经商的亲朋好友有4~6人。通常认为，经商是提升收入水平的重要渠道，经商的亲朋好友数量也决定了贫困家庭社会关系网络的质量。也就是说，经商的亲朋好友收入水平往往较高，在一定程度上更有能力帮助被访家庭，但被访家庭亲朋好友在经商的并不多。以上说明贫困家庭社会资本质量不高，当遭遇生活困难时，能从亲朋好友处获得帮助的可能性较小。

表4-6 贫困家庭经常交往的亲朋好友情况统计表

		社会关系网络幅度（有效关系的数量）					合计
		0	1~3人	4~6人	7~9人	10人及以上	—
经常交往的亲朋好友数量	计数	39	159	136	86	159	579
	比例	6.7%	27.4%	23.5%	14.9%	27.5%	100.0%
在政府部门任职的亲朋好友数量	计数	479	73	4	1	22	579
	比例	82.7%	12.6%	0.7%	0.2%	3.8%	100.0%
在经商的亲朋好友数量	计数	447	97	24	4	7	579
	比例	77.2%	16.8%	4.1%	0.7%	1.2%	100.0%

注：N=579

三、家庭文化资本水平低

文化资本（cultural capital）是个人从小到大所接受的教育，通过知识水平、技能水平和文化气质所体现出的一种综合素养。

1.被访者个人的受教育水平很低。对被访者个人受教育程度进行统计，发现未上过学的被访者占比高达42.8%，其中女性被访者所占比例明显高于男性；受教育水平仅为小学的被访者高达195人，占比为33.7%，男女被访者无过大差距；受教育水平为初中的被访者占比为14.5%，男性被访者所占比例远高于女性;高中及以上受教育程度的被访者占比很低,并且女性被访者所占比例远远低于男性。这说明,被访者个人受教育程度很低,难以支撑其通过劳动技能、文化知识等摆脱贫困。

表4-7 被访者个人受教育程度统计表

			被访者个人受教育程度					合计	
			未上过学	小学	初中	高中或中专	大专及以上	计数	比例
性别	男	计数	131	131	64	23	7	356	61.5%
		比例	36.8%	36.8%	18.0%	6.4%	2.0%	100.0%	
	女	计数	117	64	20	8	14	223	38.5%
		比例	52.4%	28.7%	9.0%	3.6%	6.3%	100.0%	
合计		计数	248	195	84	31	21	579	100.0%
		比例	42.8%	33.7%	14.5%	5.4%	3.6%	100.0%	

注:N=579

2. 被访家庭成员的总体教育水平较低。从贫困家庭成员的总体教育水平来看,分别统计家庭当中具有初中学历、高中学历、大专及以上学历的人口数量。一是家庭成员中具有初中学历的人数,337户(占58.2%)被访家庭无成员具有初中学历,151户(占26.1%)被访家庭有1人具有初中学历,61户(占10.5%)被访家庭有2人具有初中学历,25户(占4.3%)被访家庭有3人具有初中学历,5户(占0.9%)被访家庭有4人及以上具有初中学历。二是家庭成员中具有高中学历的人数,478户(占82.6%)被访家庭无成员具有高中学历,77户(占13.3%)被访家庭有1人具有高中学历,21户(占3.6%)被访家庭有2人具有高中学历。三是家庭成员中具有大专及以上学历的人数,62户(占10.7%)被访家庭有1人具有大专及以上学历,22户(占3.8%)被访家庭有2人具有大专及以上学历。这主要是被访家庭有子女正在接受大专及以上的教育，下一代能获得较高层次的教育，是确保该家庭在未来摆脱贫困的根本路径。在贫困家庭中，一般具有初中学历就可以确保劳动力顺利找到工作，但具备初中学历的家庭也不多，这进一步加大了贫困家庭脱贫的困难度。

表4-8　贫困家庭受教育水平统计表

		家庭成员中具备此类教育水平的人数					合计
		0	1	2	3	4人及以上	—
家庭成员中具有初中学历的人数	计数	337	151	61	25	5	579
	比例	58.2%	26.1%	10.5%	4.3%	0.9%	100.0%
家庭成员中具有高中学历的人数	计数	478	77	21	3	0	579
	比例	82.6%	13.3%	3.6%	0.5%	0	100.0%
家庭成员中具有大专及以上学历的人数	计数	494	62	22	1	0	579
	比例	85.3%	10.7%	3.8%	0.2%	0	100.0%

注：N=579

四、家庭经济资本十分脆弱

经济资本（economic capital）是衡量一个家庭富裕程度、生活水平的重要指标，从家庭人均收入、家庭总支出、农业经营收入、家庭经济保障情况等方面分析贫困家庭的经济资本。

1.贫困家庭总体收入低，医疗与教育等主要支出大。从家庭人均年收入来看，如果按照2011年划定的贫困线标准2300元，仍然有66户（占11.4%）被访家庭人均收入低于该标准；如果按照2018年多数贫困地区确定的贫困线标准4500元，有231户（占比高达39.9%）被访家庭人均收入低于该标准。另外,有181户(占31.3%)被访家庭人均年收入在4501至8000元,有81户(占14.0%)被访家庭人均年收入在8001至12000元,有86户(占14.8%)被访家庭人均年收入在12000元以上。以2018年的统计数据为例,全国农村居民人均可支配收入为14617元。[①]与此收入标准相比,可以发现被访家庭的总体收入水平较低,低于绝对贫困线的贫困家庭占比较大,并且离全国农村人均可支配收入的差距还较大。

表4-9 贫困家庭人均年收入及接受的社会救助与扶贫资助情况统计表

		2300元及以内	2301~4500元	4501~8000元	8001~12000元	12000元以上	合计
家庭人均年收入	计数	66	165	181	81	86	579
	比例	11.4%	28.5%	31.3%	14.0%	14.8%	100%
社会救助与扶贫资助总额	计数	260	106	109	60	44	579
	比例	44.9%	18.3%	18.8%	10.4%	7.6%	100%

注:*N*=579

从贫困农户"认为家庭农业生产的收成情况如何"来看,有172户(占29.70%)被访家庭没有从事农业生产;有65户(占11.2%)被访家庭认为农业收成"非常差,基本没有收成";有135户(占23.3%)被访家庭认为农业收成"较差,有很少收成";有205户(占35.4%)被访家庭认为农业收成"一般,有一定收成,可基本保障吃穿";只有2户(占0.4%)被访家庭认为农业收成"比较好,能较好地保障生活"。这也可以看出,有很大一部分贫困家庭认为从事农业生产并不能给予他们足够的生活保障。虽然也有部分贫困家庭认为农业收成可以基本保障生活,但并没有改变越来越多的农村家庭放弃农业生产而通过外出务工等方式来增加家庭经济收入的

① 参考国家统计局发布的《2018年居民收入和消费支出情况》。因调研时间主要集中于2018年,因此选取2018年全国农村居民人均可支配收入作为参照。

局面，这也是一直以来农业发展严重滞后的原因。

表4-10　贫困农户认为家里农业生产的收成情况如何统计表

		没有从事农业生产	非常差，基本没有收成	较差，有很少收成	一般，有一定收成，可基本保障吃穿	比较好，能较好地保障生活	合计
合计	计数	172	65	135	205	2	579
	比例	29.7%	11.2%	23.3%	35.4%	0.4%	100%

注：N=579

简要比较被访家庭年总支出和年总收入情况，统计数据显示被访家庭年总支出的中位数是13860元，年总收入的中位数是15200元；从主要支出项目来看，教育、医疗是家庭的两项主要支出，被访家庭的子女教育支出均值为3063.77元，医疗保健净支出的均值为4711.89元。在调查中发现，贫困家庭子女教育、医疗支出以及养老问题是最大的难题。

2.社会救助与扶贫资助收入占比高，农业经营和财产性收入较低。从社会救助与扶贫资助收入的分布区间来看，有260户（占44.9%）被访家庭的社会救助与扶贫资助收入在“2300元及以内”（有43户被访家庭没有获得任何社会救助与扶贫资助），106户（占18.3%）被访家庭的社会救助与扶贫资助收入为“2301~4500元”，109户（占18.8%）被访家庭的社会救助与扶贫资助收入为“4501~8000元”，60户（占10.4%）被访家庭的社会救助与扶贫资助收入为“8001~12000元”，44户（占7.6%）被访家庭的社会救助与扶贫资助收入在“12000元以上”。部分家庭该方面收入比较高的原因在于获得了住房改建或修缮资金的扶持。

从贫困家庭主要收入渠道占总收入的比重来看，一是社会救助与扶贫资助占总收入的比重。多数被访家庭（占49.0%）该类收入占总收入的比重在“20%及以内”，93户被访家庭该类收入占总收入的比重在“21%~40%”的区间；也有一些家庭该类收入占比较高，甚至达到“80%以上”。二是务工等劳动报酬收入占总收入的比重呈现两极分化的态势。有335户（占57.9%）被访家庭该类收入占总收入的比重在“20%及以内”。三是村集体分红、补贴等占总收入的比重。567户（占比高达97.9%）被访家庭该类收入占总收入的比重小于20%。四是农业经营收入占总收入的比重。多数家庭（占66.8%）该类收入占总收入的比重小于20%；96户（占16.6%）被访家庭在“21%~40%”的区间，说明只有少数贫困家庭的收入渠道主要是农业生产，但对于多数低收入家庭而言，农业收入能带给他们的增收非常有限。五是房屋租赁等财产性收入占总收入的比重。573户（占比高达98.9%）被访家庭该类收入占总收入的比重小于20%。从以上各类收入渠道获得的收入占总收入的比重来看，贫困家庭仍然比较依赖传统的收入渠道，如农业生产、外出务工以及政府救助，发展型的收入渠道，如财产性收入、村集体分红等仍然非常薄弱，对贫困农民的增收贡献非常小。这也说明，越是贫困的地区，村集体经济等越薄弱。但也发现，越来越多的家庭难以从农业生产中获得足够的生活保障，尤其对于改善生活水平、提升生活质量等需求，传统的农业生产难以满足。

表4-11　贫困家庭主要收入渠道占总收入的比重统计表

		主要收入渠道占总收入比重在此区间的频数和比例					合计
		20%及以内	21%~40%	41%~60%	61%~80%	80%以上	—
社会救助与扶贫资助占总收入比重	计数	284	93	89	52	61	579
	比例	49.0%	16.1%	15.4%	9.0%	10.5%	100.0%
务工等劳动报酬收入占总收入比重	计数	335	44	44	65	91	579
	比例	57.9%	7.6%	7.6%	11.2%	15.7%	100.0%

续表

		主要收入渠道占总收入比重在此区间的频数和比例					合计
		20%及以内	21%~40%	41%~60%	61%~80%	80%以上	—
村集体分红、补贴等占总收入比重	计数	567	5	2	0	5	579
	比例	97.9%	0.9%	0.3%	0	0.9%	100.0%
农业经营收入占总收入比重	计数	387	96	38	24	34	579
	比例	66.8%	16.6%	6.6%	4.1%	5.9%	100.0%
房屋租赁等财产性收入占总收入比重	计数	573	1	1	0	4	579
	比例	98.9%	0.2%	0.2%	0	0.7%	100.0%

注：N=579

3. 债务水平高，主观感受家庭经济无保障。债务水平高低是反映家庭经济情况的重要指标。统计数据显示，有348户（占60.1%）被访家庭没有负债，有89户（占15.4%）被访家庭负债水平在10000元以下，有50户（占8.6%）被访家庭负债水平在“10000~20000元”的区间，有50户（占8.6%）被访家庭负债水平在“20001~40000元”的区间，有42户（占7.3%）被访家庭负债水平在“40000元以上”。这说明很大一部分贫困家庭存在负债现象，并且有不小比例的家庭负债水平还比较高。贫困家庭的负债是实打实的负债，主要在医疗支出、教育支出或建设新房等方面因支出较大，需要跟亲戚、朋友借钱。从家庭平均债务水平来看，农村家庭因收入来源渠道窄、收入来源不稳定等，在每年收入水平并不高的基础上需要存下余钱还债，实属难事，在一定程度上也会加大贫困家庭的生活压力，使其主观心理上感到经济无保障。

表4-12 贫困家庭负债情况统计表

		无负债	10000元以下	10000~20000元	200001~40000元	40000元以上	合计
合计	计数	348	89	50	50	42	579
	比例	60.1%	15.4%	8.6%	8.6%	7.3%	100%

注：N=579

当问到“当前家庭经济上是否有保障”时，有65户（占11.2%）被访家庭认为“完全不够用”，有206户（占35.6%）被访家庭认为“不够用”，有290户（占50.1%）被访家庭认为“基本够用”，只有18户（占3.1%）被访家庭认为“完全够用”。这可以看出，多数家庭（占比高达46.8%）主观感受到在经济上没有保障，这从心理层面反映了贫困家庭经济的脆弱性。

表4-13 被访家庭在经济上是否有保障统计表

		完全不够用	不够用	基本够用	完全够用	合计
合计	计数	65	206	290	18	579
	比例	11.2%	35.6%	50.1%	3.1%	100%

注：N=579

第二节 兜底保障对象致贫的主要影响因素分析

致贫的影响因素非常多，也异常复杂，如因病致贫、因教致贫、因缺劳动力致贫、因缺技术致贫等,其中任何一项或多项因素的影响都可以导致贫困。作为当前社会中最贫困的群体,兜底保障对象致贫同样也受到普遍性因素的影响,但与一般贫困人口相比,影响他们陷入贫困的因素主要包括哪些,这是值得探究的,也为兜底保障政策的深入实施提供依据。下文将从自然条件、经济社会发展及个人因素等层面分析兜底保障对象致贫的主要影响因素。

一、自然条件差——"被剩下的贫困"

自然资源禀赋及生存环境深刻地影响着区域经济社会发展的进程,往往在偏远、高山等地区,贫困发生率较高,当地居民陷入贫困的概率远远大于其他地区。自然资源条件和生活环境同样深刻地影响着贫困人口。一是他们居于高山高寒、偏远地区,在交通基础设施上比较落后,对外联络不便。二是这些高山高寒地区,因可用土地极其有限,使得人均占有土地量少质次,土壤贫瘠使得土地产出非常有限。三是资源的欠缺导致公共服务延伸不到位,基础设施建设滞后。主要原因在于这些地方人口稀少,远离聚居区,水电气路等基础设施建设成本高,产生的经济社会效益却有限,也就使得政府不会优先考虑这些地方的基础设施建设。公共服务与基础设施的严重落后进一步掣肘了当地经济社会的发展。研究团队对大凉山、武陵山连片特困地区的一些农村进行了调研,发现当地地形地貌复杂,道路条件很差,并且远离城市,农产品外运很不方便,当地人的生活具有自给自足的特性。在这些地方,有条件、有能力的青壮劳动力基本已经外出务工,或前往资源禀赋更好的地方谋生,而留下的往往是年老体弱、身体有缺陷的,这些人是难以外迁的绝对贫困人口。因此,自然资源禀赋影响着兜底保障对象的经济生活,兜底保障对象成为留守在这些地方的贫困人口,成为一种"被剩下的贫困",属于自然环境的"挤出效用"。

二、经济社会发展不平衡——发展成果外溢惠及贫困人口有限

区域经济发展不平衡是当前我国经济社会发展中的突出问题，可以明显地发现东部沿海地区经济社会发达程度要优于中部地区、西部地区，城市地区要优于广大农村地区，一线城市优于二线、三线等城市，区域性的发展不平衡、不充分成为经济社会发展中的主要矛盾。在不同区域，农村经济发达程度也存在较大差异，一般而言，西部农村地区往往落后于东部和中部的农村地区。区域经济社会发展的不平衡所导致的就是区域性的收入水平、生活水平差距拉大，生活在西部偏远地区、连片特困地区的贫困人口比重也就更大，贫困程度更深，贫困人口规模更大。由此可见，贫困人口的分布与区域经济社会发展整体水平密切相关，这种影响关系呈现以下逻辑。一是在经济社会发展程度越落后的地区，当地财政给付能力越有限，相应的兜底保障标准也就越低，但当地需要兜底保障和帮扶的人口往往规模较大，这就导致恶性循环。二是越落后的地区，其经济发展成果外溢惠及农村贫困人口的部分就越少，贫困人口陷入极端贫困的可能性也就越大。

对比东部、中部和西部地区，因经济社会发展程度明显不一样，在经济更加发达的东部地区，其贫困人口总体规模较小，陷入极端贫困的人口也就更少，即使有少部分人口陷入贫困状态，其也能及时通过当地发达的集体经济分红、当地较高水平的兜底保障标准等实现脱贫。但是在西部一些落后的地方，因当地财政给付能力非常有限，多数村集体经济很不发达甚至完全没有，人们一旦陷入贫困，他们难以获得集体经济的帮扶，唯有依靠自身努力摆脱贫困。如果自身能力有限，加之其他的扶持措施缺失，那么其陷入极端贫困，成为兜底保障对象的可能性也就非常之大。虽然一直以来，西部地区加大了扶贫和兜底保障投入力度，中央也加大了转移支付力度，但对于贫困群体规模较大的经济欠发达地区只是“杯水车薪”，效果有限。2020年脱贫攻坚目标任务完成后，全国仍然存在数量规模较大的兜底保障对象，多分布在中西部原深度贫困地区和连片特困地

区,他们的生产生活状态深受地方性经济社会整体落后的影响。

三、身体健康不佳——收入贫困与支出贫困“双重夹击”

家庭成员的身体健康状况,直接决定着家庭能否获得较高的经济收入和实现脱贫。调研显示,贫困家庭的家庭成员在身体健康状态、身体健全程度上具有以下共同特点:

一是存在家庭成员生病的情况。可能是家庭主要劳动力生病,也可能是家庭中的老弱人员生病;可能是某一成员生病,也可能是两个或两个以上的家庭成员生病;疾病的种类包括慢性病、急病。这就导致家庭成员身体健康状况不佳,家庭成员在短期内不具备劳动能力,也可能因病失去劳动能力;因家庭成员的卧病需要其他家庭成员照顾,其他家庭成员难以参加劳动;因家庭成员生病导致整个家庭的医疗支出急剧增加,整个家庭在短期内陷入非常贫困的状态。

二是有家庭成员存在身体缺陷、智力不足、精神失常等问题。有残疾的家庭成员,一方面使得该家庭没有充足的劳动力,如有严重残疾、生活不能自理的,还需要其他家庭成员给予更多照料;另一方面也可能出现残疾的成员需要接受长期的治疗,如精神残疾患者需要服用药物进行治疗,这在一定程度上增加了家庭的医疗支出。

因此,以上多种原因导致的家庭成员健康不佳,将很难让该家庭在短时期内依靠自身力量摆脱贫困,最有可能的就是长期陷入绝对贫困状态,需要接受长期的兜底保障。

四、知识文化和技能匮乏——“劳动中的贫困”

知识文化和劳动技能是家庭获得稳定收入来源的重要保障条件,从兜底保障对象的文化教育水平和劳动技能情况来看,他们的文化水平很低,多数家庭成员从未上过学或者只接受过两三年的学校教育。知识文化的严重不足,使得其接受新鲜事物和新知识的能力极差。尤其在科技日新月异和社会高速发展的时代，因他们掌握的知识文化严重不足难以理解并掌握最新的农业生产技能。同时，知识文化的严重匮乏，使得他们也难以获得基本的劳动技能，只能从事最无技术含量、工资水平较低的工种，即使从事全职劳动，也难以获得足够多的收入，俗称“劳动中的贫困”。对于这些群体，一般性的策略是通过加强知识培训或技能提升等让他们获得一定的劳动技能，从而提升劳动生产率以获得更高工资，或者从事更高工资水平的工种。但有时也存在困难，在调研中发现，很多人因知识文化过于低下，很难通过知识培训、技能培训获得谋生手段。

五、不具备任何的自我发展条件——“蹚不出”脱贫路

致贫原因多种多样，如生存环境恶劣、基础设施落后、缺少脱贫门路，或者比较普遍性的因病致贫、因学致贫、因婚致贫、因房致贫、因照顾家人而无法外出务工致贫等。调研发现，有部分贫困户致贫仅受其中某一两项因素的影响，但存在一些极端贫困人口受到多项因素的影响，所有可能助推其脱贫的条件都缺失。贫困户脱贫的标准：一是在家庭人均收入上能稳定超过国家贫困线；二是能实现“两不愁三保障”。但按照这样的脱贫标准，有部分贫困对象难以达到，因为他们缺乏脱贫条件，如在生存环境上，他们可能生活在自然条件极差的地方；在个人及家庭方面，他们或家庭成员重病、重残或无劳动能力。那么，对于这样的群体，其自身是难以通过产业扶持、教育扶持、易地搬迁等方式实现脱贫的，而只能长期依赖政策的兜底保障。

第五章

兜底保障政策实施基本现状分析

第一节　农村最低生活保障制度实施现状

在本次调研获得的所有样本中，有382户家庭正在接受低保救助，有69户已经退出低保救助，有53户申请过低保但未获批准。从被访者反映的申请低保次数来看，均值为1.32次，中值和众数都是“1”，这说明大多数家庭只申请过1次。从申请低保到最终确定是否获得救助资格需要的时间跨度来看，均值是59.44天，中值和众数都是“30”，这跟农村地区按季度审批低保救助的时间基本一致。有很多地方为确保救助的及时性加快了审批速度，一般能在30天内完成从申请到审批，让申请对象能尽快获得救助。以下将分别从低保申请程序、低保目标瞄准、低保标准与实际给付水平等层面分析贫困家庭获得低保救助的情况。

一、低保申请程序

第一，低保申请程序是否合理。申请程序的便捷性、公平性是确保低保制度执行并有效发挥其兜底作用的重要保障。就“低保申请程序是否合理”的问题询问被访者，统计数据显示，在576个样本中，有457个被访者认为低保申请程序合理，占比达到79.3%；但也有119个被访者认为不合理，占比为20.7%。

表5-1　低保申请程序是否合理统计表

选项	频率	百分比	有效百分比
合理	457	78.9%	79.3%
不合理	119	20.6%	20.7%
系统缺失	3	0.5%	—
合计	579	100.0%	100.0%

注：N=576

对于认为低保申请程序不合理的部分被访者，追问其存在哪些不合理之处。统计数据显示，在118个有效样本中，选择最多的选项是“申请程序复杂”，有67个被访者持有该观点，占比高达56.8%；其次是“准入条件太苛刻”，有53个被访者选择该选项，占比为44.9%；再次是“审核存在不公现象”，有51个被访者持有该观点，占比为43.2%；被访者认为低保申请程序的其他不合理之处还有“申请材料过多”“审核时间过长”“批准指标太少”。

表5-2　低保申请程序存在不合理之处统计表

	原因	响应		个案百分比
		n	百分比	
被访者认为低保申请程序存在哪些不合理之处[a]	申请程序复杂	67	23.3%	56.8%
	申请材料过多	47	16.4%	39.8%
	审核时间过长	31	10.8%	26.3%
	准入条件太苛刻	53	18.5%	44.9%
	审核存在不公现象	51	17.8%	43.2%
	批准指标太少	38	13.2%	32.2%
	总计	287	100.0%	243.2%

注：a.值为1时制表的二分组

N=118

第二，申请对象在申请过程中是否遭遇过不合理对待。当向被访者问到“申请低保过程中是否遭遇过不合理对待”时，有92个被访者表示“遭遇过”，占比为16.0%；有483个被访者表示“没有遭遇过”，占比为84.0%。这需要引起足够重视，查明遭遇过什么样的“不合理对待”，以及是什么样的原因所导致，分清楚是政策执行中的问题，还是贫困群体本身对政策的误解或理解不到位，或者是其他不当诉求未得到回应，并及时给予解决。

表 5-3　申请低保过程中是否遭遇过不合理对待统计表

选项	频率	百分比	有效百分比
遭遇过	92	15.9%	16.0%
没有遭遇过	483	83.4%	84.0%
系统缺失	4	0.7%	—
合计	579	100.0%	100.0%

注：N=575

对于认为在申请过程中遭遇过不合理对待的部分被访者，追问其遇到该类问题时采取哪些措施来解决。统计数据显示，在88个有效样本中有62个（占70.5%）被访者采取“找村干部理论”的方式解决，有34个（占38.6%）被访者通过“要求再次核查”的方式解决，也有部分被访者通过“自己或托人向经办人员送礼”“向上级管理部门反映”的方式解决或“不予理会”。在这些措施中，采取“找村干部理论”的方式的最多，主要是这种措施成本最低，也最有可能解决问题。因为村干部是贫困群体申请低保的第一环，也是最能够影响申请结果的环节。找村干部理论，一方面可以较好地争取利益，反映自身经济情况；另一方面也让村干部认识到自身对争取低保的迫切性。在调研中发现，部分村民到村委会闹事或与村干部争吵，希望获得低保，这可能会在一定程度上影响到村干部的决定，尤其在对经济审核标准模糊、村干部裁量权较大的情况下，找村干部理论也就成为申请对象采取的最主要举措。

表 5-4　若遭遇不合理对待时采取哪些措施解决统计表

	原因	响应		个案百分比
		n	百分比	
被访者若遭遇不合理对待时采取过哪些措施解决[a]	要求再次核查	34	24.1%	38.6%
	自己或托人向经办人员送礼	6	4.3%	6.8%
	向上级管理部门反映	24	17.0%	27.3%
	不予理会	15	10.6%	17.0%

续表

	原因	响应		个案百分比
		n	百分比	
被访者若遭遇不合理对待时采取过哪些措施解决[a]	找村干部理论	62	44.0%	70.5%
	总计	141	100.0%	160.2%

注：a.值为1时制表的二分组
N=88

二、低保目标瞄准

询问被访者“申请低保时政府/村干部有没有附加条件”时，在573个有效样本中，有61个被访者回答“有”，占比为10.6%；有512个被访者回答“无”，占比为89.4%。这可以看出，绝大多数被访者认为申请低保时没有附加条件，但也有少部分被访者表示在申请低保时存在附加条件。考虑到政策执行中的区域差异性，需要重视该部分群体所反映的问题，即个别地方在申请低保时存在附加条件。但对这种附加条件须区别对待，如有些地方要求具备劳动能力的受助者必须履行一定的义务，如在公共空间提供义务劳动等。合理的附加条件有利于解决救助依赖问题，但不合理的附加条件可能滋生腐败，导致政策瞄偏。

表5-5 申请低保时政府/村干部有没有附加条件统计表

选项	频率	百分比	有效百分比
有	61	10.5%	10.6%
无	512	88.5%	89.4%
系统缺失	6	1.0%	—
合计	579	100.0%	100.0%

注：N=573

询问被访者“是否存在符合低保条件却没有享受低保的贫困户”时，统计数据显示，有233个被访者认为“有，较少”，占比为40.3%；有40个被访者认为“有，较多”，占比为6.9%；有167个被访者认为“没有”，占比为28.8%；有139个被访者回答“不清楚”，占比为24.0%。这可以看出，仍然存在一部分贫困群体符合低保条件却因种种因素未被纳入低保救助范围。

表5-6　是否存在符合低保条件却没有享受低保的贫困户统计表

选项	频率	百分比	有效百分比
有，较多	40	6.9%	6.9%
有，较少	233	40.3%	40.3%
没有	167	28.8%	28.8%
不清楚	139	24.0%	24.0%
合计	579	100.0%	100.0%

注：N=579

针对（调研时）建档立卡和低保救助的关系，询问被访者所在区域“是否存在只有进入建档立卡贫困户后才有资格评定低保的现象”。统计数据显示，有87个被访者认为只有进入建档立卡贫困户后才有资格评定低保，占比为15.0%；有312个被访者回答“否”，占比为53.9%；有180个被访者回答“不清楚”，占比为31.1%。这说明一些地区为完成脱贫攻坚目标任务，往往规定只有进入建档立卡的贫困户才有资格申请低保，这是一种片面执行低保政策和精准脱贫政策的现象，实际上两者的帮扶对象有交叉重合，但不完全相同。低保有其认定程序，建档立卡有其认定程序，而不应简单地在建档立卡贫困户里认定低保救助对象，建档立卡也不应成为贫困群体获得低保的前提。

表5-7　“是否存在只有进入建档立卡贫困户后才有资格评定低保的现象”统计表

选项	频率	百分比	有效百分比
是	87	15.0%	15.0%
否	312	53.9%	53.9%
不清楚	180	31.1%	31.1%
合计	579	100.0%	100.0%

注：N=579

三、低保标准与实际给付水平

决定低保标准的有两个主要因素：一是各地根据物价、生活成本与财政给付能力确定的低保全额标准，即最低生活保障线；二是按照补差原则，扣减贫困家庭已有收入水平，实际给付的低保金额，一般低于低保全额标准。在城市地区，一般发布“月”低保全额标准；在农村地区，一般发布“年”低保全额标准。为方便比较，把样本地区的年低保全额标准换算成月低保全额标准。下表的统计数据显示，调研地月低保全额标准多分布在“201~300元”的区间（调研年份为2018年），占比高达66.7%；还有16.1%的地方月低保全额标准低于200元。相比于农村人均可支配收入以及城市低保全额标准，样本地区所确定的低保全额标准非常低。低保全额标准过低，导致难以保障贫困群体的基本生活，降低了兜底保障的效用。

表5-8　样本地区月低保全额标准分布区间统计表

分布区间	频率	百分比	有效百分比
100元及以下	30	5.2%	5.2%
101~200元	63	10.9%	10.9%
201~300元	386	66.7%	66.7%
301~400元	46	7.9%	7.9%
401~500元	47	8.1%	8.1%
500元以上	7	1.2%	1.2%
合计	579	100.0%	100.0%

注：N=579

从受保家庭领取低保的人数来看，很多领取者属于单独施保，即仅对家庭成员中某个重病或重残者，或者某个年长体弱者给予保障，而不是按照低保制度设计之时确定的按户施保。统计数据显示，有31.6%的被访家庭给予保障1人，有28.0%的被访家庭给予保障2人。这种单独施保政策，进一步降低了低保兜底保障的效用。导致该类现象产生的原因，主要在于农村需要保障的贫困人口较多，但当地低保给付能力有限，为满足更多的贫困家庭获得低保救助，就只能以有限的救助资金保障更多的贫困家庭，对有些贫困家庭采取保障最困难的某个家庭成员。这是低保政策在有限资源的供给下在基层执行中的一种“变通”，在一定程度上能够较好地平衡各个贫困对象之间的关系，让更多的贫困家庭受益，也能够缓和干部与贫困对象之间的矛盾，但也降低了对特定贫困家庭的整体兜底保障效用，分散了救助资源。

表5-9 被访者所在家庭领取低保的总人数分布统计表

保障人数	频率	百分比	有效百分比
0	139	24.0%	24.0%
1	183	31.6%	31.6%
2	162	28.0%	28.0%
3	54	9.3%	9.3%
4	33	5.7%	5.7%
5	7	1.2%	1.2%
6	1	0.2%	0.2%
合计	579	100.0%	100.0%

注：*N*=579

从被访家庭每月每人实际领取的低保金额来看，45%的被访家庭每月每人实际领取的低保金额分布在“101~200元”的区间，更有22.3%的被访家庭每月每人实际领取的低保金额“低于100元”，有19.5%的被访家庭每月每人实际领取的低保金额分布在“201~300元”的区间，而每月每人实际领取金额高于300元的被访家庭仅占13.2%。这可以看出，按照补差原则确定的低保实际给付水平远远低于本身标准就比较低的低保全额标准。按照当年(2018年)各地的物价水平和生活成本，这一给付水平难以保障贫困家庭的基本生活。

表5-10　被访者所在家庭每月每人实际领取的低保金额分布区间统计表

分布区间	频率	百分比	有效百分比
100元及以下	98	16.9%	22.3%
101~200元	198	34.2%	45.0%
201~300元	86	14.9%	19.5%
301~400元	24	4.1%	5.5%
401~500元	13	2.3%	2.9%
500元以上	21	3.6%	4.8%
系统缺失	139	24.0%	—
合计	579	100.0%	100.0%

注：N=440，指在调研时正在领取低保的被访家庭（家庭中至少有1人正在领取低保）

四、贫困家庭的退保经历及其政策认知

在所有有效样本中，有83户被访家庭有过退保经历。统计数据显示，关于退保的原因，在81个有效样本中，选择最多的是“低保指标不够被迫退保”，有43户被访家庭选择该项，占比高达53.1%；有27户被访家庭退保的原因是“家庭收入高于低保线”，占比为33.3%；“家庭财产不符合低保条件”“子女已经就业”，分别占27.2%、18.5%。选择“领取养老金后收入高于低保线”“受保者离世”的被访家庭较少，主要是因为农村养老金水平很低，即使在年满60周岁领取后也不会对家庭收入带来多大影响。从以上退保原因来看，很多家庭认为退保是因为“低保指标不够被迫退保”。这在一些地方确实存在，尤其是在任务指向下，数字脱贫、指标脱贫的现象让一些并未达到脱贫条件的家庭被迫退出低保。有些地方的这一做法，实际上是对精准扶贫政策与低保救助制度的误解，片面认为脱贫就要退出低保，实际上在脱贫攻坚的“五个一批”工程中，兜底保障是帮助贫

困群体脱贫的一种方式,对于无业可扶、丧失劳动能力的贫困家庭给予兜底保障。

表5-11　被访家庭退保原因统计表

	原因	响应		个案百分比
		n	百分比	
被访家庭退保的原因[a]	家庭收入高于低保线	27	23.1%	33.3%
	家庭财产不符合低保条件	22	18.8%	27.2%
	子女已经就业	15	12.8%	18.5%
	领取养老金后收入高于低保线	6	5.1%	7.4%
	低保指标不够被迫退保	43	36.8%	53.1%
	受保者离世	4	3.4%	4.9%
	总计	117	100.0%	144.4%

注:a.值为1时制表的二分组

N=81

从被访家庭是否主动退保来看,在82个有效样本中,有77户被访者反映属于"低保干部通知退保",占比高达93.9%;仅有5户被访者反映属于"生活变好后主动申请退保",占比为6.1%。这可以看出,被救助家庭退出低保的主要方式是由干部做工作,通知其退出,而不是在生活条件变好后救助对象主动申请退出。这也在一定程度上说明了退保工作执行上的难度。低保干部通知退保,存在以下几种可能:一是获得救助的家庭通过自身努力,家庭经济条件明显改善,的确符合退保条件,由干部通知其退出;二是因指标限制或上级指示,或其他政策上的原因,无论其是否真正达到退保条件,都有可能被通知要求退出低保;三是救助对象自身缺乏主动退保的愿望,即使在生活条件变好后或不符合低保领取条件后也不愿意主动申请退出低保,而是等着干部通知,如果干部不通知,那么也就继续领取低保。无论如何,这些都对基层低保政策的执行带来很大挑战。如何构建低保救助标准的动态调整机制,让救助对象主动申报家庭经济情况、在心理上不再依赖低保救助等任重道远。

表 5-12 被访家庭是否主动退保统计表

类型	频率	百分比	有效百分比
低保干部通知退保	77	93.9%	93.9%
生活变好后主动申请退保	5	6.1%	6.1%
合计	82	100.0%	100.0%

注：N=82

为何低保救助对象不愿意主动退出低保，有着复杂的原因。追问被访者“认为退保后再次申请低保是否存在障碍”，在82个有效样本中，有59个被访者认为退保后再次申请存在障碍，再进入比较难，占比高达72.0%，而仅有极少的被访者（占7.3%）认为再次申请低保不存在障碍，也有20.7%的被访者回答“不清楚”。从该项调查结果可以看出，为何救助对象不愿意退出低保，因为他们认为退保后如遇到生活困难再次申请低保存在巨大障碍，认为再申请获得救助的可能性比较小。这要求进一步完善低保准入政策，构建“能进能出”畅通的动态调整机制。

表 5-13 “认为退保后再次申请低保是否存在障碍”统计表

类型	频率	百分比	有效百分比
是，再进入比较难	59	72.0%	72.0%
不会，会更简单	1	1.2%	1.2%
不会，和以前一样	5	6.1%	6.1%
不清楚	17	20.7%	20.7%
合计	82	100.0%	100.0%

注：N=82

五、除低保外的其他补贴情况

一般而言，各地在低保之外，还会根据实际需求或扶持弱势群体的原则配套提供相应的补贴，如水电气补贴、食品、生活用品、节假日慰问品、残疾人补贴、医疗保险和养老保险缴纳补助等。从下表的统计数据来看，有185户(占32.0%)被访家庭表示没有任何补贴,主要原因可能在于他们不是低保户;有55户(占9.5%)被访家庭获得除低保外的补贴总额位于“50~200元”的区间;有77户(占13.3%)被访家庭获得除低保外的补贴总额位于“201~400元”的区间;有55户(占9.5%)被访家庭获得除低保外的补贴总额位于“401~600元”的区间;有47户(占8.1%)被访家庭获得除低保外的补贴总额位于“601~900元”的区间;有60户(占10.3%)被访家庭除低保外的补贴总额位于“901~1500元”的区间;有100户(占17.3%)被访家庭获得除低保外的补贴总额在“1500元以上”。总体而言,低保之外的补贴并不高,但对于农村贫困家庭而言,具有重要的保障效用,无论从经济上还是从心理上,都能较好地促进贫困人口提升获得感、安全感。有贫困村民表示:“每个月能领到一百多元低保,说明党和国家还在关心我,有时在节假日干部还带着米、油来家里慰问,我作为普通的老百姓,非常感谢国家,感谢党,还能惦记着我……”(村民-SC-001)①。一袋米、一瓶油,虽然价格并不高,却带去了党和政府对贫困群体的关怀,也是拉近干群关系的重要载体。因此,从低保外补贴的总额度来看,除去少部分群体(占17.3%)获得超过1500元,多数群体的补贴水平并不高,但能带给贫困群体较多的心理安慰和安全感。

表5-14 被访家庭获得除低保外的补贴总额分布特点统计表

类型	频率	百分比	有效百分比
无任何补贴	185	32.0%	32.0%
50~200元	55	9.5%	9.5%
201~400元	77	13.3%	13.3%
401~600元	55	9.5%	9.5%
601~900元	47	8.1%	8.1%
901~1500元	60	10.3%	10.3%
1500元以上	100	17.3%	17.3%
合计	579	100.0%	100.0%

注:N=579

①个案编码采用“访谈对象类型-省市-访谈对象编码”的方式。访谈对象类型包括村民、基层干部等,省市用拼音中的首字母代替,数字表示访谈对象编码。

第二节　医疗保险、医疗救助与其他医疗资源获取情况

一、被访家庭医疗保险缴纳情况

医疗保险是为了补偿劳动者因疾病风险造成的经济损失而建立的一项社会保险制度。当前，在农村地区实施了新型农村合作医疗制度(简称新农合)，该项医疗保险制度的建立集聚了农村居民个人的缴费及政府的补助，让可能陷入疾病风险的农村居民获得必要的经济帮助，减轻医疗费用负担，是规避“因病致贫”的重要方式。从贫困居民新农合缴费负担来看，多数样本地区2018年新农合缴费标准约为每人180元，如果按照一家5口人算，那么一个家庭大概需要缴纳900元。这对贫困家庭而言是一笔很大的支出，且每年缴费标准都在上涨，有很多贫困家庭难以承受。虽然政府补贴也在增加，但贫困家庭自身需要支付的医保费用逐年增加，成为其家庭生活的沉重负担，导致部分贫困家庭放弃缴费，然而当生病时却因没有医疗保险而进一步加大了医疗支出。在武陵山区调研时，作者遇到一家庭的年轻劳动力未参与新农合，不幸得了全身溃烂性皮肤病(因长期在沿海某地的油漆厂工作致病，未获得工伤赔付)。他每次治疗都花费不菲，但因没有医疗保险，须由自身承担所有医疗费用。他没钱治病就到村委会闹，找村干部要补助，这让当地干部非常头痛。

当向被访者问到“家庭中未缴纳医疗保险的人数”时，发现85.3%的家庭都已缴纳新农合保费，但也有14.7%的被访家庭存在未缴费的现象。其中，有23户(占4.0%)被访家庭存在“1人”未缴费，有21户(占3.6%)被访家庭存在“2人”未缴费，有9户(占1.6%)被访家庭存在“3人”未缴费，有12户(占2.1%)被访家庭存在“4人”未缴费，有5户(占0.9%)被访家庭存在“5人”未缴费，有13户(占2.2%)被访家庭存在“6人”未缴费，有2户(占0.3%)被访家庭存在“7人”未缴费。这些家庭因负担不起医保费用而

放弃缴费，存在巨大的“因病致贫”风险。

从被访家庭享受大病医疗保险的情况来看，高达71.3%的被访家庭没有任何人享受大病医疗保险，仅有28.7%的被访家庭有家庭成员正在享受大病医疗保险。其中，有63户（占10.9%）被访家庭存在“1人”享受，有39户（占6.7%）被访家庭存在“2人”享受，有20户（占3.5%）被访家庭存在“3人”享受，有15户（占2.6%）被访家庭存在“4人”享受，有12户（占2.1%）被访家庭存在“5人”享受，有14户（占2.4%）被访家庭存在“6人”享受，有3户（占0.5%）被访家庭存在“7人”享受。总体而言，享受大病医疗保险的贫困家庭占比较小，农村“小病不治，大病更是无钱治”的困难难以解决。

表5-15　被访家庭的医疗保险缴纳情况统计表

		0	1	2	3	4	5	6	7	合计
家庭中未缴纳医疗保险的人数	频率	494	23	21	9	12	5	13	2	579
	比例	85.3%	4.0%	3.6%	1.6%	2.1%	0.9%	2.2%	0.3%	100%
家庭中享受大病医疗保险的人数	频率	413	63	39	20	15	12	14	3	579
	比例	71.3%	10.9%	6.7%	3.5%	2.6%	2.1%	2.4%	0.5%	100%

注：N=579

二、被访家庭医疗救助获得情况

统计分析被访家庭在过去的一年里获得医疗救助的情况,表5-16中的数据显示,有481户被访家庭未获得任何医疗救助。在已经获得医疗救助的98户里,有32户(占5.5%)被访家庭获得"100~1000元"的医疗救助;有16户(占2.8%)被访家庭获得"1001~2000元"的医疗救助;有29户(占5.0%)被访家庭获得"2001~5000元"的医疗救助,有12户(占2.1%)被访家庭获得"5001~8000元"的医疗救助,有9户(占1.6%)被访家庭获得"8000元以上"的医疗救助。这可以看出,有较少比例的被访家庭获得医疗救助,虽然总体救助水平不高,但对于贫困家庭而言是极其重要的,可以有效帮助其渡过生活难关。

表5-16　被访家庭获得的医疗救助情况统计表

类型	频率	百分比	有效百分比
未获得任何医疗救助	481	83.0%	83.0%
100~1000元	32	5.5%	5.5%
1001~2000元	16	2.8%	2.8%
2001~5000元	29	5.0%	5.0%
5001~8000元	12	2.1%	2.1%
8000元以上	9	1.6%	1.6%
合计	579	100.0%	100.0%

注:*N*=579

三、被访家庭参加体检情况

体检在城乡居民日常生活当中显示出越来越重要的疾病预防作用,通过体检可以及时发现身体的健康隐患或者已经存在的健康问题,从而便于介入治疗或通过改善生活方式提高健康水平。通过问卷调查贫困居民是否经常参加体检,统计数据显示,"从不参加"体检的被访者有183个,占比为31.6%；“偶尔参加”体检的被访者有158个，占比为27.3%；“经常参加”体检的被访者仅有41个，占比为7.1%，“有病时才体检”的被访者有197个，占比为34.0%。这可以看出，贫困居民参加体检的人不多，缺少了预防疾病的重要一环。

表5-17　被访者或其家人是否经常参加体检统计表

类型	频率	百分比	有效百分比
从不参加	183	31.6%	31.6%
偶尔参加	158	27.3%	27.3%
经常参加	41	7.1%	7.1%
有病时才体检	197	34.0%	34.0%
合计	579	100.0%	100.0%

注：N=579

对被访居民不参加或较少参加体检的原因进行追问，统计数据显示，高达337个被访者表示“没病时并不关心体检”，占比达到62.1%；有311个被访者表示“体检太贵，没必要花这个钱”，占比达到57.3%；也有一些被访者表示“去体检不方便”“体检费不能报销”。这可以看出，贫困居民较少参加体检或不参加体检，一是思想观念上不重视通过体检来预防疾病或早发现早治疗；二是经济条件的限制，考虑到收入有限，难以支付高昂的体检费用；三是在花钱观念上，认为体检是浪费钱，尤其是当体检后发现身体很健康时往往感觉花了冤枉钱。

表5-18　被访者或其家人较少参加体检的原因统计表

	原因	响应		个案百分比
		n	百分比	
被访者或其家人较少参加体检的原因[a]	去体检不方便	194	19.7%	35.7%
	体检太贵，没必要花这个钱	311	31.7%	57.3%
	体检费不能报销	140	14.3%	25.8%

续表

	原因	响应		个案百分比
		n	百分比	
被访者或其家人较少参加体检的原因[a]	没病时并不关心体检	337	34.3%	62.1%
	总计	982	100.0%	180.9%

注:a. 值为1时制表的二分组

N=543

四、被访家庭就医资源获取情况

通过询问被访者"您所在的村或附近是否有卫生所""如果生病,就医是否方便"等进一步了解贫困群体就医资源获取情况。统计数据显示,有508个被访者表示本村或附近有卫生所,占比为87.7%;但也有71个被访者表示本村或附近没有卫生所,占比为12.3%。对于就医是否方便,有82个(占14.1%)被访者表示"很不方便",有106个(占18.3%)被访者表示"比较不方便",有218个(占37.7%)被访者表示"基本方便",有110个(占19.0%)被访者表示"比较方便",只有63个(占10.9%)被访者表示"很方便"。这可以看出,大多数贫困家庭认为能获得基本的就医资源,如村里或附近的卫生所,但仍有很大一部分被访群体就医很不方便。

表5-19 就医是否方便统计表

类型	频率	百分比	有效百分比
很不方便	82	14.1%	14.1%
比较不方便	106	18.3%	18.3%
基本方便	218	37.7%	37.7%
比较方便	110	19.0%	19.0%
很方便	63	10.9%	10.9%
合计	579	100.0%	100.0%

注:N=579

第三节　养老资源获取与养老保险缴纳情况

一、农村基础养老金发放标准

农村基础养老金是指对农村地区年满60周岁的所有居民每月发放一笔由政府财政出资的养老金，无论之前居民是否缴纳养老保险，只要年满60周岁就能领取。从样本地区基础养老金发放水平来看，多数被访家庭表示基础养老金发放水平在“50~90元”的区间，占比高达62.6%。发放水平最高的是“131~150元”，占比为8.9%。具体而言，高达196户（占33.9%）被访家庭表示基础养老金发放水平在“50~70元”的区间，166户（占28.7%）被访家庭表示在“71~90元”的区间。总体来看，农村基础养老金发放水平较低，每月为几十元到一百多元不等，这对于贫困家庭的老人而言，能够在一定程度上缓解经济压力，但缓解的程度不够高，仍然是“杯水车薪”。但也要考虑到在之前的很长一段时间里，农村地区并未建立起养老保险缴纳制度，多数农村居民在未满60周岁之前也没有缴纳养老保险，通过政府财政补贴发放基础养老金实属不易。随着社会保障制度的逐步完善，国家经济社会发展水平和财政给付能力的提升，应加大转移支付力度，提升农村基础养老金发放水平，尤其是加大对贫困老年人经济上的扶持。

表5-20　样本地区农村基础养老金发放水平统计表

类型	频率	百分比	有效百分比	累积百分比
50~70元	196	33.9%	33.9%	33.9%
71~90元	166	28.7%	28.7%	62.6%
91~110元	58	10.0%	10.0%	72.6%
111~130元	107	18.5%	18.5%	91.1%
131~150元	52	8.9%	8.9%	100.0%
合计	579	100.0%	100.0%	100.0%

注：N=579

二、被访家庭领取养老金情况

统计被访家庭正在领取农村基础养老金的人数，有270户家中无年满60周岁的老人，158户（占27.3%）被访家庭有“1人”领取农村基础养老金，151户（占26.1%）有“2人”领取。贫困家庭领取养老金的人数多寡，也反映了家庭养老的压力。总体而言，有53.4%的被访家庭有老年人，有一定的养老负担。

表5-21　被访家庭领取农村基础养老金的人数统计表

人数	频率	百分比	有效百分比
0	270	46.6%	46.6%
1	158	27.3%	27.3%
2	151	26.1%	26.1%
合计	579	100.0%	100.0%

注：N=579

从被访家庭每月领取养老金总额的分布特点来看，有270户家庭因为无年满60周岁的老年人，未领取养老金。高达89.6%的被访家庭每月领取养老金低于150元，高达97.2%的被访家庭每月领取养老金低于250元。如前文所述，农村基础养老金给付标准较低，那么每个家庭可以领到的养老金总体水平也较低。虽然如此，但对于经济十分脆弱的贫困家庭以及无收入来源的贫困老人而言，这份养老金也能缓解其经济压力，可以帮助其购买一些必要的生活用品或药品。有被访老人表示：“政府每个月会发点儿钱（基础养老金），我用来买洗衣粉、牙膏、香皂，不然我都没有钱买……娃儿（子女）不管我，每个月就领那几十块钱……”（村民-CQ-001）。虽然基础养老金并不高，但对于贫困老人而言是雪中送炭，极其重要。

表5-22 被访家庭每月领取养老金总额统计表

人数	频率	百分比	有效百分比	累积百分比
未领取任何养老金	270	46.6%	46.6%	46.6%
50~100元	110	19.0%	19.0%	65.6%
101~150元	139	24.0%	24.0%	89.6%
151~250元	44	7.6%	7.6%	97.2%
250元以上	16	2.8%	2.8%	100.0%
合计	579	100.0%	100.0%	100.0%

注：N=579

三、贫困家庭养老保险缴纳情况

新型农村社会养老保险（简称新农保），是为保障农村居民年老时的基本生活，由政府组织实施的一项社会养老保险制度；养老待遇由社会统筹与个人账户相结合，建立个人缴费、集体补助、政府补贴相结合的筹资模式。2009年颁发的《国务院关于开展新型农村社会养老保险试点的指导意见》提出开展新型农村社会养老保险试点。2011年，启动全国城镇居民社会养老保险试点。到2012年7月，仅用三年时间基本实现了社会养老保险制度全覆盖，填补了农村居民养老保险的制度空白，人人享有养老保险成为现实。各地对于农村养老保险缴费水平，一般分为多个档次，居民根据自身经济条件选择相应档次每年按期缴费。如中部某省份2019年城乡居民基本养老保险缴费标准确定为每年最低300元，最高3000元，共11个缴费档次。但是多数贫困家庭因收入水平有限，其他方面的生活开销很大，能用于缴纳养老保险的钱很少，往往选择最低的缴费档次。如之前很长一段时间，很多地方确定的最低缴费档次是100元，所以很多农村居民就选择缴纳100元。即使这样,有的贫困人口也出现断缴现象。从被访家庭新农保缴费总支出来看,有47.7%的被访家庭未缴纳任何养老保险费用,有33.7%的被访家庭缴费支出为"80~200元",有13.5%的被访家庭缴费支出为"201~500元",有3.3%的被访家庭缴费支出为"501~1000元",有1.8%的被访家庭缴费支出为"1000元以上"。城市居民或有固定工作的群体,几百上千元的缴费不算什么,但对于农村贫困家庭来说这是一大笔支出,有的家庭因此放弃缴纳养老保险。

表5-23 被访家庭养老保险缴纳总额统计表

类型	频率	百分比	有效百分比	累积百分比
未缴纳	276	47.7%	47.7%	47.7%
80~200元	195	33.7%	33.7%	81.4%
201~500元	78	13.5%	13.5%	94.9%
501~1000元	19	3.3%	3.3%	98.2%
1000元以上	11	1.8%	1.9%	100.0%
合计	579	100.0%	100.0%	100.0%

注:N=579

统计被访家庭30至59岁的家庭成员中有多少人没有缴纳养老保险,数据显示,有35户被访家庭存在"1人"未缴纳养老保险,有58户被访家庭存在"2人"未缴费,有7户被访家庭存在"3人"未缴费,有10户被访家庭存在"4人"未缴费,有1户被访家庭存在"6人"未缴费。这可以发现,在579个样本中,有111户被访家庭存在未缴纳养老保险的家庭成员,所占比例较高。从被访家庭缴纳商业或其他类型养老保险的统计来看,仅有11户被访家庭有其他方面的保险缴纳。因此,亟须充分考虑贫困家庭的养老保险缴费能力,加大缴费补助力度,兜底保障他们的养老保险缴纳,让他们在年老时能获得较高水准的养老金。

表5-24　被访家庭没有缴纳养老保险的人数统计表（仅统计30至59岁的家庭成员）

人数	频率	百分比	有效百分比	累积百分比
0	468	80.8%	80.8%	80.8%
1	35	6.0%	6.0%	86.9%
2	58	10.0%	10.0%	96.9%
3	7	1.2%	1.2%	98.1%
4	10	1.8%	1.8%	99.9%
6	1	0.2%	0.2%	100.0%
合计	579	100.0%	100.0%	100.0%

注：N=579

第四节　义务教育资源与教育救助获得情况

一、教育救助获得情况

教育救助是政府为保障贫困家庭的子女获得接受教育的机会，对其提供物资和资金援助，如通过减免书费、资助生活费等方式帮助贫困未成年人完成相关阶段的学业。从被访家庭在过去一年里所获得的教育救助情况来看，有478户家庭未获得任何教育救助。除去一部分家庭（360户）中无未成年子女就学，在有15岁及以下未成年子女的219户被访家庭中，仅有29户被访家庭获得“200~1000元”的教育救助，有27户被访家庭获得"1001~2000元"的教育救助,有25户被访家庭获得"2001~4000元"的教育救助,有20户被访家庭获得"4000元以上"的教育救助。从获得教育救助的比例来看,仅有少部分贫困家庭能获得教育救助,且教育救助水平不高。

表5-25　被访家庭获得教育救助情况统计表

类型	频率	百分比	有效百分比	累积百分比
未获得任何教育救助	478	82.6%	82.6%	82.6%
200~1000元	29	5.0%	5.0%	87.6%
1001~2000元	27	4.7%	4.7%	92.2%
2001~4000元	25	4.3%	4.3%	96.5%
4000元以上	20	3.4%	3.5%	100.0%
合计	579	100.0%	100.0%	100.0%

注:N=579

二、未成年人就近上学便利程度

上学是否便利会在一定程度上影响贫困地区未成年人的入学率。统计数据显示,有36个(占6.2%)被访者表示未成年子女在当地上学"非常不便利",有128个(占22.1%)被访者表示"比较不便利",有175个(占30.2%)被访者表示"基本便利",有171个(占29.6%)被访者表示"比较便利",有69个(占11.9%)被访者表示"非常便利"。这可以看出有很大一部分(占28.3%)被访者表示未成年人在当地上学不是很便利。这主要是因为有些贫困地区交通条件不佳,道路崎岖甚至路面还未硬化,上下学无校车;很多农村地区因生源剧减后撤校合并,部分学生上学要到乡镇或相邻村庄。这些因素导致上学不便利,这种不便利可能降低入学率。

表5-26 未成年子女在当地上学是否便利统计表

类型	频率	百分比	有效百分比
非常不便利	36	6.2%	6.2%
比较不便利	128	22.1%	22.1%
基本便利	175	30.2%	30.2%
比较便利	171	29.6%	29.6%
非常便利	69	11.9%	11.9%
合计	579	100.0%	100.0%

注:N=579

三、未成年人辍学情况

询问被访者家里或邻居家是否有子女辍学(未完成九年义务教育),统计数据显示,有178个被访者回答“有”,占比高达30.7%。进一步询问辍学的原因,最主要的原因是“因学习成绩差主动辍学或被要求退学”,有121个被访者选择该选项,占比高达68.0%;其次是“孩子自身不愿意上学”,有90个被访者选择该选项,占比为50.6%;再次是“家庭缺劳动力,亟须子女干活儿或挣钱”“经济上无力支持子女上学”,分别有75个、81个被访者选择这两项,分别占42.1%、45.5%;最后是“上学路途遥远,极不方便”,有54个被访者选择该选项,占30.3%。从以上统计结果看,影响贫困地区未成年子女辍学的最主要因素有三个:一是贫困家庭未成年子女自身的问题,如学习成绩差,主观愿望上不想上学;二是贫困家庭层面的原因,如因经济条件差导致的教育投入不足,经济上无力支撑子女接受教育,或者因缺劳动力迫使子女辍学;三是教育资源分配的问题,因个别贫困地区上学不便,贫困地区未成年人辍学的可能性增加。前面两个因素是影响未成年子女辍学的主要因素,除了要提升硬件投入外,更需要加强对贫困家庭子女接受教育的扶持,尤其要加强软件的投入,如提升师资水平,更加关注孩子的学习和情感,强化价值观教育和目标导向等。

表5-27 被访者认为当地未成年人辍学的原因统计表

	原因	响应		个案百分比
		n	百分比	
被访者认为当地未成年人辍学的原因[a]	上学路途遥远,极不方便	54	12.8%	30.3%
	家庭缺劳动力,亟须子女干活儿或挣钱	75	17.8%	42.1%
	经济上无力支持子女上学	81	19.2%	45.5%
	因学习成绩差主动辍学或被要求退学	121	28.8%	68.0%
	孩子自身不愿意上学	90	21.4%	50.6%
	总计	421	100.0%	236.5%

注:a.值为1时制表的二分组

N=178

第五节 贫困家庭住房情况与住房满意度分析

一、现有住房类型及住房救助情况

从被访家庭现有住房类型来看,多数被访者拥有自建住房,占比高达78.3%,这在农村地区是比较普遍的情况。但也有很大一部分家庭因自身能力有限(占16.4%),难以筹集足够的资金自建住房,需要政府给予扶持。各地按照当年财政给付能力,安排一定的住房扶持资金,专门扶持住房困难或住危房的建档立卡贫困户建/修房屋。除此之外,少部分家庭自购商品房或住集体福利房或租借房屋。总体而言,农村地区仍然存在部分贫困群体住危房或住房面积严重不足的情况。统计数据显示,有

12.4%的被访家庭的住房属于危房。对于农村地区住房存在较大困难的贫困家庭,政府部门一般会优先给予住房救助,帮助住房困难者修缮或新建房屋,但救助金额一般不会太高,从几千元到数万元,与修缮或新建房屋所需花费相比,政府能给予的住房救助水平还不高,不足部分还需要贫困家庭通过自身努力筹集,如向亲戚借款,或向银行贷款。对于住房困难者,很多贫困地区尝试多种方式解决,如新建集中居住点,为贫困人口、孤寡老人、光棍等弱势群体提供集中性居住地。如在某村,就为本地住房困难者兴建了集中居住点,由政府投入,但前提条件是贫困户主动退出宅基地,把旧房所占土地复垦。然而,该项政策遭到了很多贫困户的反对,他们很愿意入住新居,但不愿意退出宅基地。

表5-28　被访家庭现有住房类型统计表

类型	频率	百分比	有效百分比
自建住房	453	78.3%	78.3%
自购商品房	11	1.9%	1.9%
单位或集体福利房	7	1.2%	1.2%
租/借房屋	13	2.2%	2.2%
政府扶持建/修房	95	16.4%	16.4%
合计	579	100.0%	100.0%

注:N=579

二、被访家庭住房满意度分析

对被访家庭的住房满意度进行分析,统计数据显示,多数家庭对现在的住房条件感到满意,占比为68.4%,但也有一部分贫困家庭对现有住房感到不是很满意。被访者(或者和配偶)是否有单独居住的房间,反映了被访家庭住房面积的大小,也可以体现被访家庭的住房宽裕度。有72.7%的被访者表示有单独居住的房间,但也有27.3%的被访者表示没有单独居住的房间。分析住房宽裕度与住房满意度的关系可以发现,如果有单独居住的房间,有77.0%的被访者对住房感到满意;如果没有单独居住的房间,仅有45.6%的被访者对住房感到满意,不满意者的数量远远多于满意者。这也可以看出住房面积与住房满意度之间存在一定的关系。

表5-29　被访者对现有住房条件的满意度统计表

<table>
<tr><td colspan="3" rowspan="2"></td><td colspan="5">您对现在的住房条件满意吗</td><td colspan="2">合计</td></tr>
<tr><td>很不满意</td><td>比较不满意</td><td>基本满意</td><td>比较满意</td><td>很满意</td><td>计数</td><td>比例</td></tr>
<tr><td rowspan="4">被访者(或者和配偶)是否有单独居住的房间</td><td rowspan="2">有</td><td>计数</td><td>27</td><td>70</td><td>212</td><td>83</td><td>29</td><td>421</td><td rowspan="2">72.7%</td></tr>
<tr><td>比例</td><td>6.4%</td><td>16.6%</td><td>50.4%</td><td>19.7%</td><td>6.9%</td><td>100.0%</td></tr>
<tr><td rowspan="2">无</td><td>计数</td><td>28</td><td>58</td><td>60</td><td>11</td><td>1</td><td>158</td><td rowspan="2">27.3%</td></tr>
<tr><td>比例</td><td>17.7%</td><td>36.7%</td><td>38.0%</td><td>7.0%</td><td>0.6%</td><td>100.0%</td></tr>
<tr><td colspan="2" rowspan="2">合计</td><td>计数</td><td>55</td><td>128</td><td>272</td><td>94</td><td>30</td><td>579</td><td rowspan="2">100%</td></tr>
<tr><td>比例</td><td>9.5%</td><td>22.1%</td><td>47.0%</td><td>16.2%</td><td>5.2%</td><td>100.0%</td></tr>
</table>

注:N=579

第六节　贫困户的认定与瞄准

此处的贫困户,是指在调查时被访家庭是否属于建档立卡贫困户。在被访的579户家庭中,有319户(占55.1%)被访家庭调查时属于建档立卡贫困户,有48户(占8.3%)已经退出建档立卡贫困户,有212户(占36.6%)从未进入建档立卡贫困户。

一、对贫困户认定的客观公正性

当被问到“您认为目前建档立卡贫困户的认定是否客观公正”时，有441个被访者认为建档立卡贫困户的认定客观公正，但也有138个被访者持否定的看法。继续追问被访者持否定观点的原因时（回答该题的有效样本量为138），有66个（占47.8%）被访者认为“指标分配并未按照贫困线严格认定”，有52个（占37.7%）被访者认为“贫困信息失真，认定数据难以获得”，有88个（占63.8%）被访者认为“容易受到关系影响（关系户）”，有37个（占26.8%）被访者认为“家庭成员在外无法参与贫困识别”，有78个（占56.5%）被访者认为“评议小组有失公正”。这可以看出，被访者认为对建档立卡贫困户的认定有失客观公正的最主要原因是存在“关系户”，以及“评议小组有失公正”。

存在关系户的问题，早已被广大人民群众深恶痛绝。建档立卡贫困户认定不准确的问题，被认为存在关系户，这主要指被认定者与基层自治组织干部的关系。有村民表示：“之前几年，也不了解什么是建档立卡贫困户，评的时候填个表，很随意，有的人不愿意填。后来发现进了（建档立卡）贫困户，还有一些优惠政策，那就有很多人争着进入。很多人就走关系，托干部，跟干部关系好的才能进。你说他贫不贫困，也难说。贫困呢，算不上。富裕呢，也算不上。但是总觉得评的时候没多大公平性，标准也没得，跟干部关系好的才有可能进入……”（村民-HB-001）

为了避免村干部的“一言堂”或“独断”，多数地方按照要求组建包括普通村民参与的评议小组，但从实施效果来看：一是评议小组选人上可能存在问题，选择的不一定是负责任、代表民意的村民；二是在评议中，评议小组可能会受到村干部或更高层级干部意志的影响；三是评议小组成员受各种主客观因素的影响，未能真正履职，有时甚至“敷衍了事”，糊里糊涂地完成评议工作，并未起到代表民意、维护公平公正的作用。如在调研中，有评议小组的村民表示：“很多时候评议小组的工作比较随意，因为我们评议小组就是普通的农民啊。村干部说要评议什么，我们去参加，也说不上话，干部说什么就是什么，并且我们很多人还不想去参加。怎么说也会耽误时间啊,每天要去干农活儿,哪有那个时间搞这个哟!所以很多时候评议,就是随便开个会,表个态就走了,也没管评得对不对……"(村民-YN-001)这可以看出评议小组并没有严格按照规则行事,各种因素的制约使得实施效果欠佳。

表5-30 被访者认为建档立卡贫困户认定有失客观公正的原因统计表

	原因	响应		个案百分比
		n	百分比	
对建档立卡贫困户认定有失公正的原因[a]	指标分配未按照贫困线严格认定	66	20.6%	47.8%
	贫困信息失真,认定数据难以获得	52	16.2%	37.7%
	容易受到关系影响(关系户)	88	27.4%	63.8%
	家庭成员在外无法参与贫困识别	37	11.5%	26.8%
	评议小组有失公正	78	24.3%	56.5%
	总计	321	100.0%	232.6%

注:a.值为1时制表的二分组

N=138

二、民主评议中的村民参与和公示制度

民主评议是政策执行中,基层为确保公平公正和提升居民参与基层公共事务的重要措施。当向被访者问到"您所在地区在贫困户认定的民主评议中村民能否参与其中"时,有329个被访者认为"能",占比为56.8%;有149个被访者认为"不能",占比为25.7%;也有101个被访者回答"不清楚",占比为17.5%。这说明,基层认定贫困对象时,民主评议这一举措能得到较好的执行,但也存在一些问题。有很大一部分被访者认为不能参与其中,或者表示不清楚,这都凸显了民主评议在基层扶贫政策执行中存在问题,亟须提升广大村民的参与度并注重提升执行效果。

表5-31　"您所在地区在贫困户认定的民主评议中村民能否参与其中"统计表

选项	频率	百分比	有效百分比
能	329	56.8%	56.8%
不能	149	25.7%	25.7%
不清楚	101	17.5%	17.5%
合计	579	100.0%	100.0%

注：N=579

对于民主公示的问题，虽然很多学者认为对贫困户认定情况进行公示可能会给贫困户造成伤自尊、贴标签等负面影响，但绝大多数地区认可民主公示对于政务公开、维护公平正义的重要性，这也是避免部分基层工作人员"暗箱操作"的重要举措。因此，各地一般明文规定要及时公示评定对象的主要信息。当被问到"在评定贫困户之后是否会对贫困户名单进行公示"时，有417个被访者回答"会"，占比为72.1%；有106个被访者回答"不会"，占比为18.4%；有55个被访者回答"不清楚"，占比为9.5%。这说明，大部分地方能够执行公示制度，但也存在一些地方没有很好地执行，或者村民并不知晓相关公示。调研中发现，存在一些村干部对公示制度贯彻不到位的情况。如对低保户的评定，要么是对相关信息没有进行公示，要么是公示期限一过就撤下相关公示。到期限就撤下公示本是合理合法化，但对于不能及时关注公示信息的村民而言，他们往往会认为没有公示。有村民表示："有没有公示不知道，我也认不到字。"（村民-GZ-001）也有村民表示："可能公示了，也可能没有公示，我们也没多关心。我们天天要下地干活儿，不可能经常跑到村委会公示栏去看。"（村民-CQ-002）。因此，有必要建立长效的公示制度或者畅通的渠道和平台供社会大众了解基本的公共信息，以便更好地监督各项扶贫政策的实施。

表5-32 “在评定贫困户之后是否会对贫困户名单进行公示”统计表

选项	频率	百分比	有效百分比
会	417	72.0%	72.1%
不会	106	18.3%	18.4%
不清楚	55	9.5%	9.5%
合计	578	99.8%	100.0%
系统缺失	1	0.2%	—
合计	579	100.0%	100.0%

注：N=578

三、扶贫政策实施中的漏保现象

当向被访者问到“当前的扶贫政策（或低保待遇）有没有漏掉一些贫困家庭”时，有285个被访者回答“有”，占比高达49.3%；有138个被访者回答“无”，占比为23.9%；也有155个被访者回答“不清楚”，占比为26.8%。从统计数据来看，接近一半的被访者认为当前扶贫政策（或低保待遇）漏掉了一些贫困家庭。

表5-33 “当前的扶贫政策（或低保待遇）有没有漏掉一些贫困家庭”统计表

选项	频率	百分比	有效百分比
有	285	49.2%	49.3%
无	138	23.8%	23.9%
不清楚	155	26.8%	26.8%
合计	578	99.8%	100.0%
系统缺失	1	0.2%	—
合计	579	100.0%	100.0%

注：N=578

为何被访者会产生以上的判断？统计数据显示，有297个被访者回答了该项问题。其中，有171个（占57.6%）被访者认为“扶贫指标不够”，有122个（占41.1%）被访者认为“贫困认定信息失真”，有78个（占26.3%）被访者认为“贫困线过低”，有82个（占27.6%）被访者认为“贫困家庭无力参与”，有157个（占52.9%）被访者认为“非贫困户挤占了有限的扶贫资源”，有122个（占41.1%）被访者认为“贫困家庭对扶贫项目不了解”。这可以发现：

一是认为“扶贫指标不够”的被访者占比最高。这充分说明扶贫指标数量的不足使得一些本属于贫困户的家庭并没有被纳入建档立卡贫困户的范围，或者还没有完全脱贫就“被脱贫”。在调研中发现，多个地方出现了这种现象，某地村干部表示：“指标是上面下达的，并不是按照贫困线或实际贫困人口来定的。本地贫困户较多，但指标不够，只能评选出最贫困的。有些条件稍微好点的家庭就不能进入。或者之前进入建档立卡的，现在条件稍微好点了，不管有没有达到脱贫条件都需要（按照要求）脱贫。”（基层干部-CQ-001）另外一个地方的基层扶贫干部也表示：“在认定中我们也知道有些问题，但这是有指标限制的。之前几年指标多的时候，还比较好办，现在每年指标都要减少，必须减少，我们也没有办法。要把工作做好，有些条件好点的，就需要清退出来。可能有些家庭有意见有想法，我们干部也能理解，也做了很多（劝说）工作。希望贫困家庭能自力更生，依靠自己的力量脱贫，能帮的也帮了不少，但不能一直帮着，以后的生活还需要他们自己努力。”（基层干部-GZ-001）

二是认为“非贫困户挤占了有限的扶贫资源”的被访者占比也很高。这主要指贫困认定中出现的问题，即非贫困户被认定为建档立卡贫困户，或者不是特别贫困的家庭被认定为建档立卡贫困户，但特别贫困的家庭却因种种原因并未被认定。这种情况的产生，主要在于贫困认定工作做得不够精细、精准，以及在认定标准上存在一定的问题。如武陵山地区的某县就规定（2018年），有3个或以上成年子女的单独户老年人，无论如何不能被纳入建档立卡贫困户。但该项规定并未考虑成年子女家庭的经济状况,如出现成年子女家庭都是低收入家庭,难以赡养年老的父母,或者成年子女拒绝赡养老人。在政策上如何解决这些问题,一直困扰着基层工作人员。也有地方规定,如有子女购买了机动车(包括用于农业生产的农用机车)都不能被纳入建档立卡贫困户,或者对于人均住房面积超过多少的也是“一刀切”不能被纳入建档立卡贫困户。同时,关系户的存在,也使得被访者认为非贫困户挤占了有限的扶贫资源。因此,这样就会在政策设计上导致漏掉一些贫困户。

三是有分别接近一半的被访者认为扶贫政策(或低保待遇)漏掉一些贫困户的原因是“贫困认定信息失真”或“贫困家庭对扶贫项目不了解”。贫困认定信息多由基层干部入户调查以及由贫困户自己提供,但农户的一些务工收入、农业收成、其他财产等难以核实,那么就有可能出现提供虚假的收入信息导致贫困认定信息失真。有基层扶贫干部表示:“原则上相信家庭提供的收入信息,但外出务工到底有多少收入,作为外人真的很难晓得。对于医疗支出,我们基本上可以了解到,但有时也不是很清楚,主要根据贫困户的说法来确定。对于是不是完全真实,有时还真不好说。”(基层干部-SX-001)对于贫困家庭是否了解扶贫项目,有村干部指出:“我们全村一两千人,工作量很大,每次下来一个政策,村干部也不可能每家每户都去宣传,时间上根本不够。村里会把相关信息张贴到告示栏,村民自行看得到。但你晓得的,很多人不认字,学都没有上过,所以有些政策他们的确不晓得。”(基层干部-SX-002)也有村民表示:“作为农民,我们关心的是今天的农活儿有没有干完,而不是去关心政府又有什么样的扶贫政策。村干部能不能做到公平公正,那是他们的事,反正老百姓也管不上。有什么扶贫项目,如果给到,自然很好;没有给到,那就继续干农活儿。再说了,贫困家庭了解扶贫项目的渠道很少啊。如果跟村干部关系一般,也不好跑去问。”(村民-GZ-002)因此,这也可以看出,农民关心的多为农业生产,对于扶贫政策和扶贫项目一般很少主动去关注。

表5-34 扶贫政策漏掉一些贫困家庭的原因统计表

	原因	响应		个案百分比
		n	百分比	
被访者认为扶贫政策漏掉一些贫困家庭的原因[a]	扶贫指标不够	171	23.4%	57.6%
	贫困认定信息失真	122	16.7%	41.1%
	贫困线过低	78	10.7%	26.3%
	贫困家庭无力参与	82	11.2%	27.6%
	非贫困户挤占了有限的扶贫资源	157	21.4%	52.9%
	贫困家庭对扶贫项目不了解	122	16.6%	41.1%
	合计	732	100.0%	246.6%

注：a.值为1时制表的二分组

N=297

四、扶贫政策实施中的错保现象

当向被访者问到“当前的扶贫政策（或待遇）有没有错置给非贫困家庭”时，有267个被访者回答“有”，占比高达46.1%；有160个被访者回答“无”，占比为27.6%；有152个被访者回答“不清楚”，占比为26.3%。从统计数据来看，有接近一半的被访者认为扶贫政策（或待遇）存在错置给非贫困家庭的情况。

表5-35 “当前的扶贫政策（或待遇）有没有错置给非贫困家庭”统计表

选项	频率	百分比	有效百分比
有	267	46.1%	46.1%
无	160	27.6%	27.6%
不清楚	152	26.3%	26.3%
合计	579	100.0%	100.0%

注：N=579

为了了解有些被访者为何认为扶贫政策错置给非贫困家庭，团队进行了追问。统计数据显示，总共有275个被访者回答了该问题，其中有210个被访者认为“非贫困户走关系”，占比高达76.4%。这表明在基层扶贫工作中，“关系”会明显左右贫困对象的认定。被访者的这一判断，也主要基于一种主观认知。如果认为某一贫困对象不符合扶持条件，却进入了建档立卡贫困户，那么就会在一定程度上认为其跟村干部或其他基层干部走关系了。在调研中也发现，很多被访者对扶贫工作的评价并不高，总感觉透明度不高。如有被访者表示：“对很多政策不了解，评了谁不知道，给予什么扶持也不了解。他们(基层干部)怎么做工作，普通百姓管不上，但他们是吃国家饭的，就应该把工作做好，让大家能充分了解这些扶贫政策。有的干部还比较好，你问到的时候会给你解释，会说明，但有的就是爱理不理，什么也不说，这明显心里有鬼……”(村民-YN-002)这也说明在基层扶贫工作中，与基层干部打交道的普通村民多因为文化水平不高，对相关政策理解不够，与干部间存在一些误会，但也有基层干部扶贫工作做得不到位、不细致，并没有按照实事求是的原则，灵活、巧妙地对政策进行解读、宣讲和贯彻落实的情况。

另外，有120个被访者认为扶贫政策错置给非贫困家庭的原因是“贫困认定数据失真/工作失误”，占比为43.6%。有87个被访者认为是“政府(干部)硬性安排”，占比为31.6%。前文已经讨论过关于贫困认定数据的失真问题。被访者之所以有这样的判断，主要在于认定工作中的信息不对称。基层干部因为工作量大，不一定会有足够的精力到每家每户进行详细的家计调查，所以导致错保现象是极有可能的。但为何有这么多被访者认为贫困认定数据失真或工作失误，主要还在于贫困认定工作不精准，还比较粗糙。尤其是对于自认为贫困，但又没有进入建档立卡贫困户，没有享受到任何扶持政策的家庭来说，往往心生怨言。有扶贫干部表示：“工作太难做了！进了建档立卡，给予一些物质帮扶就好。但是如果要求退出，或者不给进，就会有很多不满，对整个工作的评价也不高，还说各种坏话。我们做工作也好难啊！这是一种恶性循环，不可能让所有人

进入，也不可能让所有人获得帮扶，并且建档立卡贫困户脱贫也要退出来。”（基层干部-CQ-001）

表5-36　扶贫政策错置给非贫困家庭的原因统计表

	原因	响应		个案百分比
		n	百分比	
被访者认为扶贫政策错置给非贫困家庭的原因[a]	政府（干部）硬性安排	87	20.9%	31.6%
	贫困认定数据失真/工作失误	120	28.8%	43.6%
	非贫困户走关系	210	50.3%	76.4%
	总计	417	100.0%	151.6%

注：a.值为1时制表的二分组
N=275

第七节　贫困户的退出标准及退贫后的帮扶

一、界定贫困户的退出标准

当向被访者问到“所在地区如何界定贫困户是否脱贫”时，被访者选择最多的是“家庭收入”，有483个被访者认为如此，占比高达83.6%；其次是“财产变化”，有274个被访者选择了该选项，占比为47.4%；再次是“民主评议”，有249个被访者选择该选项，占比为43.1%。有248个被访者选择“政府或干部确定”，占比为42.9%。有241个被访者选择“住房条件”，占比为41.7%。被访者选择“子女就业”“教育医疗条件”的占比较低。这可以看出,贫困地区认定脱贫的标准主要按照家庭收入和财产变化,这也是判断贫困家庭经济条件的主要方式。可以说,贫困户脱贫标准越来越多元化,应通过多个层面的指标、因素来判定,以避免错判,但仍然不能摆脱人为干扰或指标认定。

表5-37 "所在地区如何界定贫困户是否脱贫"统计表

	原因	响应		个案百分比
		n	百分比	
您所在地区如何界定贫困户是否脱贫[a]	家庭收入	483	28.5%	83.6%
	财产变化	274	16.2%	47.4%
	住房条件	241	14.2%	41.7%
	子女就业	156	9.2%	27.0%
	民主评议	249	14.7%	43.1%
	教育医疗条件	43	2.5%	7.4%
	政府或干部确定	248	14.7%	42.9%
	总计	1694	100.0%	293.1%

注:a. 值为1时制表的二分组

N=578

二、贫困退出认定中存在的违规现象

在基层扶贫工作中,认定贫困户退出是一项非常困难的工作,有时会遭遇不小的阻碍,因此为了解贫困户退出时是否会出现违规现象,特向被访者提问:"所在地区进行贫困户退出认定时,是否存在以下现象:关系疏通、隐瞒收入、隐瞒财产、不愿意退出。"统计数据显示,在562个有效样本中,有420个被访者认为存在"不愿意退出"的现象,占比高达74.7%;有316个被访者认为存在"隐瞒收入"的现象,占比为56.2%;有262个被访者认为存在"隐瞒财产"的现象,占比为46.6%;有233个被访者认为存在

“关系疏通”的现象，占比为41.5%。因为该题是多选题，从所选选项的数目来看，每个选项被选的比例都很高，说明在认定贫困户退出时会遇到较大阻力。很多贫困户并不愿意退出，一是认为没有达到脱贫的条件，还应继续获得相关帮扶；二是认为退出后意味着以前的一些帮扶措施或扶持资金将相继取消，从心理上对扶贫政策有很强的依赖性。按照这个逻辑，在实施贫困户的退出认定时，就难以避免“关系疏通”“隐瞒收入”“隐瞒财产”等违规现象。

表5-38 被访者所在地区在进行贫困户退出认定时存在的主要违规现象统计表

	原因	响应		个案百分比
		n	百分比	
所在地区在进行贫困户退出认定时是否存在以下现象[a]	关系疏通	233	18.9%	41.5%
	隐瞒收入	316	25.7%	56.2%
	隐瞒财产	262	21.3%	46.6%
	不愿意退出	420	34.1%	74.7%
	总计	1231	100.0%	219.0%

注：a.值为1时制表的二分组

N=562

三、退贫后希望获得的帮扶

当向被访者问到“贫困户退出建档立卡后最需要政府提供哪些方面的帮助”时，在579个有效样本中，有454个被访者认为需要“完善社会保障”，占比高达78.4%。这说明当前农村社会保障制度还非常薄弱，亟须加大投入，给予更多社会保障层面的帮扶，包括养老保险、医疗保险的资金扶持以及社会救助。有301个被访者认为需要提供“产业扶持”，占比为52.0%。贫困人口脱贫的最重要途径就是产业扶持。选择“提供就业岗位”“职业技能培训”的分别有288个、233个被访者，占比分别为49.7%、40.2%。这也是贫困人口脱贫和实现可持续减贫的主要路径。

表5-39 贫困户退出建档立卡后最需要政府提供的帮助统计表

	原因	响应		个案百分比
		n	百分比	
贫困户退出建档立卡后最需要政府提供哪些方面的帮助[a]	产业扶持	301	21.3%	52.0%
	职业技能培训	233	16.5%	40.2%
	提供就业岗位	288	20.4%	49.7%
	搬迁补贴	135	9.6%	23.3%
	完善社会保障	454	32.2%	78.4%
	总计	1411	100.0%	243.6%

注:a.值为1时制表的二分组

N=579

第三篇　影响机制与问题剖析

第六章

兜底保障对象识别影响因素分析

第一节 研究设想与模型设定

一、研究设想

分析兜底保障对象识别的影响因素，实质就是研究哪些人最有可能进入兜底保障的范围，他们具备什么样的特征。反过来讲，就是要从这些影响因素出发，一是确保具备这些特征的人能够获得兜底保障；二是对这些因素进行干预，通过兜底保障及其他帮扶措施给予有效帮扶，促使他们能够尽早摆脱贫困。阿马蒂亚·森认为，贫困不仅仅是表面上的收入贫困，更隐含着能力匮乏、权利缺失等，贫困的根源在于个体能够利用资源实现自我发展的可行能力不足。农村居民陷入贫困受到很多因素的影响，除了收入来源不足之外，还包括很多隐藏的、深层次的原因，如文化知识技能缺失、社会资本和社会参与缺失等。要有效解决贫困问题，实现可持续脱贫和稳定的增收，需要遵循可持续生计原则，提升贫困人口的生计资本，改善贫困人口生计策略。（罗丞、王粤，2020）

按照可持续生计理论的设想，应从贫困人口本身条件与生产生活的角度来看待贫困问题，采用适合当地发展、用好本地资源、符合贫困人口发展意愿的帮扶方式。可持续生计理论强调个体或家庭通过广泛运用社会、人力、金融、物质、自然等多种形式的资本，持续提高自身可持续发展能力。（汪超，2019）学界一般把生计资本分为人力资本、自然资本、物质资本、金融资本和社会资本等，并研究农户如何利用财产、权利和可持续策略来提升生计。因此，按照可持续生计理论的分析框架，针对农村贫困人口所具备的人力资本、物质资本、社会资本等要素，分析这些要素对农村居民脱贫的影响。

二、模型设定与框架设计

通过分析贫困人口可持续生计多方面因素对陷入贫困且成为兜底保障对象的影响，根据被解释变量（因变量）“是/否（成为/不成为）兜底保障对象”的变量特征，简单分为“是（成为）兜底保障对象”与“否（不成为）兜底保障对象”，考察自变量的变动情况对因变量取值概率的影响，故采用二元Logistic回归模型进行建模。

回归模型表达式为：

$$p(y=1)=\frac{\exp(\beta_0+\beta_1X_1+\frac{1}{4}+\beta_pX_p)}{1+\exp(\beta_0+\beta_1X_1+\frac{1}{4}+\beta_pX_p)}$$

或

$$\text{logit}\ [p(y=1)]=\text{In}[p/1-p)]=\beta_0+\beta_1X_1+\frac{1}{4}+\beta_pX_p$$

logistic **回归模型运用公式**

其中，方程式$p(y=1)$为概率方程形式，logit $[p(y=1)]$为logit逻辑变换的线性方程形式；y为因变量，表示“是否兜底保障对象”；p为“是（成为）兜底保障对象”的概率，$1-p$为“否（不成为）兜底保障对象”的概率，$p/(1-p)$为“是（成为）兜底保障对象”事件的发生比，记为Odds（回归模型里用exp(b)表示）；β_0为模型的截距（常数项），β_p为各自变量的偏回归系数。由于对数似然函数值对样本规模较为敏感，通过观察“模型系数的综合检验模型”“-2对数似然值”“Nagelkerke R方”“Hosmer-Lemeshow”等运行结果，综合考察模型是否可以采用，检验模型的拟合优度。该检验以卡方分布为标准，当χ^2统计值小于临界值时就认为模型能很好地拟合数据。同时，将切割值设定为0.5，以观察模型预测的正确率。

第二节 变量选取与研究假设

一、变量选取

第一，因变量。

即“是/否（成为/不成为）兜底保障对象”，把低保户、“五保户”都视为兜底保障对象，其余的视为非兜底保障对象。“是（成为）兜底保障对象”赋值为“1”，“否（不成为）兜底保障对象”赋值为“0”。

第二，自变量。

（1）人力资本特征变量。指人们为了追求不同的生计策略和实现生计目标而拥有的健康、劳动能力以及技能、知识文化等，包括年龄、身体健全状况（是否残疾）、身体健康状况（身体是否健康）、具备劳动能力的程度等。根据比对，最终选取：

一是被访者的身体健全状况（分类变量），包括身体健全者、身体轻微残疾者、身体严重残疾者。以“身体健全者”为参照，通过两两对比的形式寻找其与因变量的影响关系。二是家庭成员的身体健康状况，用“在最近的一年里是否患过重大疾病”“有无慢性病”“家中是否有很不健康者”表示。三是具备劳动能力的程度，用“家中是否有外出务工者”判断家庭劳动力的质量。一般而言，农村能外出务工的劳动力往往属于比较优质的劳动力，其能够在城市或乡镇找到心仪的工作，获得比在农村务农更高的收入。用被访者具备劳动能力的程度分析其对成为兜底保障对象的影响，包括具备完全劳动能力者、具备部分劳动能力者、完全无劳动能力者。以“具备完全劳动能力者”作为参照，对比分析其与因变量的关系。四是年龄因素，按照青年、中年及老年，把被访者划分为主要的三个群体“40岁以下者”“40~64岁者”“65岁及以上者”。以“40岁以下者”为参照，两两比较分析其对因变量的影响。五是家庭成员的文化知识水平，用“家中是否有初中学历者（或以上）”表示。

(2)物质资本特征变量。包括维持生计所需要的基础设施以及生产用具,主要包括住房、医疗、子女就学等基础条件。一是住房情况,用"住房面积""是否有单独居住的房间"来表示被访者的住房宽裕情况。为更好地比较分析,对"住房面积"取自然对数。二是医疗环境,用"被访者所在村或附近是否有卫生所"表示。三是未成年人就学环境,用"子女上学是否便利"表示。

(3)社会资本特征变量。指家庭的各种社会资源,如社会关系网和社会组织(组织单位、亲朋好友和家族邻里等),既包括垂直的与上级或领导的关系,也包括横向的与具有共同利益的人的社会联系。在经常交往的亲朋好友中,判断被访者社会网络的质量,用"是否有在政府部门任职且经常交往的亲朋好友""是否有在经商且经常交往的亲朋好友"来表示被访家庭社会资本的有效性,分析其对贫困家庭成为兜底保障对象或脱贫的影响。

(4)经济资本特征变量。反映被访者涉及收入、支出、社会保险等方面的总体情况。一是家庭收入情况,用"家庭人均收入"表示。为更好地进行比较分析,采用家庭人均收入取自然对数的方式纳入模型。二是被访者主观感受家庭经济是否有保障。问卷中设置专门问题让被访者回答,从"完全不够用"到"完全够用"分为4个等级,视为连续型变量。三是通过社会保险缴纳情况判断被访家庭的经济情况,用"家中是否有未缴纳养老保险者""家中是否有未缴纳医疗保险者"表示。通常而言,经济条件越差的家庭,越有可能断缴养老保险或医疗保险,但也要考虑到很多地方对成为兜底保障户的贫困家庭由政府帮助缴纳医疗保险与养老保险。

二、变量赋值及操作

按照以上变量选取的情况,分别对因变量和自变量进行赋值,基本原则:分类变量进行两两对比,其中三分及以上变量以第一个分类为参照,两分变量设置为(0,1)变量。部分具有连续性且具有一定等序(递升或递减)的变量,简单视为连续型变量纳入模型。具体赋值如下表所示:

表6-1　回归模型的主要变量

分类	变量	变量赋值	关系预测
因变量			
	是否兜底保障对象	是(或成为)兜底保障对象=1,否(或不成为)=0	
自变量			
人力资本	身体健全状况(以"身体健全者"为参照)		
	身体轻微残疾者	身体健全者=1,身体轻微残疾者=2,身体严重残疾者=3	+
	身体严重残疾者		+
	身体健康状况		
	在最近的一年里是否患过重大疾病	患过重大疾病=1,未患过=0	+
	有无慢性病	有慢性病=1,无慢性病=0	+
	家中是否有外出务工者	有外出务工者=1,无外出务工者=0	-
	家中是否有很不健康者	有很不健康者=1,无很不健康者=0	+
	年龄(以"40岁以下者"为参照)		
	"40~64岁者"	40岁以下者=1,40~64岁者=2,65岁及以上者=3	+
	"65岁及其以上者"		+
	具备劳动能力的程度(以"具备完全劳动能力者"为参照)		
	具备部分劳动能力者	具备完全劳动能力者=1,具备部分劳动能力者=2,完全无劳动能力者=3	+
	具备完全无劳动能力者		+
	家庭成员的文化知识水平		
	家中是否有初中学历者(或以上)	家中有初中学历者(或以上)=1,无初中学历者(或以上)=0	-
物质资本	住房面积取自然对数	连续型变量	+
	是否有单独居住的房间	有单独居住的房间=1,无单独居住的房间=0	-
	所在村或附近是否有卫生所	有卫生所=1,无卫生所=0	-
	子女上学是否便利	便利=1,不便利=0	-
社会资本	是否有在政府部门任职且经常交往的亲朋好友	有=1,无=0	-
	是否有在经商且经常交往的亲朋好友	有=1,无=0	-

续表

分类	变量	变量赋值	关系预测
经济资本	家庭人均收入取自然对数	连续型变量	+
	觉得经济是否有保障	分为从“完全不够用”到“完全够用”的4个递升等级，视为连续型变量	-
	家中是否有未缴纳养老保险者	有=1，无=0	+
	家中是否有未缴纳医疗保险者	有=1，无=0	+

注：N=579

三、研究假设

根据前文的设想和框架设计，研究被访者或家庭人力资本、物质资本、社会资本与经济资本对“是/否(成为/不成为)兜底保障对象”的影响关系。提出的研究假设就是，人力资本、物质资本、社会资本与经济资本等构成了农村居民的可持续生计因素，这些可持续生计因素深刻地影响着被访者或家庭能否脱贫。被访者被纳入兜底保障范围说明该家庭尚未脱贫，那么反过来可以研究这些因素是如何导致其不能脱贫的。据此，分别提出以下研究假设：

第一，人力资本特征变量对被访者或家庭成为兜底保障对象产生显著影响。

假设a(1)：被访者的身体健全状况对其能否脱贫、陷入极度贫困产生显著影响。身体健全程度越差，其成为兜底保障对象的可能性越大。

假设a(2)：家庭成员的身体健康状况对其能否脱贫、进入兜底保障范围产生显著影响。家中最近的一年里有患过重大疾病或者有慢性病者，或者家中有很不健康者等使其陷入贫困的可能性更大。

假设a(3)：具备劳动能力程度越高，其脱贫的可能性越大，进入兜底保障范围的可能性也就越小。如果家中有外出务工者，那么该家庭更容易实现脱贫。

假设a(4):年龄越大,其陷入贫困并成为兜底保障对象的可能性越大。

假设a(5):家庭成员的知识文化水平越高,越有可能脱贫,其进入兜底保障范围的可能性也越小。

第二,物质资本特征变量对被访者或家庭成为兜底保障对象产生显著影响。

假设b(1):住房越宽裕,被访者或家庭的经济条件越好,那么其陷入绝对贫困的可能性越小。

假设b(2):医疗环境越好,说明被访者所在地经济社会发展越好,其成为兜底保障对象的可能性越小。

假设b(3):未成年人的就学环境越好,说明被访者所在地经济社会发展越好,其成为兜底保障对象的可能性也就越小。

第三,社会资本特征变量对被访者或家庭成为兜底保障对象产生显著影响。

假设c(1):经常交往的亲朋好友中,关系网络质量越高,其获得亲朋好友帮助的可能性越大,那么其越有可能摆脱贫困,成为兜底保障对象的可能性也就越小。

假设c(2):“有在政府部门任职且经常交往的亲朋好友”“有在经商且经常交往的亲朋好友”表示其社会资本更有效,关系网络质量更高,那么其实现脱贫的可能性更大,成为兜底保障对象的可能性更小。

第四,经济资本特征变量对被访者或家庭成为兜底保障对象产生显著影响。

假设d(1):家庭人均收入越高,表明其脱贫的可能性越大,成为兜底保障对象的可能性越小。

假设d(2):被访者主观感受家庭经济更有保障,其实现脱贫的可能性更大,成为兜底保障对象的可能性更小。同时也可能出现因兜底保障政策的帮扶,使得被访者认为家庭经济有保障的情况。

假设d(3):社会保险缴纳越齐全,被访者或家庭实现脱贫的可能性越大,成为兜底保障对象的可能性也就越小。家中有未缴纳养老保险的人、家中有未缴纳医疗保险的人,说明家庭经济条件差,更有可能断缴养老保险或医疗保险,其成为兜底保障对象的可能性更大。但同时也可能出现很多地方为兜底保障户代缴医疗保险与养老保险的现象。

第三节 模型估计结果与数据分析

以"是/否(成为/不成为)兜底保障对象"为因变量,以人力资本、物质资本、社会资本、经济资本等要素为自变量,构建四个回归模型,分别观察不同资本要素对贫困户成为兜底保障对象的影响。

一、"人力资本"对兜底保障对象识别的影响分析

考察自变量"人力资本"因素对被访者或家庭成为兜底保障对象的影响,构建回归模型A1(表6–2)。

从模型运行结果来看,在给定显著度0.05的情况下,自由度为11的卡方临界值是19.675,得知模型系数的综合检验模型卡方检验值为207.750(df=11),从而判定模型检验的卡方检验值207.750大于自由度为11的卡方临界值19.675,并且相应的Sig.值为0.001。这表明可以拒绝零假设,认为所有回归系数不同时为0,解释变量的全体与logit p之间的线性关系显著,采用该模型是合理的。另外,–2对数似然值594.914大于卡方临界值19.675,Nagelkerke R方=0.402,Hosmer–Lemeshow检验卡方检验值6.048小于卡方临界值15.507(df=8),其中Sig.(0.642)>0.05的显著度,也充分说明该模型整体性拟合效果良好。

从回归模型的具体运行结果来看:

(1)以"身体健全者"为参照,"身体轻微残疾者"成为兜底保障对象的概率是"身体健全者"的3.597倍(b=1.280,P<0.001),"身体严重残疾者"

成为兜底保障对象的概率是“身体健全者”的5.852倍（b=1.767，P<0.01）。这与我们的日常认知基本一致，残疾人更有可能成为兜底保障对象。（2）相比于家中无很不健康者的家庭，“家中有很不健康者”的家庭进入兜底保障范围的概率提升102.4%（b=0.705，P<0.01）。这说明健康因素对被访家庭的影响非常大。（3）以“40岁以下者”为参照，“40~64岁者”成为兜底保障对象的概率是“40岁以下者”的1.790倍（b=0.582，P<0.01）；“65岁及以上者”成为兜底保障对象的概率是“40岁以下者”的1.980倍（b=0.683，P<0.05）。这说明随着年龄的增长，劳动能力下降，难以获得足够的农业收成或外出务工收入，越来越可能陷入贫困；老年人成为兜底保障对象的重要组成部分，不能忽视农村的老年贫困问题。（4）以“具备完全劳动能力者”为参照，“具备部分劳动能力者”成为兜底保障对象的概率是“具备完全劳动能力者”的1.881倍（b=0.632，P<0.05）。说明是否具备劳动能力，是影响农村居民是否贫困的重要因素。（5）相比于“家中无初中学历者（或以上）”的家庭，“家中有初中学历者（或以上）”的家庭成为兜底保障对象的概率下降44%（b=−0.579，P<0.01）。文化知识水平深刻影响着农村居民是否陷入贫困，家庭中有至少一位初中或以上的家庭成员，意味着能给家庭发展提供一些基本的帮助，那么该家庭就有可能摆脱贫困。

从以上模型运行的综合情况可以发现，身体健全状况（是否残疾）、家中是否有很不健康者、年龄、具备劳动能力的程度、家中是否具有初中学历者（或以上）对能否成为兜底保障对象存在显著的影响。即说明，这些因素是导致农村居民陷入贫困的重要因素，在扶贫开发中应重点干预这些因素，从而更好地提升扶贫效用。

二、“物质资本”对兜底保障对象识别的影响分析

加入新的自变量“物质资本”，观察“人力资本”因素对被访者或家庭成为兜底保障对象的影响是否仍然存在，构建回归模型A2（表6−2）。

表6-2 兜底保障对象识别影响因素的回归模型及其结果显示

		模型A1		模型A2		模型A3		模型A4	
		beta	exp(*b*)	beta	exp(*b*)	beta	exp(*b*)	beta	exp(*b*)
人力资本	身体健全状况（以“身体健全者”为参照）								
	身体轻微残疾者	1.280***(.387)	3.597	1.318***(.392)	3.736	1.264***(.395)	3.541	1.199**(.398)	3.317
	身体严重残疾者	1.767**(.606)	5.852	1.646**(.610)	5.184	1.641**(.621)	5.160	1.498*(.624)	4.474
	身体健康状况								
	是否患过重大疾病	-.020(.318)	.980	-.064(.322)	.938	-.041(.330)	.960	.000(.333)	1.000
	有无慢性病	.420(.264)	1.522	.276(.271)	1.318	.316(.275)	1.372	.420(.283)	1.522
	家中是否有外出务工者	-.208(.218)	.812	-.325(.230)	.722	-.332(.238)	.717	-.260(.244)	.771
	家中是否有很不健康者	.705**(.251)	2.024	.736**(.264)	2.089	.685*(.268)	1.984	.848**(.277)	2.335
	年龄（以“40岁以下者”为参照）								
	“40~64岁者”	.582**(.208)	1.790	.541*(.254)	1.718	.531*(.262)	1.700	.498+(.268)	1.645
	“65岁及以上者”	.683*(.313)	1.980	.504(.363)	1.655	.416(.371)	1.516	.209(.386)	1.232
	具备劳动能力的程度（以“具备完全劳动能力者”为参照）								
	具备部分劳动能力者	.632*(.274)	1.881	.671*(.282)	1.957	.623*(.288)	1.864	.628*(.292)	1.874
	完全无劳动能力者	-.034(.409)	.967	.048(.416)	1.050	.010(.429)	1.010	.036(.430)	1.037
	家庭成员的文化知识水平								
	家中是否有初中学历者（或以上）	-.579**(.202)	.560	-.602*(.236)	.548	-.509*(.241)	.601	-.506*(.248)	.603

续表

		模型A1		模型A2		模型A3		模型A4	
		beta	exp (*b*)	beta	exp (*b*)	beta	exp (*b*)	beta	exp (*b*)
物质资本	住房面积(取自然对数)			-.116(.080)	.890	-.032(.087)	.968	.066(.186)	1.068
	是否有单独居住的房间			-.567*(.227)	.567	$-.441^{+}$(.233)	.644	$-.453^{+}$(.238)	.636
	所在村或附近是否有卫生所			.710*(.305)	2.033	.394(.327)	1.484	.019(.362)	1.019
	子女上学是否便利			.280(.243)	1.324	.388(.250)	1.473	.377(.258)	1.459
社会资本	是否有在政府部门任职且经常交往的亲朋好友					-1.097***(.279)	.334	-.953***(.288)	.386
	是否有在经商且经常交往的亲朋好友					.103(.260)	1.109	.105(.267)	1.111
经济资本	家庭人均收入(取自然对数)							-.095(.101)	.910
	觉得经济是否有保障							.321*(.160)	1.379
	家中是否有未缴纳养老保险者							-.797**(.284)	.451
	家中是否有未缴纳医疗保险者							.370(.308)	1.448
模型系数的综合检验模型		207.750(df=11)***		223.086(df=15)***		239.159(df=17)***		251.560(df=21)***	
-2 对数似然值		594.914[a]		579.579[a]		563.505[a]		551.104[a]	
Nagelkerke R 方		.402		.426		.451		.470	
Hosmer 和 Lemeshow 检验		卡方(6.048)(df=8) Sig.(.642)		卡方(2.393)(df=8) Sig.(.967)		卡方(4.402)(df=8) Sig.(.819)		卡方(7.150)(df=8) Sig.(.521)	

注：N=579，括号里为标准误S.E,，显著度：*** $P<0.001$，***$P<0.01$，* $P<0.05$，$^{+}$ $P<0.1$

a. 因为参数估计的更改范围小于.001，所以估计在迭代次数 5 处终止从回归模型A2的运行结果来看,模型系数的综合检验$P<0.001$,说明零假设被拒绝,人力资本、物质资本与因变量之间的线性关系显著,并且Nagelkerke R方=0.426,Hosmer-Lemeshow检验$P=0.967>0.05$,说明模型拟合度良好,可以采纳该模型。相比于模型A1(Nagelkerke R方=0.402),模型A2的Nagelkerke R方增加,说明新加入的控制变量对模型的拟合优度有新的贡献,模型A2可解释力更强。

从具体运行数据结果看,控制其他变量,观察“人力资本”对因变量的影响是否仍然显著:

(1)“身体健全程度”仍然对因变量存在显著影响,以“身体健全者”为参照,“身体轻微残疾者”成为兜底保障对象的概率是“身体健全者”的3.736倍($b=1.318, P<0.001$),“身体严重残疾者”进入兜底保障范围的概率是“身体健全者”的5.184倍($b=1.646, P<0.01$)。说明残疾人口仍然是兜底保障对象的主要构成部分,身体是否健全深刻地影响着居民是否陷入贫困。(2)“家中有很不健康者”的家庭成为兜底保障对象的概率是“家中无很不健康者”家庭的2.089倍($b=0.736, P<0.01$)。这充分说明健康对脱贫的影响程度。(3)年龄因素仍然对被访者成为兜底保障对象产生显著影响,以“40岁以下者”为参照,“40~64岁者”成为兜底保障对象的概率上升71.8%($b=0.541, P<0.05$)。(4)具备劳动能力的程度仍然对因变量产生显著影响,以“具备完全劳动能力者”为参照,“具备部分劳动能力者”成为兜底保障对象的概率是“具备完全劳动能力者”的1.957倍($b=0.671, P<0.05$)。(5)家庭成员文化知识水平对脱贫产生显著影响,相比于“家中无初中学历者(或以上)”的家庭,“家中有初中学历者(或以上)”的家庭成为兜底保障对象的概率下降45.2%($b=-0.602, P<0.05$)。

加入自变量“物质资本”形成新的回归模型A2,可以发现“是否有单独居住的房间”“所在村或附近是否有卫生所”对因变量产生显著影响。一是相比于没有单独房间的被访者,有单独房间的被访者成为兜底保障对象的概率下降43.3%($b=-0.567, P<0.05$)。有单独居住的房间,说明住房条件较宽裕,家庭经济条件也较好。而没有单独居住的房间,这样的家庭往往住房条件比较差,反映出其家庭经济条件较差,容易陷入贫困。二

是被访者所在村或附近是否有卫生所对其成为兜底保障对象存在显著影响。相比于所在村或附近无卫生所的家庭，所在村或附近有卫生所的家庭成为兜底保障对象的概率明显更大103.3%（b=0.710，P<0.05）。按理说，一般所在村或附近无卫生所的地方，往往更加贫困，被访者陷入贫困成为兜底保障对象的概率要大一些，但模型所反映的结论却与此相反。可能的解释就是未考虑其他控制因素，该种影响属于虚假关系，还需要后续观察。

从以上模型所呈现的结果来看，模型A1中“人力资本”诸要素对因变量的影响关系仍然显著。同时，新模型A2“物质资本”要素中“是否有单独居住的房间”“所在村或附近是否有卫生所”（可能是虚假关系）对因变量存在显著影响，即住房面积大小反映了被访家庭的经济条件。贫困程度越低，那么其陷入贫困的概率也更小。

三、“社会资本”对兜底保障对象识别的影响分析

继续加入自变量“社会资本”诸要素，观察“人力资本”“物质资本”“社会资本”等共同对因变量的影响，构建回归模型A3（表6–2）。

从该模型运行的结果来看，模型系数的综合检验模型P<0.001，Nagelkerke R方=0.451，Hosmer–Lemeshow检验P=0.819>0.05，综合说明可以拒绝零假设，表明所有回归系数不同时为0，解释变量的全体与logit p之间的线性关系显著，模型运行结果可以被采纳。相比于回归模型A1和A2，模型A3的Nagelkerke R方高于前者，说明新模型可解释力度显著增强。

从具体数据来看，加入自变量“社会资本”后，新的回归模型A3中，人力资本、物质资本中多个因素对因变量仍然存在显著影响。具体而言主要有：

（1）“身体健全程度”对因变量的显著影响仍然存在，相比于“身体健全者”，“身体轻微残疾者”成为兜底保障对象的概率提升254.1%（b=1.264，P<0.001），“身体严重残疾者”成为兜底保障对象的概率提升

416.0%(b=1.641,P<0.01)。(2)“家中是否有很不健康者”对被访家庭成为兜底保障对象产生显著影响,相比于“家中无很不健康者”的家庭,“家中有很不健康者”的家庭成为兜底保障对象的概率提升98.4%(b=0.685,P<0.05)。(3)年龄因素仍然是重要的影响因素,相比于“40岁以下者”,“40~64岁者”成为兜底保障对象的概率提升70.0%(b=0.531,P<0.05)。(4)具备劳动能力的程度,影响着被访者成为兜底保障对象的概率。相比于“具备完全劳动能力者”,“具备部分劳动能力者”成为兜底保障对象的概率上升86.4%(b=0.623,P<0.05)。(5)家庭成员的知识文化水平深刻影响着脱贫,相比于“家中无初中学历者(或以上)”的家庭,“家中有初中学历者(或以上)”的家庭成为兜底保障对象的概率下降39.9%(b=−0.509,P<0.05)。(6)给定P<0.1的情况下,“是否有单独居住的房间”对其成为兜底保障对象呈负向影响,概率下降35.6%(b=−0.441,P<0.1)。(7)之前模型A2呈现的“所在村或附近是否有卫生所”对因变量的影响关系不再显著,说明“所在村或附近是否有卫生所”这一因素对被访者成为兜底保障对象无显著影响。原因在于农村医疗资源比较紧缺,经济条件好的地方虽然居民获得医疗资源更加便利,但对于个体是否陷入贫困无明显影响。

新加入的“社会资本”变量中,可以发现“是否有在政府部门任职且经常交往的亲朋好友”对因变量产生显著影响。即相比于没有亲朋好友在政府部门任职的家庭,有亲朋好友在政府部门任职的家庭成为兜底保障对象的概率下降66.6%(b=−1.097,P<0.001)。有亲朋好友在政府部门任职家庭,凸显了其社会资本更加有效,这些资源能在关键时刻给予该家庭更多帮扶。“是否有在经商且经常交往的亲朋好友”对因变量无显著影响,主要源于当前的经商所得收入不同于以往,经商的人面临着巨大的经营压力,且自身收入水平有限,能给予被访者及其家庭的帮助或关注也就非常有限。在这种情况下,是否有经商且经常交往的亲朋好友,往往对被访者能否脱贫影响不大。

综合考察模型A3的运行结果,之前“人力资本”“物质资本”对因变量所呈现的影响关系仍然显著。同时,新模型A3“社会资本”要素中,有在政府部门任职的亲朋好友对被访者成为兜底保障对象存在显著影响。社会资本越有效，被访者陷入贫困成为兜底保障对象的概率就越小。

四、“经济资本”对兜底保障对象识别的影响分析

加入“经济资本”变量，综合观察人力资本、物质资本、社会资本等对因变量的影响关系，观察原有影响关系是否仍然显著，构建回归模型A4（表6-2）。

从运行结果来看，模型系数的综合检验模型$P<0.001$小于给定的显著性水平0.05，说明新加入“经济资本”后，原有自变量与因变量的线性关系显著，可以采纳模型。Nagelkerke R方=0.470，Hosmer-Lemeshow检验$P=0.521>0.05$，对比回归模型A1、A2、A3的Nagelkerke R方，说明新建的模型A4的可解释力度明显增强，模型拟合度良好，可以采纳。

具体而言，由“人力资本”“物质资本”“社会资本”等构建的影响关系仍然显著，在控制其他变量的情况下：

（1）“身体健全程度”对因变量的影响关系仍然显著，相比于“身体健全者”，“身体轻微残疾者”成为兜底保障对象的概率上升231.7%（$b=1.199, P<0.01$），“身体严重残疾者”成为兜底保障对象的概率上升347.4%（$b=1.498, P<0.05$）。这进一步表明，残疾人自身缺乏足够的劳动能力，需要政府和社会给予更多兜底保障。（2）健康因素仍然是非常重要的影响因素，相比于“家中无很不健康者”的家庭，“家中有很不健康者”的家庭成为兜底保障对象的概率上升133.5%（$b=0.848, P<0.01$）。（3）给定显著度$P<0.1$的情况下，“40~64岁者”成为兜底保障对象的概率是“40岁以下者”的1.645倍（$b=0.498, P<0.1$），年龄因素仍然影响着贫困人口是否进入兜底保障范围。（4）相比于“具备完全劳动能力者”，“具备部分劳动能力者”成为兜底保障对象的概率提升87.4%（$b=0.628, P<0.05$），再一次说明劳动能力是脱贫的关键因素。（5）家庭成员的知识文化水平仍然影响着脱贫，相比于“无初中学历者（或以上）”的家庭，“有初中学历者（或以上）”的家庭成为兜底保障对象的概率下降39.7%（$b=-0.506, P<0.05$）。（6）给定显著度$P<0.1$的情况下，住房条件越好的家庭，其成为兜底保障对象的概率下降

36.4%（$b=-0.453$，$P<0.1$）。(7)社会关系资本同样影响着贫困人口的脱贫，有亲朋好友在政府部门任职的家庭，意味着社会关系资本更有效，当遇到困难时，更能够得到关系网络的支持，那么其陷入贫困成为兜底保障对象的概率就更小，下降71.4%（$b=-0.953$，$P<0.001$）。

在新加入的“经济资本”变量中可以发现，觉得经济是否有保障、家中是否有未缴纳养老保险者对因变量存在显著影响。一是被访者觉得家庭经济越有保障（分为1~4个等级），每上升一个等级，其成为兜底保障对象的概率提升37.9%（$b=0.321$，$P<0.05$），主要原因在于被访者因获得了低保救助、精准脱贫等政策的扶持，其感到经济上更加有保障。二是未缴纳养老保险的家庭，其贫困程度更深。相比于家中无未缴纳养老保险者的家庭，家中有未缴纳养老保险者的家庭成为兜底保障对象的概率却下降了54.9%。这是因为进入兜底保障范围的贫困家庭，一般由政府补贴缴纳养老保险。对于不能成为兜底保障对象的低收入家庭，往往存在缴纳养老保险的困难，因为按照年度收费标准，一个家庭要缴纳最低限度的养老保险在几百至一千多元，这笔钱对于低收入家庭来说也是一笔巨额支出。

综合以上模型的运行结果来看，之前“人力资本”“物质资本”“社会资本”对因变量所呈现的影响关系仍然显著。同时，新模型A4“经济资本”要素中的被访者“觉得经济是否有保障”“家中是否有未缴纳养老保险者”对被访者成为兜底保障对象存在显著影响。

第七章

兜底保障政策实施的主要问题分析

第一节　兜底保障政策设计上存在的主要问题

一、农村贫困人口兜底保障体系尚不完善

兜底保障政策涵盖生活、医疗、教育、住房、养老等多层面，虽然相关的各项政策都在实施和执行，但从执行效果来看，基层工作人员对兜底保障政策的理解比较片面。如过于注重贫困人口生存型问题的兜底，而忽视其发展型的需求；对于注重低保等个别政策的作用，而忽视其他政策的作用，降低了兜底保障政策体系的综合反贫困效用。

1. 政策观念上过于注重生存型兜底，把低保救助等同于兜底保障。各级各地对兜底保障的内涵理解还不全面，过于注重对贫困人口生存型问题的兜底保障，即保障其基本生存，但对于诸如医疗、教育、住房、养老等方面的保障还不够重视。因此，在政策设计上，也主要把低保视为重点政策，而在一定程度上忽视了医疗、教育、养老等兜底保障政策的作用。在以往国家财政给付能力有限以及反贫困形势十分严峻的情况下，注重低保的兜底保障作用，发挥低保在农村兜底反贫困中的"桥头堡"作用，具有一定的合理性，通过农村低保来重点保障因病因残、年老体弱、丧失劳动能力，以及生存条件恶劣、生态环境脆弱等导致生活困难的贫困群体。但随着最近几年农村反贫困形势的转变，尤其是随着脱贫攻坚战略目标任务的完成，要有效化解脱贫人口的返贫风险，加之贫困群体需求的多样化，就不应该简单地把低保等同于兜底保障，而应充分发挥社会保障体系中各项政策、各个项目在帮助贫困人口脱贫的综合性兜底保障作用。

2. 忽视发展型层面的兜底保障，未建立"促进人的全面发展"的兜底保障体系。贫困人口的需求多样，只有满足多样化的需求，才可能帮助他们从根本上摆脱贫困。在政策设计上，对贫困人口的身体健康、疾病预防、知识文化提升与未成年子女教育帮扶等方面的需求并没有给予足够重视。在政策内容层面，虽然事关贫困人口发展型问题的兜底保障政策

有所发展，但总体而言未充分整合各个项目和政策的运营与执行，导致兜底反贫困的综合效用不强，各项政策处于“单打独斗”以及发展不平衡的状况。应在理念上从“消极兜底”向“积极兜底”转变，从“单一性兜底”向“综合性兜底”转变。

3.关于特殊贫困群体的兜底扶持政策还不健全。农村的贫困残疾人、贫困老年人、贫困儿童等，是特殊贫困群体，对他们的兜底扶持政策还非常匮乏。以残疾人为例，农村贫困残疾人所占比重较大，但相关扶持措施比较少，很多地方对残疾人仅有的救助政策就是将持有一、二级残疾证的贫困人口以及持三级残疾证的智力残疾、精神残疾者纳入低保救助范围，实行单独施保，且低保金额相较于一般标准上浮20%。但除此之外，对残疾人的就业、教育、康复等并无特殊扶持政策。另外，对农村贫困老人、儿童等弱势群体的兜底保障体系还不够健全，对他们的基本生活保障、医疗保障或教育保障力度还明显不足。当生活陷入困境时，他们难以第一时间获得政府的救助，尤其是当家庭功能丧失时，如有的家庭不赡养老人，老人处于被遗弃或被半遗弃的状态。所以，对弱势群体的兜底保障政策体系亟待完善。

二、兜底保障政策呈现碎片化

兜底保障政策因分属不同政府职能部门，自上而下呈现出严重的碎片化状态。这种碎片化状态对兜底保障政策的一体化实施存在较大困难。兜底保障政策的碎片化，是指政策主管部门多元，且政策设计上缺乏统一性，表现为兜底保障主管部门的分散化，兜底保障政策运行的割裂化，兜底保障政策的差别化。

1.兜底保障主管部门的分散化。兜底保障政策涉及民政、教育、住建、残联等多个部门。例如，在生活保障的兜底上，最低生活保障和临时救助由民政部门主导，但也涉及财政拨款、物价部门核实和审计部门审计。在医疗保障的兜底上，医疗救助、大病救助、医疗保险、大病医疗保险等分属不同部门。兜底保障政策多头管理、多元主管的格局，使得各部门“单兵作战”，导致政策整合不够、衔接不畅，尚未形成统一的协调机制。

表7-1　兜底保障政策主要管理部门分布

兜底类型	具体项目	主管部门
生活保障	临时救助	民政、财政、物价、审计
医疗保障	医疗救助、大病救助 医疗保险、大病医疗保险	民政、医疗保障、卫健、人社等
教育保障	教育救助、教育扶持	教育、民政
住房保障	住房救助、住房补助	住建、国土、扶贫等
养老保障	养老保险、基础养老金发放	人社、民政
特殊群体	贫困残疾人、特困人员供养、 贫困儿童、受灾人员	残联、民政、教育等

2. 兜底保障政策运行的割裂化。因主管部门多元，导致政策在运行中的割裂化：各种兜底政策按照各主管部门的要求实施，政策之间缺乏有效的整合和共享。一是社会救助兜底保障项目之间缺乏衔接。这是老问题，如低保救助与其他专项救助之间的简单叠加，把低保资格视为申请其他专项救助的前提条件，而把其他群体排斥在外，专项救助项目的目标瞄准率下降，导致社会救助兜底保障的效能降低。二是社会救助兜底保障项目与社会保险、社会福利之间缺乏衔接配合。如医疗救助、大病救助与医疗保险、大病医疗保险的衔接机制还不到位，贫困人口养老保险、医疗保险的断缴问题等未被纳入特别救助行列。三是基层信息共享机制缺失。如在受益对象的认定上，往往由不同的部门要求基层进行信息收集、审核，导致基层工作量加大，甚至重复相同的统计工作。

3. 兜底保障政策的差别化。兜底保障政策的差别化，主要体现在两方面。一是城乡的差别化。同一区域兜底保障标准呈现明显的二元结构。相比于城市，农村兜底保障标准明显较低。二是基于经济社会发展差异的区域性差别化。如东部地区、中部地区、西部地区，因各地财政给付能力和生活成本不同，使得兜底标准存在巨大差别。虽然有中央的转移支付和对口帮扶，但因贫困地区往往贫困人口多且财政给付能力弱，兜底保障水平长期处于低水平运行和发展不充分、不平衡的状态。

三、兜底保障与扶贫开发政策衔接配合不够

兜底保障是精准脱贫、打赢脱贫攻坚战的重要举措，兜底保障政策和扶贫开发政策都是农村反贫困的重要手段。当前，中国农村同时存在两套不同的功能互补的制度体系，只是侧重点不同，如扶贫开发政策重在环境建设，注重为有劳动力的农户增收创造条件；兜底保障政策侧重为缺少劳动力、缺少响应市场能力的农户提供基本生活保障。从政策目标来看，两项政策都是农村反贫困的重要组成部分，两者相辅相成、相互支撑，受益对象都是农村贫困人口，都是各级财政支持的重点领域。但从两项政策的具体实践来看，两者在具体目标、涵盖内容、主管部门、政策性质、对象范围、对象认定等方面存在较大差异。如在认定标准上，兜底保障政策主要从户籍、收入、财产等方面进行认定，并且明确规定很多收入不计入申请对象的收入认定范畴（如基础养老金、临时性生活救助、医疗救助款物、政府给予的良种补贴和强农惠农资金补助等，都不被纳入收入认定范围）；扶贫开发政策主要从人均年纯收入、“两不愁三保障”等方面来认定，其收入认定范围明显大于兜底保障政策，一般将抚恤金、高龄补贴、低保金、残疾补助、五保金、救灾款等计入家庭收入。

作为农村反贫困的两项主要政策，如何进行衔接配合，是各级政府部门十分关注的问题。低保是兜底保障政策中保障贫困人口基本生存的重要政策保障，能否实现低保与扶贫开发政策衔接，就成为关键中的关键。如2016年下发的《关于做好农村最低生活保障制度与扶贫开发政策有效衔接指导意见的通知》明确要求，切实做好农村最低生活保障制度与扶贫开发政策有效衔接工作。各级政府部门积极落实该项文件精神，但仍然存在衔接配合不畅导致扶贫效率下降的问题。因兜底保障政策与扶贫开发政策有着不同的产生基础，分属不同的政策体系，两类政策针对的目标人群、所要解决的问题以及运行机制有巨大差异，在政策衔接配合上存在一些突出问题。

表7-2　兜底保障政策与农村扶贫开发政策的比较

比较内容	兜底保障政策	扶贫开发政策
主要目标	精准脱贫"五个一批"工程之一，保障贫困人口的生存权益，满足贫困人口最基本物质生活需要和基础性的脱贫发展需要，通过此条路径帮助打赢脱贫攻坚战	缓解和消除贫困，提高贫困地区和贫困人口的自我发展能力，使其真正脱贫致富，最终达到可持续脱贫和实现共同富裕的目标
涵盖内容	涵盖生活、医疗、住房、教育、养老等多领域的兜底保障	涵盖产业扶持、住房保障、环境改善、教育扶持等多领域的帮扶
主管部门	以民政部门为主导，卫健、住建、教育、人社等多部门各司其职	主要由各级政府的扶贫办负责
政策性质	多为通过政府的财政转移支付手段来维护贫困群众的生存权，对贫困对象的帮扶方式上更倾向于简单的"输血式"扶持保障	通过实施精准化的帮扶措施来提升贫困地区的可持续发展能力和农村贫困人口的自我发展能力，对贫困对象的帮扶方式更倾向于综合的"造血式"扶持保障
对象范围	无业可扶、无力脱贫的贫困家庭，完全或部分丧失劳动能力的贫困人口。主要是因病残、年老体弱、丧失劳动能力以及生存条件恶劣等造成生活困难的农村贫困人口	所有具有劳动能力的贫困人口和低收入人口；或以地区为对象，如贫困县和贫困村的设定等
对象认定	一般情况下，农村低保标准由省或者设区的市人民政府按照当地居民生活必需的费用确定并公布，并根据当地经济社会发展水平和物价变动情况适时调整	农村扶贫线以国家统计局或省统计局公布的扶贫标准为准。扶贫开发认定还包括区域性扶贫指标的认定，如整村整乡的贫困率等

资料来源：根据相关资料整理

1. 片面理解建档立卡与低保资格的关系。有些地方把能否进入建档立卡作为申请低保的前提条件,在脱贫攻坚的目标压力下,进入建档立卡的贫困户才有资格申请和获得低保救助,造成很多没有进入建档立卡的贫困群体本应获得低保的兜底保障却没有。这在一些地方引起较多不满。之所以不能把是否进入建档立卡作为低保申请的前提条件,主要是因为需要考虑建档立卡在认定贫困人口时是否精准,以及两项制度的巨大差异。在落实精准扶贫政策的早期,一些地方的基层政府及其工作人员因对相关政策理解不到位,对扶贫政策仍在摸索之中,基层对建档立卡贫困户的认定并没有做到十分精准,加之后期的动态调整不够,导致建档立卡贫困户的认定并没有完全涵盖当地所有的最贫困群体。另外,低保和精准扶贫政策在运行机制、对象认定、扶持标准等方面都有自身的规定,而不应在脱贫指标的限制下,把某项政策视为另一项政策的前提。

2. 在受益对象的范围界定与标准上衔接配合不足。兜底保障政策除了低保之外,还包括医疗、住房、教育、养老等领域的兜底。兜底保障政策侧重于针对自身条件不足导致贫困的群体,如重病重残、年老体弱的贫困人口。精准扶贫政策侧重于对具备劳动能力,且通过扶持能实现脱贫的贫困人口。但两者在受益对象上具有一定的重合性,如难以维持家庭基本生活所需但又有部分劳动能力和劳动意愿的贫困家庭。实际上,难以通过十分明确和具体的指标来准确测度贫困群体具备劳动能力的程度,以及通过扶持产业发展实现脱贫的能力。如让具备劳动能力但劳动意愿低的懒汉进入兜底保障范围,就容易引发社会不满;或者不具备产业扶持条件的贫困人口,硬要给予产业扶持,导致扶贫效果差。

此外,关于低保线与扶贫线"两线合一"的问题,作者在2018年开展调研之时,发现很多地方仍然采取不同的标准线,并且一般是低保线远低于扶贫线。针对这一情况,很多地方已经要求实现"两线合一"。但"两线合一"是否具备科学性,仍值得探究。低保和扶贫开发本属不同系统的反贫困政策,两者具有很大差异性。低保线指的是最低生活保障线,保的是基本生存,对收入低于最低生活标准的人口给予一定的资助,以保证该家庭成员的基本生存所需。扶贫线是指贫困线,是在一定的时间、空间和社会发展阶段,维持人们的基本生活所必需消费的物品和服务的最低费用,包括绝对贫困线和相对贫困线,并且一般由国家确定贫困线,各地根据实际情况再确定本地标准,且地方所确定的贫困线不能低于国家线。一般而言,低保线可以低于扶贫线,但当前一些地方也出现了低保线高于扶贫线的情况。

3. 主管部门衔接不畅,增加了信息整合利用的难度。两者分属不同的部门,这些主管部门各自围绕自身工作系统运行,没有专门的衔接部门共同推进两项政策的运行。在部门利益上存在一定的冲突,不论是哪个部门负责主导衔接工作,都会对配合部门的扶贫资源予以重新配置,导致部门间利益冲突。在对象识别上,两者往往分别安排基层干部对贫困户进行摸底调查,同样的信息采集、录入工作却要分别在两个系统中重复操作,共享机制缺失导致基层人力资源的浪费,加之统计数据标准和口径的差异,甚至出现信息冲突,使两项政策在基层执行中比较混乱。(吴海涛、陈强,2019)

四、兜底保障资金来源渠道单一

兜底保障资金主要来源于国家财政,尚未建立起完善的个人、慈善等社会力量参与的机制。越是贫困的地方,用于兜底保障的资金就越多,但当地本身财政给付能力十分有限,对中央转移支付资金具有较强的依赖性,凸显兜底保障资金来源渠道的单一。

1. 兜底保障资金一般实行属地负责原则,贫困地区财政给付能力有限。当地政府财政是兜底保障资金的主要来源,但越是落后的地方,其财政给付能力越是有限,需要保障的贫困人口及所需资金却越多。以低保为例,根据《国务院关于在全国建立农村最低生活保障制度的通知》《财政部 民政部关于加强农村最低生活保障资金使用管理有关问题的通知》等的规定,农村低保实行地方人民政府负责制,按属地进行管理。农村低保资金的筹集以地方为主,地方各级人民政府将农村低保资金列入财政预算,省级人民政府给予一定比例的配套投入,并且中央财政对财政困难地区给予适当补助。近年来,为支持各地做好农村低保工作,中央财政不断加大资金投入力度,尤其对中西部地区给予了适当的倾斜照顾。除了中央的转移支付外,贫困落后地区自身能用于低保救助的财政资金十分有限,甚至在有些地方还出现资金到位不及时的情况。

2.社会力量参与兜底保障的机制尚未建立。慈善机构、社会资金与志愿者等是兜底保障政策实施的重要力量,但在当前的农村反贫困中,社会力量参与的机制尚未建立,主要体现在:一是参与机制不完善,社会力量如何参与兜底保障,尚未有专门的法律法规给予规定;二是社会力量参与的动力机制尚未建立,也就是说社会力量参与兜底保障缺乏积极性;三是慈善力量严重不足,个体、社会组织、企事业单位等尚未形成慈善观念,对社会事务关注不够。因此,应创新慈善事业制度,动员全社会力量广泛参与扶贫事业,拓宽兜底保障的资金来源渠道。

第二节　兜底保障政策实施与执行中存在的主要问题

一、兜底保障准入机制还不畅通

当前,兜底保障政策的准入程序较复杂,"申请—审批"的周期较长,在准入条件上也存在一定的不合理之处,加之基层干部裁量权过大,所以以低保为主,包括医疗、教育、住房等方面的兜底保障准入机制亟待进一步完善。

第一,兜底保障的"申请—审批"程序冗繁且周期较长。从审核周期来看,短则一两个月,长则半年;申请材料繁多,对于文化水平不高的贫困人口而言是一个重大挑战。调研时有村民反映:"提交申请表给村干部,然后村里要民主评议，再交到上级政府，最后批下来，真是不知道要等到猴年马月。并且能否批下来还是未知数。批下来救助钱到账，前后没得半年是搞不定的。你说，如果真的要等着这钱来买米买菜，那我们这些穷人早就饿死了……”（村民-GZ-003）另外一地的贫困人口表示：“申请个低保，要交那么多表格，我又不会写字，怎么去申请？村干部跟我说，去年就想把你纳入低保范围，但你没有写申请。你说我字都认不到，怎么写申请？我只有口头向村干部提出。今年说是给我报上去了，也不知道最后结果……”（村民-CQ-003）申请对象的文化水平不足以应对繁冗的申请程序、复杂的申请材料，贫困户也等不及周期很长的审批，这些都要求进一步简化申请程序，缩短“申请—审核”周期。

第二，兜底保障的准入条件存在一些不合理规定。对农村居民收入核实存在较大困难，尤其是对农业收成、居民外出务工收入等难以准确核实，因此有些地方往往通过规定一些显性的条件来筛选受助者。如有地方规定，有机动车辆的家庭、住房面积超过一定平方米的家庭以及老年贫困人口成年子女数超过3个，就不能获得低保救助。这些不合理规定，使得很多本应被纳入低保救助的贫困人口被“一刀切”挡在救助门外。“家里面的车是农用车，主要是为了运送农用物资，但也算作机动车。并且这车是前几年买的，要卖也值不了几个钱。你看现在家里的情况，老公病了，不能劳动，家里面还有3个娃儿在上学，我一个人种地，想申请低保，直接就拿文件出来说我不符合条件，因为家里有机动车。这车我不可能卖掉，不干农活儿的时候，我还可以开着去上点货卖点东西，做点小生意。如果没有这车，我更是不知道如何生活……”（村民-HB-002）另外一个家庭，家里仅有两位80多岁的老人，女主人年老多病，腿脚不便，男主人尚能进行简单的农业劳动。男主人反映：“前几年给了我低保，去年就取消了，说是我有三四个子女，不符合领取条件。可是这几个人（子女）不管我们，你看我住的还是老房子，木头都要散架了，漏雨。现在我还能下地，种点苞谷，种点菜，拿去镇上卖，买点米和油，但是哪一天我不能劳动了，这些不肖子孙又不管我们，那搞么子办嘛……”（村民-HB-003）从以上这些可以看出，个别地方的政策过于死板，缺乏人性关怀，对于申请对象的准入条件过于苛刻。

另外，在前文也已经论述过，在脱贫攻坚目标任务的约束下，有的地方规定只有进入建档立卡贫困户的贫困家庭才能获得低保救助，使得很多没有被纳入建档立卡的贫困户被挡在低保门外，让很多贫困人口心生不满。有贫困家庭认为：“之前几年我都是领着低保的，家里是符合条件的，有一个残疾人，还有一个老年人，下面还有两个娃儿在读书，但今年就不给我低保了，说我不是贫困户（未进入建档立卡），就给我退出来了……”（村民-HB-004）另一个村民表示：“我想给家里老人申请一个单独低保。老人去年病了，瘫痪在床，每个月要几百块钱医疗费，还要专人照顾，搞得我们夫妻两个只有一个人出去挣钱，家里面很恼火。找到村委会，村干部跟我说，只有建档立卡贫困户才能申请低保，其他的人以后再说……这样就把我打发了。”（村民-HB-005）这样的一些不合理规定，使得低保兜底救助并未实现“应保尽保”的目标。

第三，村干部裁量权过大。贫困人口能否获得兜底保障，要过的第一关就是村干部，这主要体现在：一是村干部直接掌握贫困家庭提交的申请材料，自身无能力撰写申请书的贫困家庭还需要委托村干部帮忙写；二是收入审定方面，因乡镇（或街道）民政干部往往对村民不是很了解，无法掌握所有村民的收入与财产情况，但作为生活在本村的村干部，他们比较了解本村村民的经济生活，那么乡镇人民政府一般委托村干部进行入户调查，村干部的调查意见成为申请对象能否申请成功的关键。在这些过程当中，村干部具有极大的裁量权，可以在一定程度上决定贫困家庭能否获得兜底保障。有村民反映：“村干部一直卡着我，说我不符合条件，就是因为我跟他们关系不好。我没有送礼品，没有请他们吃饭，我不想巴结他们，看他们这副嘴脸……政府的形象都被这些人搞坏了。”（村民-GZ-004）对于村干部能否公平公正地对待所有的申请对象以及如实反映家计调查情况，某基层民政干部说：“的确有很多工作需要村干部来做，比如说入户调查，比如说提交申请表，或者代填申请表。村干部是最接近村民的，对申请对象的情况也比我们乡镇干部了解。但对于能否公平公正，有没有存在腐败，这个很难说。之前媒体报道过有些村干部徇私舞弊，特殊照顾关系户,这个最近几年好多了。目前不能说不会再出现这样的问题,但肯定我们可以做到为民做主,对于反映到乡镇来的有争议的申请对象,我们干部都是亲自到户了解情况,基本可以做到不错保漏保。”(基层干部-SC-001)这也可以看出,村干部的裁量权过大,需要依赖村干部自身的素养及工作态度。如果村干部“身不正”“有私心”,就会导致难以做到精确识别兜底保障对象。

二、兜底保障对象识别精准度还须提升

第一,漏保错保现象时有发生。从问卷调查的情况来看,被访者认为存在一定的漏保错保情况。兜底保障对象的精准识别一直以来是农村反贫困的难点,也是做好农村扶贫开发和确保最贫困群体获得基本保障的重要基础。相比于以往,当前兜底保障对象识别的精准度大大提升,但仍然存在关系保、人情保的错保现象,以及应保未保的漏保现象。之所以会出现漏保错保现象,主要有以下几个因素。

一是尚未建立常态化且严格的审核监督机制。对于兜底保障对象的漏保错保现象,每每见诸报端或网络往往会引起社会大众的极度愤慨,各地对此“看在眼里,堵在心里”,一般会定期开展督查督导工作,及时调整政策执行力度,也能及时清退不符合条件的受保户,并把符合条件的贫困家庭纳入保障范围。但时严时松的核查力度,加之兜底保障对象识别有季节性或年度性,因此基层有时会把并不完全符合条件的家庭纳入保障范围。

二是漏保错保的违规成本低,对基层干部及错保对象的惩治力度不够。一些干部优亲厚友,甚至乡镇干部、区县干部通过“打招呼”的方式进行人为干扰,从而使得兜底保障对象的评定不能按照客观公正的方式进行,大大降低了低保、建档立卡等政策的权威性和精确度。上级核实漏保错保情况时,很多基层干部往往以工作失误、核查困难等为借口搪塞,多数时候并未被追究违规责任,这就使得基层干部在后续的工作中还会铤而走险,继续违规。对违规问题,作者访问了基层的某民政干部,其表示:

“每年都会收到一些举报低保违规的举报信,除了一部分是恶意举报外,也的确有一部分是比较明显的错保。这些当中,与村干部有直系亲属关系的,往往较少,因为直系亲属指三代以内,在申请时会被重点审查。但旁系亲属难以避免,一个村的人基本都是同一个大家族的,或多或少有点关系。有些人是跟干部有亲属关系的,或者人际关系较好的。这些人并不是说不能给予保障,而是跟他们相比,这个地方还有没有更加贫困的家庭。因此,很难对基层干部进行追责,不能说一定是他们徇私枉法,也不能排除工作失误、收入审查困难……”(基层干部-HB-001)对此,项目组也访问了一些贫困家庭,问及当地是否有错保漏保的情况。某地村民表示:“肯定有关系户的,比如说隔壁那个就是。他家里哪里贫困!他家就是跟村干部关系好,还有多少比他贫困的都没有进得来……”(村民-CQ-004)

同时也发现,不符合条件的受保对象如果被查,其违规的成本非常低。虽然很多文件中明确规定,对于不如实报告家庭经济收入和财产变化的兜底保障对象,一经发现,须受到法律制裁,且应退还之前已经取得的救助款项。但在政策执行中,对于瞒报、谎报或未如实提供信息的兜底保障对象,主要以清退出保障范围作为最终的处理结果,而无其他相应的惩治措施。这可以看出,错保对象的违规成本很低,甚至存在个别村民以闹事等方式获取低保。有村干部告知作者:“之前村里的一个‘混子’,拿着刀威胁干部,说要吃低保。还有几个经常到村委会来闹事,骂干部,简直是无理取闹,要求村里给补助给补贴什么的……对于这样的二流子,真是拿他们没办法。经常在牢里进出的人,对于拘留什么的,根本就不怕……”(基层干部-HB-001)当地另一个村的村干部也向作者反映:“村里经常出现一些难缠的人,三番五次索要低保,有事没事就跑到村委会来找干部,甚至影响到了正常工作。有时拗不过,就干脆给一个低保指标……”(基层干部-HB-002)因此,可以看出,监督机制和核查机制的不健全,法律对违规的惩处力度和威慑力度不够,使得部分基层干部采用“变通”手段,部分村民不惜采用“强制”手段获得兜底保障资源。

三是有些真正贫困的、符合受保条件的家庭漏保,但因无力申诉,无资源可用，最终被漏在保障范围之外。这主要体现在：一方面是有限的救助资源被非贫困户挤占，包括关系户、人情户、上访照顾户，以及脱贫攻坚压力下上级下发保障指标的逐年减少，使得符合条件的贫困户并未被纳入保障范围；另一方面是部分真正贫困的家庭跟村干部有矛盾，或者关系不佳，自身无足够资源向上级申述，导致被迫漏保。有村民表示："之前跟村里某个干部关系不好，因为宅基地的界限问题，跟他吵过架、打过架，现在家里面有病人，收入有限，生活很困难，但村里说是家庭收入高于低保线，不符合吃低保条件之类的。也真是没法的，跟干部说过几次了，但就是没有被纳入保障范围。"（村民-SC-002）追问为何没有对这样的漏保现象向上级反映，该村民表示："我们穷人去哪里反映？有什么渠道反映？他（这个村干部）给上面送油（一种当地的高档茶油），都托好了关系了，反映能有用吗……"（村民- SC-002）申诉渠道、问题反映渠道的不畅通，使得贫困户难以通过自身力量获得较好的解决结果。

四是低保成为个别干部谋取私利和推进基层管理的重要砝码，如低保成为解决基层"疑难杂症"、解决社会矛盾的重要资源。兜底保障政策设计的初衷是为不能实现脱贫、丧失劳动能力的贫困对象给予基本生活保障，帮助其摆脱贫困，但在政策执行中出现了不断异化的现象，成为基层个别干部获取私利、解决问题的重要砝码。有贫困户告知作者："村里个别低保户和扶贫户不是真正的贫困，个别干部为在选举中获得更多的票，把一些指标给了特定的人，就是因为这些人在村里有较大的影响力，在开会时可以影响别人投票。很显然那些人并不是真正的很贫困，明显存在认定不准的问题。"（村民-GZ-005）同时，也发现通过给予拆迁户、上访户低保的方式来安抚人心、化解矛盾，甚至在个别地方，因村委会经费紧张，以低保的名义给环卫工、临时工等人员发放工资等现象。以上这些都使得兜底保障政策脱离了政策设计的初衷，在有些地方的基层执行中出现了异化现象。

第二，社会大众对低保的认知存在不理性的观念。在调研中发现，部分农村居民想方设法获得低保，"争着吃低保""挤破脑袋吃低保"的思想观念广泛存在，部分并不十分贫困甚至并不贫困的农村居民期望获取低保救助,这给农村反贫困工作带来极大困扰。结合以往的调查研究发现,农村争当低保户现象的存在,主要缘于农村低保制度设计上的缺陷、执行偏差、农村贫困化解路径欠缺以及低保依赖文化。(兰剑、慈勤英,2019)过往低保政策及其执行中出现的偏差,已经让普通民众形成了一些不理性的观念,如关系保、人情保的存在,使得低保政策的公正性大大降低。虽然近年来相关部门努力提升低保认定与政策执行的公正性、权威性,加强督导核查,及时清退不符合条件的兜底保障对象,但过往的负面影响深入人心,一时半会儿难以去除,"不吃白不吃"的观念深入了部分民众的心里,在社会上已经形成比较浓厚的低保依赖文化。另外,低保承担了制度之外的一些功能,有些基层干部为了基层社会的稳定,往往放弃原则,把低保作为维稳保、关系保,使得低保承担了很多制度之外的责任。

因过去有些地方的低保政策经常得不到公平公正的执行,使得农村居民对低保救助有看法。以往多认为领取低保具有强烈的耻辱感,但当前发现很多农村居民认为"能吃低保挺好",呈现无所谓的心态。这种变化主要是因为对低保制度及基层执行的不信任,低保制度的权威性受到极大挑战,如资格认定、救助标准确定等工作受到质疑。此外,广受媒体报道的基层低保违规事件,进一步强化了基层低保的负面形象。在访谈中发现,有些村民之所以想获得低保,主要是认为:"低保是国家的,这么多贪官贪钱,我吃点儿低保怎么了……我不吃低保,别人也是一样吃。虽然说低保是给穷人的,但到底谁是穷人呢? 好多人并不穷,还不照样吃了低保。这些人都能吃,那我为什么不能吃呢?"(村民-SC-003)甚至还有一些人把获得低保视为一种比拼社会关系的资本:"能吃低保的,肯定有背景,上面有人罩着,不然怎么吃得了低保……只要吃上低保,说明村干部会罩着你,你跟干部关系好,谁还敢欺负你呢……"(村民-YN-003)以上这些因素共同导致了农村部分村民形成了不理性的观念,尤其是部分村民认为低保"反正是国家的钱,不吃白不吃","即使我不吃,别人也会吃",对低保的依赖心理和依赖文化逐渐形成,这加剧形成了农村争当低保户现象。

第三,脱贫时限挤压兜底保障资源。基于贫困退出和贫困摘帽的压力，贫困农户获得兜底保障的机会显著减少，这主要体现在两方面。一是各地都有贫困退出和贫困摘帽的目标，每年按照要求须确保一定数量的贫困人口脱贫摘帽。在这种脱贫压力下，新增加的贫困人口或者返贫的贫困人口，很难进入扶贫资助或低保救助行列。二是很多地方歪曲了兜底保障和建档立卡政策的关系，错误地认为只有被评定为建档立卡贫困户的贫困家庭，才有资格申请低保。这显然是对低保救助政策的误解和异化。精准扶贫政策中建档的贫困户以及社会救助政策中低保救助对象的评定，皆有自身的标准和评定办法，不应互为前提。但有些地方把建档立卡贫困户视为成为低保兜底对象的前提，对于如何认定建档立卡贫困户，却缺乏统一和清晰的标准。如果建档立卡贫困户认定或瞄准失误，则将导致低保救助的错保或漏保，也将使得最后的“安全网”对部分贫困人口失效。这也是很多贫困户不愿轻易退出兜底保障的原因之一。有很多贫困户认为，退出低保后，再进入救助行列变得更加困难。

三、兜底保障动态调整机制尚不完善

第一，兜底保障标准的动态调整机制还不健全。近年来，伴随着各地经济社会的不断发展，人民生活水平的不断提升，以及生活成本的不断增加，各地越来越重视兜底保障标准的动态调整。从兜底保障标准的动态调整情况看，各地兜底保障标准都随着经济社会发展水平的提升而相应提升。从中央到地方的政策来看，也越来越重视兜底保障标准的动态调整，尤其是对社会救助、对低保标准的调整，要求低保标准应根据人均收入、物价水平和生活成本等进行及时调整。如2014年颁发的《社会救助暂行办法》就明确要求，最低生活保障标准根据当地经济社会发展水平和物价变动情况适时调整；2019年《国务院关于加强社会保障体系建设助力打好精准脱贫攻坚战推进社会救助工作情况的报告》也进一步提出，建立健全社会救助标准动态调整机制，根据居民人均消费支出或人均可支配收入等因素测算标准，进一步缩小城乡差距。同时，在各地的政策文件中也可看到类似的规定，如重庆市在2018年出台的《关于在脱贫攻坚工作中切实做好社会救助兜底保障工作的通知》提出:根据全市上年度农村居民人均消费支出增长幅度,动态调整农村低保标准。

以往各地更多的是针对低保、扶贫等标准进行动态调整,也有一些地区对除低保之外的兜底保障标准实行动态调整,如2020年云南省民政厅发布的《关于建立困难残疾人生活补贴和重度残疾人护理补贴标准动态调整机制的实施意见》(征求意见稿)就要求,统筹考虑当地城乡居民收入增长、物价变动和最低生活保障等情况,适时会同财政部门提出残疾人两项补贴标准的调整方案,在帮扶对象上要求通过动态管理补贴对象实现应补尽补、应退尽退,充分发挥残疾人两项补贴信息系统的作用,实时更新系统数据,确保系统数据与实际数据相吻合。这是一种很好的趋势,有些地方已经注意到对特殊困难群体或其他领域兜底保障标准的动态调整。

但是总的来看,兜底保障标准的动态调整机制还不够完善,主要体现在:一是各地重视低保标准的动态调整,而忽视其他标准的动态调整;二是动态调整的渠道还不畅通,什么时候调整,如何调整,还在探索中,且多数地方略显随意,深受当地政府财政给付能力的影响,尤其是当阶段性的物价水平暴涨时,兜底保障标准难以获得及时调整;三是兜底保障标准是否合理,以什么为参照来确定兜底保障标准,是困扰各地的重大课题——是按照人均收入的一定比例来确定保障标准,还是按照生活成本、物价水平、经济发展水平等来确定?虽然各地也都会参照绝对贫困线、相对贫困线等来确定兜底标准,但也发现很多地方调整兜底保障标准存在一定的随意性,每年或每隔一段时间调整一次,每次几十或上百元,但是否科学合理,值得考究。例如,兜底保障标准的城乡差异,向来有之,各地也越来越重视,希望实现标准的城乡一体化。有地方提出城乡标准差异不高于1:0.8,但为何要定这一比例,是否具备足够的科学性和合理性,值得进一步深入研究。

第二,救助过程管理欠缺。所谓的救助过程管理,就是对已经被纳入兜底保障范围的农村贫困人口进行有效管理和针对性帮扶。虽然各地有要求加强兜底保障的过程管理,构建救助对象的追踪帮扶机制,并构建保障对象可进可出的动态调整机制，但在执行中存在较大困难，会耗费巨大的人力、物力、财力。

一是对于及时掌握受助者的收入、财产及其家庭人口结构等方面的变化存在一定的困难。完成这些工作需要较高的人工成本，如派人入户调查、核对收入及财产变化，并把实时数据及时录入信息系统。

二是难以根据受助者的实际困难，给予针对性的帮扶。针对贫困人口的兜底保障，除资金救助外的其他扶持很少，如精神慰藉、技能援助、教育救助、医疗救助等，仅能满足少数人的需求，且给付水平较低。从当前低保救助及其他救助项目的过程管理来看，对农村贫困人口的主要救助方式仍然是现金转移支付，而关于服务型的救助比较少，受助者除每月领取一定数量的低保金外，很难再获得如技能提升、精神慰藉、社会参与等领域的帮助。这也使得兜底保障对象能够获得暂时的收入改善，却不能从根本上摆脱人力资源不足、精神文化缺失、发展能力不足的困境。

三是受助者不愿主动申报经济条件变化。虽然相关政策要求兜底保障对象家庭收入或人口发生变化时，需要主动向基层民政部门申报，对不符合条件的受助者及时清退，但在调研中发现，当受助家庭收入或人口出现变化时，一般不会去主动申报。加之目前尚未建立有效的信息比对和跟踪平台，还不能及时掌握受助者的收入或财产变化，因而这些因素共同导致动态追踪管理难。这也就使得受助者长期处于兜底保障行列，容易形成对兜底保障的依赖。

四、兜底保障退出机制执行难度大

第一，专项待遇简单叠加，人为提升农村低保"含金量"。为实现兜底保障政策的综合扶持效用，各地在推进农村低保建设的同时，也建立了包括教育救助、医疗救助、临时救助等在内的专项救助制度，共同帮扶贫困人口。很多地方在确定专项救助对象时，为降低管理成本，往往以低保资格作为前提条件，把专项救助与低保资格进行简单捆绑，围绕低保形成了一系列配套政策。若获得低保资格，就能自动获得与此配套的生活补贴，或者医疗、子女教育、助残、助老、危房改造等方面的救助或优惠政策。这在一定程度上大大提升了低保救助的“含金量”,使得农村低保成为“香饽饽”。虽然总体上低保救助水平不高,但与此捆绑的一些救助政策、优惠条件却能给贫困人口带来实实在在的好处。例如,有些地方就规定,低保户所享受的医疗保险报销额度明显高于普通民众,住院最高报销比例可达95%;在报销之外,如果医疗支出仍然巨大,还可以获得一定的医疗救助。因此,有农村居民表示:“给不给低保金无所谓,但与此附带的医疗报销优惠政策,是人们急需的……”(村民-CQ-005)同时,除了医疗方面的优惠政策,低保户在房屋修缮,未成年子女就学等方面都能获得资金扶持或政策优惠。

因此,简单地把很多扶贫支农政策与低保资格挂钩,使得救助待遇和资源主要集中于低保户,而同样可能处于贫困状态、收入水平也较低的非低保户或低保边缘户却不能获得或只能获得很少的扶贫资源,从而人为加大了低保户与非低保户之间的收入差距,在两者之间形成了救助资源的“悬崖效应”。救助资源在低保户身上过度集聚,而针对低保边缘户的扶助政策和救助资源却很少,因此使得低保边缘户或其他贫困群体对低保政策产生不满,激化了低保户与非低保户之间的矛盾。有些地方虽然已经注意到政策捆绑的负面影响,但在实际工作中仍然把低保资格作为能否享受专项救助或其他救助资源的一个重要条件。加强对低保受助者的救助,本是好事,但如此多的救助资源与低保资格挂钩,导致社会大众对低保形成了错误的认知,认为“低保是万能的”“只要获得低保,就能生活无忧”。这种“一保俱保、一退尽退”的“连带”关系,使得低保资格成为农村低收入群体争相获取的“金钥匙”,争当低保户的现象比较普遍。(兰剑、慈勤英,2019)一退尽退,也就使得很多贫困人口不愿意退出,从而采取“非常规手段”,如隐瞒收入、走关系等,希望能继续获得兜底保障。

第二,兜底保障退出机制不健全,基层难以有效执行。在农村低保救助中存在着主动退保难、对受助者的经济收入动态跟踪难、退出操作上随意性大等问题。虽然很多政策都要求对不符合条件的低保户要进行清退,但实际上基层在执行退出政策时,难以有效落实。相关政策明文要求应退尽退，如《社会救助暂行办法》规定，最低生活保障家庭的人口状况、收入状况、财产状况发生变化的，应当及时告知乡镇人民政府、街道办事处；县级人民政府民政部门应当及时决定增发、减发或者停发最低生活保障金；决定停发最低生活保障金的，应当书面说明理由。各地据此也制定了比较细致的意见，如2018年重庆市出台的《关于在脱贫攻坚工作中切实做好社会救助兜底保障工作的通知》提出，对被纳入农村低保的建档立卡贫困户开展定期复核，不再符合条件的按程序退出；2017年《甘肃省民政厅关于进一步加强和规范农村低保工作的通知》就要求，将因征地拆迁、工矿区资源枯竭及化解群众上访等而被整体纳入兜底保障范围的，全部退出农村低保。

但兜底保障的退出机制难以执行，原因主要如下：

一是现有技术条件难以及时掌握受助者的收入、财产变化，缺乏有效的动态管理机制。基层干部因人力有限，加之尚未建立信息化的收入追踪平台，很难实时掌握农村居民的收入、财产变化。

二是基层干部为了更好地进行管理，在基本符合政策的范围内，往往会对低保退出的问题“睁一只眼，闭一只眼”。对基层干部而言，这也颇属无奈之举，因为他们深知让生活有所改善但并不富裕的低保户退出低保救助，将遇到较大的阻力，可能给他们的基层工作增加不少难度。

三是贫困人口不愿意退出兜底保障范围。贫困对象在获得兜底保障之后，为始终能够持续性地获取保障，规避可能因收入或财产波动导致丧失救助资格的风险，往往通过隐瞒劳务收入、瞒报农业收成等方式得以持续获得兜底保障资格。这种现象的产生，是农村贫困人口的无奈之举，也是贫困生活的真实写照。因为他们难以通过自身能力进一步提高生活水平，摆脱贫困，更有一些人对兜底保障产生了严重的依赖心理。有很多受助者担心退出救助后，如遇困难再进入救助行列的难度会加大，担心再次申请救助不能通过审核。很多受助者即使生活条件变好或收入超过兜底保障线，也不愿意退出。鉴于这些因素，退出机制在基层难以得到严格和有效执行。

第三节 兜底保障政策执行效果上的主要问题

一、“撒胡椒面”的兜底保障政策，兜底脱贫效用有限

第一，部分贫困群体认为现行兜底保障政策未能保障其基本生活。就“当前低保等兜底扶贫政策是否有效保障了基本生活”询问被访者，统计数据显示，有341个被访者认为可以有效保障基本生活，占比为58.9%；但也有125个被访者认为不能保障，占比为21.6%；113个被访者回答“很难说”，占比为19.5%。根据调研的情况来看，各地兜底保障政策的完善程度、保障标准都有较大差别，该项政策的地域差异性较大。

表7-3 “当前低保等兜底扶贫政策是否有效保障了基本生活”统计表

选项	频率	百分比	有效百分比
是	341	58.9%	58.9%
否	125	21.6%	21.6%
很难说	113	19.5%	19.5%
合计	579	100.0%	100.0%

注：N=579

第二，兜底保障政策未能有效保障贫困人口基本生活的原因多样。对于部分回答“否”的被访者追问原因。在214个有效样本中，有141个被访者认为主要原因是“兜底标准过低”，占比为65.9%。从访谈情况来看，也有较多的基层干部和贫困人口认为兜底保障标准过低，难以保障贫困群体的基本生活。比如在武陵山连片特困地区的农村，其低保的全额保障标准是每月大约360元，按照补差原则，实际支付标准远低于360元。当地按照三个档次执行，即100元、200元、300元，多数群体领取100元，

仅有少数极其困难的家庭，如重病重残、完全无劳动能力的家庭，才能领取300元。像这一保障水平，不能从根本上保障贫困家庭的基本生活，只能在一定程度上为家庭经济提供额外的补贴。被访者选择较多的选项是“扶贫资源使用不精准”，有109个(占50.9%)被访者。有97个被访者认为“配套扶贫资源不足”，占比为45.3%。分别有71个(占33.2%)被访者、67个(占31.3%)被访者认为“扶贫资源被非贫困户占有”“扶贫资源被挪用”。总体而言，“兜底标准过低”和“配套扶贫资源不足”都属于制度设计层面的漏洞，也是被访者选择较多的选项；“扶贫资源被挪用”“扶贫资源被非贫困户占有”“扶贫资源使用不精准”等属于制度执行层面出现的问题。要使兜底扶贫政策更好地发挥作用，就需要从制度设计和制度执行层面共同努力。

表7–4　被访者认为兜底扶持政策未有效保障其基本生活的主要原因统计表

	原因	响应		个案百分比
		n	百分比	
被访者认为兜底扶持政策未有效保障其基本生活的主要原因[a]	兜底标准过低	141	29.1%	65.9%
	扶贫资源被挪用	67	13.8%	31.3%
	扶贫资源被非贫困户占有	71	14.6%	33.2%
	配套扶贫资源不足	97	20.0%	45.3%
	扶贫资源使用不精准	109	22.5%	50.9%
	总计	485	100.0%	226.6%

注：a.值为1时制表的二分组

N=214

第三，兜底保障资源分散化，降低兜底保障效用。兜底保障政策本是一个体系，但没有完全发挥出合力，降低了兜底反贫困的作用，主要体现在以下三方面。

一是低保作为兜底保障的主导性政策被分散应用。这主要是指原来以户为单位进行兜底保障，为扩大政策覆盖面，满足更多的贫困家庭需要,很多地方对特殊困难人口实施单独施保,即对贫困家庭中某1个或几个成员进行救助,如重残、重病或特别年长者。这可以在一定程度上扩大低保救助的受益范围,但降低了低保对贫困农户兜底救助的效用。前文的统计数据已经发现,仅1人领取低保的贫困家庭占比较大。这种"撒胡椒面"似的兜底保障政策,虽然在一定程度上扩大了低保覆盖面,但这也与"低保救助是以户为单位"的初衷相违背,低保救助的过度分散化并不能保障贫困农户的基本生活。

二是兜底保障标准太低,难以充分保障贫困人口的基本生活。这主要体现在:一方面农村兜底保障全额标准较低,按照补差原则确定的实际帮扶标准更低,每个受助者的实际获得金额在每月几十元到两三百元,并不能保障贫困家庭的基本生活;另一方面,除低保之外的其他兜底保障资源较少,如贫困儿童教育、医疗、养老等方面的兜底保障资金严重不足,能给予的保障指标少,保障标准低,难以兜底保障贫困家庭基础性的发展需求。

三是兜底保障综合效用尚未发挥。各种政策互补、配合不够,难以把兜底保障转化成受助者发展的资本和长效的脱贫条件,所给予的物资、资金等被受助者很快使用完,但消耗完之后仍然是一贫如洗,相应的其他帮扶举措未跟上。

二、兜底保障的依赖问题较严重,"争进"与"赖退"并存

第一,贫困家庭对兜底保障存在严重的依赖心理。虽然兜底保障水平不高,但对于收入来源渠道窄、家庭经济十分脆弱的农村低收入群体而言,如果能够获得诸如低保、建档立卡等的帮扶,也可以在一定程度上改善家庭生活。就调研情况来看,当前农村居民对低保在内的政府扶持项目有着比较强的依赖性。其中,一部分受助者通过隐瞒收入或夸大支出的方式以获取救助资格;一部分受助者甚至认为获取低保理所应当;一部分受助者认为,只有依靠低保金才能保障基本生活,才有安全感。从持续领取低保的时间以及受助者对低保救助产生的强烈心理依赖来看,这可

以被视为福利依赖。对于受保对象在生活变好后，是否愿意退出兜底保障，有受助者表示："现在生活还是很困难，跟有钱人相比，我是需要政府帮扶的。家里面哪儿哪儿都要花钱，看病要花钱，小孩子读书要花钱，但又挣不到钱。出去打工没人要，家里种地收入很低，如果没有低保的帮扶，生活将会更加困难……"（村民-HB-006）另外一个受助者表示："生活暂时没办法变好，该花的钱要花。你看我还住着这么破的房子，政府能否出点钱帮我修缮一下！经常漏雨，没法住了，自己想盖新房，但又没钱。不是几千块钱可以搞得定的，几万十几万根本没有，你说怎么办！政府要退我的低保，那是不行的。我自身脚有残疾，不能下地劳动……"（村民-HB-007）这可以看出，部分受助者对兜底保障有比较强的依赖性，认定自己的生活不会变好，需要依靠政府帮扶才能维持生活，在心理上强烈依赖政府，并没有打算退出兜底保障的心理预期。

表7-5　贫困群体对低保及贫困问题的认知统计表

选项		很不同意	不太同意	同意	比较同意	很同意
绝大多数领取低保的都是真正贫困的家庭	频数	7	73	232	168	99
	比例	1.2%	12.6%	40.1%	29.0%	17.1%
身边有人认为领低保会低人一等	频数	103	311	103	54	8
	比例	17.8%	53.7%	17.8%	9.3%	1.4%
现在申请低保特别难	频数	16	106	251	131	75
	比例	2.8%	18.3%	43.3%	22.6%	13.0%
有人为了获得低保故意隐瞒收入	频数	9	126	261	139	44
	比例	1.5%	21.8%	45.1%	24.0%	7.6%
有人靠关系拿到低保	频数	37	170	207	116	49
	比例	6.4%	29.4%	35.7%	20.0%	8.5%

续表

选项		很不同意	不太同意	同意	比较同意	很同意
有些低保户被强制退出	频数	41	193	216	89	40
	比例	7.1%	33.3%	37.3%	15.4%	6.9%
有些人收入提高了也不愿意退出低保	频数	6	66	278	162	67
	比例	1.0%	11.4%	48.0%	28.0%	11.6%
感觉自己无法通过努力摆脱贫困	频数	48	161	163	117	90
	比例	8.3%	27.8%	28.2%	20.2%	15.5%

注:N=579

第二,基层信任危机强化了农村居民对兜底保障的依赖。基层信任危机,主要是指居民与居民、居民与干部之间的信任问题。这些信任危机进一步强化了农村居民对兜底保障的依赖。有些地方在基层执行相关兜底保障政策时,其公平性和权威性受到民众质疑,强化了居民争抢政府帮扶资源的心理和观念。这主要体现在以下几个方面。

一是邻里间的信任危机。人际关系的不和睦,相互之间的猜疑、妒忌等,导致经济条件基本一致的家庭容易相互比较。如果某一家获得政府的兜底保障资源,另外一些家庭也千方百计想获得。在调研中明显发现很多村民对低保救助、精准扶贫等政府帮扶政策不信任,主要源于邻里之间的相互比较。对于条件特别差的家庭获得政府帮扶,多数村民是赞成的,但对于和自己条件差不多或者跟自己有矛盾的村民获得政府帮扶,一些村民就会妒忌并心生不满,认为:"为何他就能吃低保,建新房能够得到1万多的补助?我前几年建房,政府一点补助也没有!这是什么天理……"(村民-SX-001)

二是村民对村干部不信任,尤其是对村干部在分配政府帮扶资源时优亲厚友、不公平不透明的做法恨之入骨。有村民表示:"有个别村干部很坏,没有做什么正事,私心太重……有好几个吃低保的都是跟干部关系好的，或者是干部的亲戚，或者是干部专门照顾的。他们这些人都能吃，为何我不能吃……”（村民-GZ-006）表7-5的数据显示，对于“有人靠关系拿到低保”，有207个（占35.7%）被访者表示“同意”，有116个（占20.0%）被访者表示“比较同意”，有49个（占8.5%）被访者表示“很同意”。信任危机导致村民形成了以上认知，这些已经完全背离了兜底保障政策设计的初衷。

三是对政府工作人员的不信任。尤其是见诸报端的政府工作人员贪污腐化、滥用职权的新闻，使得老百姓对其不信任，认为“国家这么多钱都被贪污了，那么作为老百姓，吃点低保，获得政府帮扶那是应该的”（村民-CQ-007）。这也使得部分农村居民认为获得政府帮扶资源，是理所当然的事，对于过往被认定为贫困户的羞耻感逐渐消失。如表7-5的统计数据所示，对于“身边有人认为领低保会低人一等”，有103个（占17.8%）被访者表示“很不同意”，有311个（占53.7%）被访者表示“不太同意”。

第三，多种因素助推农村形成救助依赖陷阱。从调查地区的兜底保障水平来看，虽然总体水平偏低，但仍然存在不同程度的救助依赖，这是兜底保障政策运行的非预期后果。归纳起来，当前兜底保障依赖现象主要体现在以下几个方面。一是受助者长期依赖以低保为基础，包括专项救助及相关补贴等在内的社会救助体系的资金给付，对社会救助具有较强的依赖心理，即使收入提高了也不愿意退出。如表7-5的统计数据所示，对于“有些人收入提高了也不愿意退出低保”，有278个（占48.0%）被访者表示“同意”，有162个（占28.0%）被访者表示“比较同意”，有67个（占11.6%）被访者表示“很同意”。二是农村兜底保障确定的收入线较低，有部分受助者往往通过隐瞒收入、财产等方式获取救助资格。对于“有人为了获得低保故意隐瞒收入”，有261个（占45.1%）被访者表示“同意”，有139个（占24.0%）被访者表示“比较同意”，有44个（占7.6%）被访者表示“很同意”。三是因能力不足导致的救助依赖现象不容小觑，受助者为避免陷入极端贫困，降低生活风险，被迫或主动地长期依赖社会救助。农村低收入家庭经济脆弱，收入来源渠道不畅，无法通过自身力量摆脱贫困，以至于为降低自身及家庭陷入绝对贫困的风险，主动或被动依赖兜底保障政策。

可以看出，农村居民的这种救助依赖是指贫困对象主观心理上“不愿意”、客观条件上“不能”失去社会救助制度体系的保护，长期依赖一系列资金或政策扶持，从而得以维持基本生活的一种现象。即使如此，这些家庭仍然不能摆脱捉襟见肘的生活状态，自身改变现状和提升收入水平的能力极其有限，被迫长期依赖救助以维持基本生活，形成农村地区的救助依赖现象。当前，农村兜底保障政策定位于帮扶贫困群体脱贫，尤其是保障其基本生活，解决贫困家庭的生存问题，这可以解决一时之需，却不能帮助受助者彻底摆脱贫困。受助者缺乏摆脱贫困所需的资源和条件是导致救助依赖的根源。农村地区这种救助依赖现象，是受助者为保障自身基本生活，抑或为提升基本生活水平，被迫或主动形成的一种长期依赖行为。

三、配套扶持政策不足，兜底保障群体返贫风险高

第一，兜底保障体系内各项政策发展水平不均衡。兜底保障是一个政策体系，涵盖了基本生活、医疗、教育等领域，但因当前对该体系认知的不足以及政策发展的历史差异，导致兜底保障体系各项政策发展水平存在巨大差异，对各项政策的重视程度也不一样。

一是在政策发展水平上，低保成为最主要的兜底保障手段，医疗保险（新农合）、养老保险（新农保）也逐步建立，但针对贫困人口的医疗保障和养老保障兜底，以及针对贫困青少年的教育兜底还有待加强。低保自提出以来，已经在全国各地得到很好实践，政策覆盖面广，受益人口多，每年财政投入稳定。低保在农村地区虽然总体保障水平不高，但政策知名度高，覆盖范围广，受益贫困人口多。医疗保障、养老保障、教育扶持等方面的兜底保障政策，在有些地方因财政给付能力、基层政策执行能力等方面的限制，总体发展水平较低。

二是对各项政策的重视程度不同，比较重视基本生活保障，对发展型要素的兜底保障还不够重视。稳定实现农村贫困人口不愁吃、不愁穿，义

务教育、基本医疗、住房安全有保障，即“两不愁三保障”，这是贫困人口脱贫的基本要求和核心指标。“两不愁”基本解决了，“三保障”还存在不少薄弱环节。这一方面是政策发展水平不高所致，受地方财力所限，难以提升保障标准；另一方面是对“三保障”等发展型要素的重视程度不够，在基层政策执行中这些领域的工作所耗精力、财力、物力较高。

三是保障方式单一，重物资与现金保障，轻服务保障，对受助者的激励性不足。基层工作人员以简单地发放物资、发放现金等为主要工作，而忽视对兜底保障群体诸如激励脱贫斗志、提升自我脱贫能力等方面的基础性服务。兜底保障群体所获现金，仅用于购买生活所需物品，而未能转化成脱贫的有效资本，当消费完现金或物资时，仍然处于贫困状态。保障方式的单一，使得贫困群体不能获得脱贫的有效资本，仅能在一定程度上缓解贫困，但不能从根本上解决贫困问题。

第二，农村贫困群体自我脱贫能力弱。从农村贫困人口，尤其是兜底保障对象具备的脱贫条件来看，他们往往身体健康状态不佳，文化水平很低，没有有效的人际关系网络，因此总体上缺乏脱贫的资本。如表7-5的统计数据所示，对“感觉自己无法通过努力摆脱贫困”，有163个（占28.2%）被访者表示“同意”，有117个（占20.2%）被访者表示“比较同意”，有90个（占15.5%）被访者表示“很同意”。多数贫困人口认为自身能力难以保障个人或家庭的基本生活，即使足够努力，也不能改善家庭生活，需要依靠兜底保障政策的帮扶。这种因能力不足导致贫困的群体所占比例很高，不容忽视。

第三，贫困化解路径欠缺，兜底保障群体返贫风险高。从农村居民自身具备的脱贫条件和政府能够给予的兜底帮扶情况来看，多数贫困家庭仍然缺乏摆脱贫困的资源和条件。从农村居民化解贫困风险的支持渠道来看，一是非正式支持渠道，主要包括亲朋好友的支持网络以及受助者自身身体条件、发展能力等；二是以社会保障和政府帮扶为主的正式支持渠道，如社会救助、扶贫开发政策等。对于农村低收入群体而言，他们往往知识文化水平较低，人力资源欠缺，工作技能缺乏，难以依靠自身力量获取较高水平、较稳定的经济与社会资源；因收入的不足，难以有充足的储蓄，当他们在面临失业、重病、意外事故及其他生活危机时，几乎没有资源可以使其免受贫困或从逆境中走出来。（兰剑、慈勤英，2019）另外，农村低收入群体所拥有的社会资源较少，亲朋好友本身生活也不富裕，当他们面临生活困难时，社会关系网络能给予的资金或支持也较少。这可以看出，农村低收入群体往往不能获得充足的资源来化解随时可能降临的贫困风险。农村贫困家庭缺乏资产以及集体经济分红等方面的收入，因此兜底性的民生保障政策成为农村低收入群体应对贫困风险的“最后稻草”。然而，当前的保障水平还比较低且并不全面，受益对象有限，兜底成效不足，农村贫困家庭的贫困风险化解路径欠缺，兜底保障群体随时面临着返贫的风险。

第四篇　专题研究与案例分析

第八章

农村养老困境及兜底保障体系建设研究

第一节　研究背景与问题提出

当前，我国农村人口老龄化程度不断加深，老龄化速度快于城镇地区。国家统计局公布的第七次全国人口普查（简称“七普”）相关数据显示，全国范围内60岁以上人口占比为18.7%，65岁以上人口占比为13.50%。其中，城镇常住人口占比已经提升到63.89%；乡村人口占比继续下降，为36.11%。对比城乡老龄化程度可以发现，乡村60岁、65岁及以上老年人口的比重远远大于城市。和“六普”数据比较，“七普”全国60岁及以上人口比重上升5.44个百分点。这充分说明，城乡老龄化差距正在不断拉大，农村老龄化问题比城市更加严峻。由于农村劳动年龄人口大规模向城镇流动，“留守”老人不断增多，农村空巢独居老人规模迅速增加，农村老龄化问题不断加剧。据预测，2030年农村老年抚养比将达到79.90%，城镇老年抚养比为36.90%，农村老年抚养比始终且明显高于城镇，农村养老负担更为沉重。（韩沛锟、程瑶瑶，2021）与城市地区相比，农村家庭的养老能力越来越弱。老人自身家底薄弱以及社会化保障体系还很不完善，随着老龄化程度的不断加剧，农村养老问题或许还会更加严峻。总体而言，农村经济基础薄弱，农村老人的社会保障水平较低，伴随着农村老龄化速度的加剧，农村家庭面临的“养老—照料”等危机愈演愈烈，应对农村人口老龄化更为急迫，加快构建养老兜底保障体系的任务更为艰巨。

农村老龄化具有老龄化程度深，空巢独居现象严重，高龄失能、失智占比高等特点，家庭照料能力弱化，社会化养老服务供给不充分、不平衡。这一问题已经得到党和国家的高度重视。党的十九大报告中明确提出，构建养老、孝老、敬老政策体系和社会环境，推进医养结合，加快老龄事业和产业发展。十九届五中全会公报也明确指出了实施积极应对人口老龄化国家战略，健全多层次社会保障体系等指示。这为新时代中国特色养老事业指明了方向。随着农村年轻人外出务工的增多，城镇化人口迁移的持续推进，农村家庭呈现小型化、少子化趋势，大量农村老人“被留守”，农村老人的数量多，增速快，贫困深。农村老人生产能力较弱，传统的家庭养老弱化，土地养老难以维系，农村养老保障体系还很不健全，广大农村地区因老返贫现象十分突出，存在老无所依、老无所养的巨大风险。农村很多老年人因疾病、残疾等因素处于失能、半失能状态，居家养老遭遇空巢家庭挑战，社区养老受供给限制，敬老院等公办养老机构多针对特困老人，市场化的养老机构价格门槛高。因此，对于现阶段农村养老中存在的突出问题与主要矛盾，必须加快建设新时代农村养老服务体系，其中首要任务就是建立健全养老兜底保障体系，确保农村老年群体老有所依，老有所养。这既是积极应对农村人口老龄化、全面推进乡村振兴战略、实现农村健康老龄化的现实需要，又是贯彻落实“以人民为中心”发展思想、扎实推进共同富裕的客观要求。

第二节　农村养老基本现状与面临的新形势

截至2020年年底，我国农村养老已经初步形成以家庭养老为主导，机构养老为辅助的模式，养老保险制度实现全覆盖，但总体保障水平还不高，农村养老服务基本兜底线的功能被反复强调。由于我国人口出生率的下降、平均预期寿命的提高、城乡人口迁移与流动等因素引起人口结构变化，农村人口老龄化进程更为迅速，农村养老面临着新的发展形势。

一、农村养老的基本现状

（一）农村养老主要依赖家庭，少部分老人进入养老机构

家庭养老是指由家庭成员提供养老资源的养老方式和养老制度。数

据显示，2020年中国老年人家庭养老模式占比为90%，机构养老模式占比为7%，社区养老占比仅3%。[①]农村社会化养老保障发展还很滞后，因此当前农村养老在很大程度上依托家庭，进入机构养老的老人占比很小。一方面是机构养老资源非常紧缺，仅能满足特困老人的养老需求，且保障水平还不高；另一方面是中国自古以来就有敬老孝老的传统，普通老人受传统孝道文化和家庭观念的影响，主要选择居家养老，只有在家庭不具备养老功能的情况下，才会选择去养老机构生活。中国长期以来形成的家庭养老模式，让赡养老人成为子女不可推卸的责任。这种基于孝道文化伦理的赡养方式，早已根深蒂固于国人的思维之中，以“养儿防老”为主要方式的家庭养老，是中国农村传统养老方式的基本特征，也是当前农村养老的主要方式。农村社会有着强烈的亲缘关系和家庭意识，农村老人多依靠子女养老。经济支持作为养老的基础，一般由子女或其他家庭成员提供。生活上照料和感情上关怀是家庭这一初级群体的内在功能，其他社会群体无法替代。因此，家庭养老是中国农村养老模式的现实选择，也是当前及未来很长一段时间里农村养老的主要方式。

显然，在农村地区，有子女的家庭能为家庭养老提供必要的经济支持和照料，但无子女的老人，一般到敬老院等机构进行集中养老。也有一部分生活能自理的特困供养老人不愿到机构养老，而是接受特困供养的钱物补贴，仍然居家养老。截至2020年11月，全国农村地区已有养老机构2万多家，幸福院、颐养之家等互助养老设施10.8万个，388万城乡“三无”老人被纳入特困供养，实现应养尽养，1335万经济困难老人被纳入农村低保。[②]相比于家庭养老，农村机构养老所占比重较小，但对于农村困境老人而言，机构养老是非常重要的兜底养老方式，如年岁已高的“五保老人”，失去经济来源，生活格外艰难，也因无人照看，精神上承受着孤独的折磨，因此让其进入机构养老并为他们提供基本的养老保障是非常紧迫的。

---

① 银发经济行业数据分析：2020年中国老年人家庭养老占比90% [EB/OL]. 艾媒网，2020-08-01，https://www.iimedia.cn/c1061/73137.html.

② 中国农村地区已有养老机构2万多家 床位194万多张[EB/OL]. 中国新闻网，2020-11-22，http://www.chinanews.com/gn/2020/11-22/9344420.shtml.

“目前(2018年)‘五保’老人不仅每人每月可以领取650元的基本保障金,还有政府补贴的医疗保险、养老保险。每逢节假日,老人们还能领到节日补贴。在和‘五保户’郑大爷聊天的过程中,他提到现在的扶贫政策时,脸上满是满意的笑容。郑大爷提到,前些年因为无儿无女,他一个人生活得很是艰难。不过现在好了,他住进了政府修建的敬老院,每月不仅有钱拿,有专人照看,水电费也不用交,还有专人上门来给他体检、送药。他不用担心自己的身体,还能和同住在敬老院的老伙计聊聊天,日子别提过得有多美了。当然,郑大爷不是唯一享受政策福利的幸运儿,几乎所有经历风霜的老人对现有的政策都满怀感激。”(调研员-CQ-01)

(二)农村养老保险制度实现全覆盖,但保障水平还比较低

2009年新型农村社会养老保险(新农保)开始试点,2011年城镇居民社会养老保险(城居保)开始试点。2012年,国务院在全国所有区县实施新农保和城居保制度全覆盖计划,符合条件的老年人领取养老金。《中国老龄事业发展报告(2013)》的数据显示,截至2012年12月末,全国所有县级行政区全部开展新农保和城居保的覆盖工作,两大养老保险实现了在制度上的全覆盖。2014年《国务院关于建立统一的城乡居民基本养老保险制度的意见》提出,将新农保和城居保两项制度合并实施,在全国范围内建立统一的城乡居民基本养老保险,并要求“十二五”末在全国基本实现新农保和城居保制度合并实施,并与职工基本养老保险制度相衔接。至此,城乡居民养老保险制度并轨,城乡居民享受制度上无差别、水平大致相当的养老保障,在制度模式、筹资方式、待遇支付等方面将实现无差距对接。2021年2月发布的《中华人民共和国2020年国民经济和社会发展统计公报》显示,截至2020年12月末,我国城镇职工基本养老保险参保人数达45638万人,城乡居民基本养老保险参保人数达54244万人,基本实现了养老保险全覆盖。

2014年,国家统合新农村养老保险和城镇居民养老保险时规定,已经年满60周岁的老人可以不用缴费,直接领取基础养老金。另外,很多

地方也出台了一系列帮扶措施，为没有能力缴纳养老保险的适龄群体资助缴纳养老保险。这些举措进一步提升了养老保险的覆盖率。然而从缴纳水平来看，农村居民缴纳标准多为最低档的100元，虽然后来逐步提高最低档缴费标准，但到目前为止多数地区把最低档缴费标准定在100~300元，而农村居民往往选择最低档次缴纳养老保险。从养老保险的领取待遇来看，城乡居民养老保险待遇普遍较低。农村老人的养老待遇就更低了，新型农村养老保险试点开始时，大多在每人每月55元左右，这从制度上解决了城乡居民养老保险从无到有的问题。在此后的几年里，农村居民养老保险待遇仍然偏低，主要是因为领取养老金的人员中很大一部分是未缴费人员，没有个人账户积累，基础养老金地方补贴额度偏低。农村老人每月不足百元的养老金，难以发挥基本的生活兜底作用，农村贫困老人的养老问题成为一个大问题。

（三）农村养老服务“保基本、兜底线”的制度功能被反复强调

养老是非常重要的民生问题，在政府“保基本、兜底线”的基础上，应加快发展养老服务业，从而满足老年人多层次需求，提高老年人的生活质量。早在2011年《国务院办公厅关于印发社会养老服务体系建设规划（2011—2015年）的通知》中就明确提出，社会养老服务体系建设应以居家为基础、社区为依托、机构为支撑，着眼于老年人的实际需求，优先保障孤老优抚对象及低收入的高龄、独居、失能等困难老年人，兼顾全体老年人。我国养老面临人口老龄化快速、未富先老、未备先老、空巢、高龄少子等状况，着力构建“保基本、兜底线、促公平”的养老保障体系是加强普惠性、兜底性、基础性民生建设的重要体现。从最近十年的养老保障建设进程来看，养老服务“保基本、兜底线”的制度功能定位被反复强调，坚持“低端有保障、中端有供给、高端有市场”原则，政府坚决承担在社会养老服务方面的基本责任。如“全民参保计划”的实施、城乡居民养老保险并轨、特困高龄老人养老服务护理保险的补充等，都彰显着国家“坚持保障和改善老年人民生，逐步增进老年人福祉”的决心。

但在农村庞大的老人群体中，存在数量庞大而经济实力欠佳的群体，

需要通过财政补贴、政府购买服务等多种方式为其提供最基本的兜底性养老服务。因此，政府对养老服务业的责任明确为保基本、兜底线、建机制。其中，保基本，即指保障老年人的基本生活、基本医疗、基本照护；兜底线，即指完善社会保险、社会福利、社会救助等制度和公益慈善事业的有效衔接；建机制，即指建立社会养老服务体系，发挥市场作用，实现政府职能转变，监管、培育、扶持、引导市场。

二、农村养老面临的新形势

伴随着农村青壮劳动力向城镇不断转移，城乡区域间经济社会发展水平始终存在较大差距；受到生育观念转变等的影响，农村生育率同样走低，老龄化进程加速。这进一步表明农村养老面临诸多新形势和新挑战。

（一）农村老龄化速度快于城镇

中国正“跑步”进入老龄化社会，从历次人口普查的数据来看，中国人口老龄化的速度快于预期，而且今后还将持续下去。由于劳动年龄人口外出务工及大规模向城镇流动，农村地区老龄化程度不断加深，其老龄化速度快于城镇。农村老龄化快于城镇有如下几个因素。一是青壮年劳动力的外出务工导致农村空心化，留守在农村的多为老年人、妇女及儿童。二是伴随着新型城镇化进程的加快，城镇就业吸纳越来越多的农村剩余劳动力；公共服务在城市地区聚集，尤其是城市基础教育学位供给能力和水平远高于农村，越来越多的随迁子女、年轻妇女进城，农村空心化更加严重，老年群体多继续留守在农村从事农业生产。三是农村生育率持续走低，新生婴儿数量增速放缓。和城市一样，受生育、养育成本不断提升的影响，农村居民的生育观念也发生了重大转变，生育意愿同样持续走低。四是农村人口寿命延长，使得老年人口的绝对规模不断扩大。

（二）农村家庭结构小型化和空巢化

“七普”数据显示，我国的家庭结构发生明显变化，家庭平均人口数从十年前的3.1人减少至2.62人。同样，农村家庭人口数不断下降，并呈现

“421”“422”的倒金字塔结构，主要原因在于独生子女政策或二孩政策在农村地区的长期实施，使得每对新婚夫妇仅能生育1个小孩或2个小孩。虽然有的农村家庭为生育男孩，生了三孩及以上，但总体而言，从20世纪末期计划生育的政策实施程度来看，绝大多数家庭所能生育的小孩数是1个或者2个（当时很多农村地区规定，如果第一个孩子是男孩，就不能再孕育；如果第一个孩子是女孩，就允许再孕育一胎）。这跟以往相比，农村生育率明显降低，那么必然使得家庭结构趋向小型化。另外，农村劳动力尤其是青壮年劳动力向城镇转移，造成家庭核心成员缺失，老人留守在家，也使得农村家庭结构渐趋小型化。伴随着我国家庭的少子化趋势，家庭养老功能会不断被削弱而出现更多的独居家庭、空巢家庭等风险型家庭。（陆杰华，2018）这些家庭大多呈现“倒金字塔”式的家庭结构，并且多数家庭存在高龄老人，家庭养老负担加重。

（三）部分公立养老机构养老保障条件跟不上时代

农村公立养老机构指由政府财政出资的养老院、敬老院，是为老年人提供养老服务的社会福利事业组织，收养对象主要是特困供养人员，资金主要靠县级财政拨付、村统筹和社会捐助。但是县级财政资金紧张，使得投入养老院的资金和人力较少，这些养老机构设施设备陈旧，服务落后。很多农村养老院建于20世纪八九十年代，普遍存在房屋老旧、设施落后、安全隐患突出等问题，难以提供照料护理、医疗康复、精神慰藉等服务。农村经济社会发展水平和人民生活水平不断提升，但农村养老机构的养老条件并未随之提升，使得很多特困供养老人因养老机构条件不佳而不愿意到养老院、敬老院养老。当他们高龄或生病时，却没有其他相应的照料措施，就可能出现病无所医、老无所养的现象。

（四）家庭养老功能不断弱化

虽然当前农村养老主要依赖家庭，但受到很多因素的影响，家庭养老功能在不断弱化。一是受到计划生育的影响，使得家庭人口总体呈下降趋势，家庭结构呈现“倒金字塔”式，年轻人赡养老人的负担不断加重。二是农村青壮年劳动力外出务工增多，务工收入成为农村家庭比较稳定的收入来源，以往依靠土地收入的家庭养老功能逐步减弱。三是随着农村收入水平和收入支配能力的不断提升，多数农村家庭在住房、教育、生活等各方面得到明显改善，很多家庭已经有条件购买社会化养老服务和缴纳养老保险，开始寻求社会化养老、市场化养老方式，不再单纯依靠家庭养老。四是随着生活方式和生育观念的改变，“养儿防老”、依靠子女养老等意识在逐渐淡薄，农村地区出现了少部分年轻子女因为种种原因拒绝赡养老人的现象。一方面存在比较严重的代际矛盾冲突，老人和子女过往在观念、经济、家产分割等方面存在难以调和的矛盾；另一方面是农村孝道文化被破坏，部分子女缺乏孝心，拒绝赡养老人。

（五）普通家庭的养老问题凸显

在过去的很长一段时间里，农村养老服务是在农村特困人员供养政策框架下，以集中供养或分散供养形式对特定的“三无”“五保”老人提供基本的货币补贴、福利服务，而普通家庭的养老问题并未正式进入政策视野。（韩沛锟、程瑶瑶，2021）如对于普通家庭当中的高龄、独居、空巢、失能、失智和经济困难等脆弱老年群体的关注特别少，针对其他农村老年人的养老服务几乎为空白，养老服务资源供给与农村养老服务需求不平衡的问题日益突出，农村养老服务资源严重不足。相比城市，农村养老服务基础条件相对落后，且农村老年群体支付能力较弱。因此，当家庭养老失灵时，农村普通家庭老人的养老将十分困难。

（六）农村老人的基本生活照料和精神关爱存在巨大困难

老人随着年龄的增长，生活自理能力下降，需要基本生活照料的可能性就大大增加。除基本的养老经济支持和生活照料之外，农村老人也需要精神关爱。但是家庭小型化、空巢化和快速城镇化，农村留守老人增多，成年子女外出务工与老人日常生活分离，家庭养老保障能力弱化，导致对老人的精神关爱不足、老人与家庭成员的情感交流不够。因此，农村老人的基本生活照料、精神关爱等问题越来越成为普遍性的问题。大部分农村公共服务体系建设还很不完善，针对老年人的精神关爱服务缺失，农村老人的文化生活往往十分单一，社会对他们的关爱程度有待提高。

第三节　农村养老困境

伴随着农村人口老龄化程度的急剧加速，养老问题成为农村家庭非常现实的难题。家庭虽然承担着主要的养老功能，但也受到各种因素影响导致家庭养老功能弱化。尤其是跟城市相比，农村养老供给欠账更多，老年人健康状况不佳，空巢家庭增多，农村社会养老保障制度尚不完善，为老服务发展严重滞后，家庭养老功能弱化等问题突出。（陆杰华、沙迪，2019）受农村经济社会发展水平的限制，农村家庭经济积累不足，很大一部分老人处于比较贫困的状态，加之农村养老服务体系建设滞后，农村养老保险的内在需求和缴纳能力之矛盾非常突出。农村社会养老保险制度长期未得到重视，社会化养老保障水平还比较低。

（一）传统孝道文化受到严重冲击

传统孝道文化是在数千年的发展中沉淀下来的文化精华。“今之孝者，是谓能养。至于犬马，皆能有养；不敬，何以别乎？”中华民族素以重视家庭和尊重长辈著称，传统孝道文化成为农村家庭养老的基础。但是，随着乡村经济基础的转变，社会结构的剧变，人们的生活习惯、方式发生了巨大的变化。在各种观念的冲击下，人们的家庭观念等都在不断更新、蜕变，在追求现代生活方式过程中，产生了对小家庭的偏好和对大家庭的淡漠，农村传统的养老、敬老等孝道文化受到了效益主义、拜金主义、个人主义以及消费主义等价值观的严重冲击，出现有些人拒绝赡养父母，甚至虐待、遗弃老年人的现象，对重病、高龄老人不管不顾，婆媳关系不和、代际矛盾突出等使得部分困境老人的生活十分凄惨。作者在武陵山地区农村进行调研时,发现有一户家庭的子女对80多岁的老父母不管不顾。老夫妻住在矮破小的老房子里,子女住新房。老人意外摔伤后生活难以自理,子女就住在不足30米远的地方却对老人不闻不问。老人只好自己煮饭吃,吃的是陈年米,米饭发黄。因种不了菜,老人平时吃饭就没有菜,只有米饭,每天吃两顿。问及原因,其儿子认为父母没有帮衬他,所以不愿意赡养父母。

"印象最深的是一位老奶奶,她有一儿一女,但是没有人管她。她和儿媳妇生活在一起,采访的时候她一直在忙着收破烂,一个小三轮车装得满满当当的,全是什么废纸箱、饮料瓶之类的。她说儿女、媳妇都指望不上,就孙子有时候会过来看看。她一身都是病,村长看不下去,就把名额给她了。"(调研员-YN-01)

"有一名89岁瘫痪在床的老人,她有四个女儿,却没有一个能够来照顾。每天的吃喝拉撒都是邻居的大姐在帮忙,女儿们就把钱寄给那位大姐。突然摔倒、突发急病等都会让留守在农村的老人束手无策,卫生所能力有限,可以治疗救助的大医院又太远,只能寻求村民邻居的帮助。"(调研员-HB-01)

以上案例说明,农村地区有些子女未尽到赡养父母的责任,对年老的父母不闻不问,即使年龄很大了,老年人还在劳作;有的生病了,没有生活自理能力了,却没能得到子女应有的照顾。这是对孝道文化的一种违背。有的家庭把老人的问题抛给村委(社区)干部,基层干部难以说服违背孝道的村民时,只能给予老人低保或其他的一些照顾,以确保老人有基本的生存保障。

(二)农村困境老人养老问题凸显

农村困境老人,主要指空巢、独居老人,患病、生活不能自理的老人以及家庭经济条件差的老人。所谓困境:一是生活处境困境,如空巢老人、独居老人，他们一旦生病或出现意外，基本生活、日常照料等将面临巨大困难；二是生活能力困境，包括患病、残疾、过于年老等生活不能自理，亟待经济和生活照料；三是家庭经济困境，家庭经济条件较差，难以保障基本生活；四是子女困境，子女未尽到赡养责任。

"这一户只有三个人，四十岁的光棍儿子和已经70多岁的父母，他们家吃低保的只有儿子一个。儿子因为天生聋哑而且有轻微精神疾病，小时候只上过几天的聋哑学校，还不怎么和其他人沟通，平时总是在村里和镇上到处乱逛，一般是下午两点多的时候往外走，晚上很晚的时候才回家，然后吃父母留下的饭菜。这家儿子根本就找不到工作和老婆，也帮不了父母做农活儿，家里的经济来源只有父母做的农活儿的收益、儿子的低保、建档贫困户的资助以及父母的养老金。他的父母表示幸好现在他们都还健在，而且因为当时农村修建铁路，父亲有征地社保，现在每个月能有一千多的养老金，还能照顾儿子，不用担心他不能很好地生活或缺钱用，但是父母很担心今后儿子独自生活的日子，很怕他不会照顾自己，也没有其他人照顾他，他们很希望政府能照顾好自己家的孩子。"（调研员-CQ-02）

"张奶奶左腿有严重的疾患，是去年干活儿不小心摔的，靠拐杖能勉强走路。现在，她和一个读小学五年级的孙子（小王）住在一起。张奶奶的丈夫去年过完年后因病去世了。张奶奶有四个儿子，但是除了最小的那个，即小王的父亲偶尔会回家看看她以外，其余的几个几年回一次家。张奶奶平时能勉强用拐杖走路，自己做饭，但是大部分时间都是靠她的小孙子来照顾她，生活非常艰苦。小王的父亲是一个司机，开一辆面包车以拉客维生。他有四个儿子，三个大的已经成年，都在外面打工，但是也没找到什么钱，最小的这个儿子（小王）因还在上学，就跟着张奶奶生活。小王的父亲几年前与妻子离婚，四个孩子都跟着他，但是由于他欠了二十多万的债，生活也非常困难，被纳入精准扶贫户。他与张奶奶虽然在同一个村，但是并没有住在一处。

"走进张奶奶家里，首先映入眼帘的就是那面用布做的墙，还透着光。

墙的旁边就是张奶奶的床和小王的床，小王的床只是简单地铺在一个大柜子上。这间屋子里还有灶头。这间屋子不仅是卧室，还是客厅和厨房。据张奶奶介绍，同村的一个很好的大叔，有时间就会来帮张奶奶做一些家务。张奶奶既未被纳入建档立卡贫困户，也非低保户。她说曾经吃过一段时间的低保，但是后面被退出了。原因是她儿子有一辆车，所以条件不符合。

“张奶奶每个月有69元的养老金(当地标准是70元)。她说养老金是打到卡上的，但是每次去取都要被扣一块钱的手续费。取钱的地方在集市上，距离张奶奶住的地方有两个小时的路程，以前赶集张奶奶都会背点自己种的菜去卖，然后去取钱，但是现在腿摔了后，自己不能种庄稼了，也不能去集市，取钱都是委托别人。张奶奶还说她的腿会经常疼。能看出，张奶奶是一位很要强的女性，能看出她眼里的酸楚和无奈。我问她有没有再次去申请低保，她告诉我有，但是都没有通过，所以放弃了。对于这件事，张奶奶的朋友表示非常不满。张奶奶是应该拿低保金的人，周围的人也都知道张奶奶生活得非常不容易，大叔也和村干部说过几次，但都以她儿子有车为理由推掉了，后面也就没有再去说了。”(调研员-GX-01)

(三)家庭养老失灵时农村老人养老存在巨大困境

家庭养老是当前农村在经济发展水平不高、社会化养老保障体系不健全情况下的必然选择。农村老人进行家庭养老，须具备一些基本的条件，如有子女，并且子女能够提供经济资助和日常照料，同时老人生活能够自理等。当这些家庭养老的基本条件失灵时，农村老人进行家庭养老将遭遇巨大困境。

“这一户现在只有两位老人生活在一起，女主人65岁，男主人69岁。其实本来是幸福美满的家庭，一儿一女都已经结婚生子。之前儿子和儿媳、孙子都和老人们生活在一起，但是2016年的时候儿子在外被酒驾的司机撞死，给整个家庭带来了很大的伤痛。然后孙子上了中学，回家的时间越来越少，更多的时候也是去儿媳工作的地方，家里突然就冷清了下来。两位老人,尤其是女主人经常想起儿子就会很痛苦。两位老人的经济来源真的很少,女儿和儿媳给不了多少赡养费,孙子回家的费用或生活费都是两位老人出。两位老人的收入只有养老金和农业经营收入,基本上只能勉强维持生活,也没什么存款。两位老人真的很舍不得花钱,舍不得吃好的,也不舍得买新衣服。幸好现在两位老人没有生大病。两位老人很不想给女儿或儿媳造成负担,因为她们还有孩子需要养育,所以老人就想吃低保或者成为建档立卡贫困户,但是和政府的工作人员说了很多遍也没有成功。他们觉得很伤心,觉得低保和贫困户的认定不是很公平,无法给贫困的人家。但其实两位老人也很理解政府工作人员,吃不到也没有抱怨太多。”(调研员-CQ-03)

“这一家是老爷爷、老奶奶和孙子住在一起,儿子在外面躲债,生死未卜,儿媳在外地打工,寒暑假会回家把孙子接走。他们家除了自己住的房子外还有几间房子可以租出去,所以每月还有点收入,但是老人家身体并不好,可能也跟担心、想念儿子有关。老爷爷说去年自己一下子病倒了,差点没缓过来。现在留下了一些后遗症,之前干的活儿现在也都干不动了,所以才领了低保。”(调研员-CQ-04)

“老人带着孙子、孙女生活,儿媳跟别人跑了,儿子今年意外去世。如今老人务农抚养孙子孙女上学,还好儿子在世时盖起了新房,不然这家人恐怕难以生活。”(调研员-YN-02)

“一家3口,被访者为老人,虽无大病,却是家中唯一的劳动力。老人靠农业生产养一家3口。儿子因妻子与人私奔,精神出现问题,医治无效,现在只知道吃和睡。老人有1个孙子和1个孙女。孙女辍学后嫁到外地,不管家里;孙子去年辍学,仅15岁,到处闲逛,无工作。”(调研员-YN-03)

以上几个案例反映了农村老人家庭养老基本条件的失灵,即子女自身难保,无法为年迈的父母养老;或者是因为意外,年轻子女过世;或因其他原因导致子女丧失赡养父母的能力。这些都可能导致老人陷入养老困境。

（四）农村社会化养老保障水平还很低

经过过去多年的努力，虽然农村地区基本实现了养老保险在制度上的全覆盖，但社会化养老保障水平还很低，不能完全保障老人安度晚年。一是因农村在过去的很长一段时间里，并没有实行养老保险制度，很多老人之前没有缴纳养老保险。对于年满60周岁的农村居民，各地会给予每个月几十元到一百多元的养老金，但这一保障水平根本无法保证老人的基本生活。二是从当前农村居民缴纳养老保险的标准来看，也多停留在比较低的缴纳档次上，按照“多缴多得”的原则，可想而知以后能获得的养老金也不会太高。

“养老金是60岁以上每人每月95元，70岁以上每人每月105元。”（调研员-CQ-05）

“有这样一对70多岁的老年夫妇，无子女，前几年妻子得了重病，幸好有同族的孙辈照料才得以康复出院。后来问起此事，问他们是否打算到乡里的养老院，夫妇俩都极其不愿意。说养老就是夫妻相互照顾，如果一方先去世了，另一方也不打算继续活。归其原因，一方面是乡镇养老机构的名声不好，没能给予老人比较好的保障；另一方面是养老观念的问题，居家养老、家庭养老的观念占据主流。”（调研员-JX-01）

机构养老存在基础差、底子薄、资源不足等问题。乡镇有养老机构，即养老院、敬老院，但规模小，运营经费十分紧张，资源供给严重不足。这也导致养老服务设施差、服务功能不全、居住拥挤、供养水平低等问题。因此，即使是“五保”老人，也有很多并不情愿进入养老院、敬老院，除非实在是完全失去生活自理能力，才会选择到这些机构进行养老。

（五）农村养老兜底保障还很不健全

对于农村困境老人，能否安度晚年、老有所依，还在于基本生活、医疗健康、生活照料等方面有没有兜底保障。当前，农村在养老方面比较成熟的兜底保障政策主要有低保、医疗救助、残疾人照料补贴等。其中低保是实施时间最长、制度最成熟、覆盖面最广的兜底救助政策。但从调查中发现，农村低保受助群体有所减少，主要是受到脱贫摘帽政策的影响。很多基层干部错误地认为，脱贫摘帽就需要减少低保指标，使得部分贫困者被迫退出。

“被访者家中为两老人生活，与子女分开立户，分开居住。女主人病重多年，无任何劳动能力，主要病症为：慢性肺源性心脏病、肺气肿、慢性喘息性支气管炎、类风湿性关节炎。男主人以前养羊，为医病卖羊后又花光所有积蓄。老人因与儿子关系不好，到如今两个儿子仅仅支付过13000元医疗费用，老人（男）每天省吃俭用，每天都要到医院照顾老伴。他们如今生活困难，但今年被强行退保，退保原因为儿女有车有房。”（调研员-YN-04）

“因为当地政府工作人员没有一个是本地的，所以他们也不太关心或不了解，需要低保的家庭都被强制退出，他们也不知道为什么。村干部没权管低保的事，村民都以为我是上面的人都找我要低保，我也只好跟乡长说一下情况，但是并没有用。”（调研员-XZ-011）

低保等兜底保障政策的不完善，必然会导致一部分困境家庭的养老成为巨大问题。同时，公立养老机构是最后的“安全网”，为“五保”老人及其他特殊困境老人提供兜底性养老保障。但发现当前很多农村的养老院保障水平低，其服务内容仅限于吃、住等简单的生活照料，在医疗服务、精神慰藉、休闲娱乐等方面还比较欠缺；敬老院的工作人员多数文化水平不高，没有专业技能，导致提供的服务十分单一且服务质量不高。针对农村老人养老的兜底性政策体系尚未建构起来。

第四节 完善农村养老兜底保障体系的主要路径

农村社会面临的以上养老困境，除需要推进政府、家庭、社会等主体通力合作，构建完善的养老保障体系外，更重要的是需要在农村地区加快建设兜底性养老保障体系。家庭是农村养老的主体，为兜底养老起着“定海神针”的作用；政府是养老兜底的主体，是家庭养老失灵和社会养老失灵的有力保障；社会是有益补充。政府从兜底的视角，加强普惠性、兜底性、基础性养老保障建设，构建完善的多层次养老兜底保障体系，涵盖基本养老经济支持、基本生活照料、基本医疗保障、基本精神关爱等，确保农村困境老人基本生活有保障，医疗问题有保障，生活照料和精神关爱有保障。

（一）充分发挥政府农村养老保基本兜底线的作用

无论是家庭养老，机构养老，还是其他方式的养老，在当前及未来，都需要政府履行保基本、兜底线的责任，做好兜底的职责，加大对养老的投入力度，加快形成以家庭赡养为基础、以养老机构和互助幸福院为依托、以农村老年协会参与、以乡镇敬老院托底的普惠型养老服务供给格局。一是充分利用乡村振兴战略的全面推进，在农村加快构建全民覆盖、普惠共享、城乡一体的基本公共服务体系，改善农村老年人生活环境，推进老年人聚居的农村社区加快适老化改造，加强养老医疗资源和养老服务供给、公共文化体育设施建设，加大地方财政对农村老年人文体娱乐活动的支持力度，不断提高农村养老基本公共服务供给水平。二是进一步提升农村公办养老机构的设施水平、服务水平，为无收入、无劳动能力、无赡养人、失能、半失能等生活困难老年人提供无偿或低收费的供养、护理服务，着力保障困境老人养老，确保人人享有基本养老服务和养老保障，兜牢农村养老底线；提升公立养老机构的建设和管理水平，加大公建民营、民建公助的资助力度。三是探索为农村老人提供关爱服务，针对孤寡老人、高龄老人、残疾老人等，解决其心理、安全等问题；充分发挥农村社会工作在兜底养老服务中的作用，完善农村养老服务日间照料功能，探索开展公益紧急联络人制度、"呼叫救助"等公益服务，完善应急处置和评估帮扶机制。四是充分发挥社会力量作用，着力解决社会资本参与农村养老服务业发展面临的设施用地、金融支持、税费优惠、人才培养等方面的实际困难。

（二）继续巩固家庭养老的基础性作用

家庭养老功能的弱化并不意味着其可被完全替代，在当前及未来很长一段时间里，家庭养老都仍将是农村养老不可或缺的重要方式。但需要考虑到因青壮年外出务工、家庭结构小型化等因素的影响导致家庭养老被一定程度弱化的现状。同时，现阶段在我国农村经济社会发展水平不高、国家财力还难以完全支撑社会化养老、社会福利事业基础较弱、社会保障还不完善的情况下，必须继续巩固家庭养老的基础性作用，发挥好家庭在赡养老人方面的作用。一是大力弘扬孝赡的传统美德。积极营造尊老、敬老、爱老的浓厚氛围，塑造尊重、关心、帮助老年人的社会风尚，形成以善待老人为荣、以漠视老人为耻的淳朴乡风。如采取多种形式推进孝道文化进农村、进家庭，开展"敬老月""五好家庭"和"好媳妇"等评比活动；切实增强农村青壮年人群的自觉尽孝意识，使孝敬老人成为每个人的浓厚观念和自觉行为。二是夯实家庭养老的经济基础，切实推进农村家庭持续增收。综合运用农业供给侧结构性改革、务工经济、农村农业职业教育等多种手段，提高农业产业化水平，创造和提供更多的农村就业岗位，推进农村劳动力回流并实现本地就业，加快发展壮大农村集体经济，确保农村家庭持续增收。可利用全面推进乡村振兴战略的机遇，加快农业农村现代化，大力发展乡村旅游、绿色农业，持续提升农民家庭整体收入水平。三是加强家庭养老护理技能培训。向农村家庭提供基本的养老照料技能、康复训练、代际交流技巧等方面的培训教育，同时应注重精神慰藉、心理疏导、人文关怀、紧急救助等技能培训，增强家庭内部的慰藉功能，形成多方参与、形式多样、内容丰富的农村养老关爱服务体系。

(三)积极发挥传统土地养老的实际功效

土地收益是农村老人的生存所系、生命之源,也是获取收益的主要渠道。因储蓄有限,养老金制度建立较晚且保障水平较低,具备劳动能力的农村老人利用土地资源进行劳作获取生存的主要资料,起到了"隐形社会保障"的作用。因此,应进一步发挥土地养老的功效,通过农业产业现代化,让农村老人分享土地增值、集体经济增长的成果,满足农村老人迫在眉睫的养老需求。一是加强农业机械化服务的供给,如通过小型农机的公共服务,帮助解决农田种植当中的重活儿、苦活儿、累活儿,减轻农民因体力下降、劳动能力减退所形成的劳动负担。二是进一步盘活农村土地资源,提升土地收益增值空间,通过壮大集体经济为村民提供更多普惠型的经济保障、公共服务保障。如加快推进"三变改革"(资源变股权、资金变股金、农民变股民),推进农民自愿以土地(林地)承包经营权、林木所有权、集体资产股权、住房财产权(包括宅基使用权),以及自有生产经营设施、资金、技术、劳动力、无形资产等各种生产要素,通过协商或评估折价后,投资入股经营主体,享有股份权利,拓宽农民的增收渠道,为老有所养奠定经济基础。同时,有些地方也探索了"以地养老"的方式,即农民通过退出宅基地或承包地,在考虑未来土地增值因素后确定补偿资金,由政府分期支付,农村居民在世期间宅基地和地上房屋仍然归其使用,去世后由政府收回。这一政策使得农民享受到了土地增值收益,同时也使政府储备了更多土地方便以后开发利用。有些地方对农民的宅基地和承包地给予一次性的经济补偿或帮助农民购买养老保险。当然,这些政策存在一定的争议性。

(四)加快推进农村居家养老服务

依托农村社区、政府和社会力量兴办相关的养老服务机构,为居家的老年人提供生活照料、康复护理和精神慰藉等方面的服务,对传统家庭养老模式进行有效补充。建立农村居家养老服务制度,是解决家庭养老功能弱化问题、打通农村养老服务"最后一公里"的重要举措,也是保障农村低收入老人老有所依、老有所养、创新"离家不离村、离亲不离情"养老模式的重要路径。一是加快农村居家养老服务设施建设步伐，盘活农村闲置资源进行适老化改造。如在人口集聚的地方，充分利用闲置的农家大院、房屋，建设日间照料中心、托老所、老年活动站等。二是积极探索农村互助养老新模式。依托村民自治和集体经济，通过邻里互助、亲友相助、志愿服务等模式和举办农村幸福院、养老大院等方式，探索“村级主办、互助服务、群众参与、政府支持”的互助养老模式，大力发展农村互助养老服务，有效满足农村老年人居家养老的需要。三是多元化供给居家养老服务，满足困境老人在衣食住行用、文化娱乐、医疗卫生、精神慰藉等方面的养老需求。如建设村级老年食堂，提供送餐服务，提供定期上门看望陪护服务等。

（五）加快提升养老保险的保障水平

养老保险的目的是保障老年人的基本生活需求，为其提供稳定可靠的生活来源，其从制度层面确立了国家财政的资金扶持责任，可以为广大农村老人的养老提供保障，实现“保基本、广覆盖”的基本功效，建立政府、集体和个人的缴费职责，能够最大限度弥补家庭养老功能的缺失，保障农村老人的养老需求，促进种地农民、农民工和失地农民的自由流动。（蒋军成，2017）农村养老保险制度是农村养老兜底保障的根基。伴随着农村居民收入来源渠道的变化，土地收入不再是收入来源的主要渠道，土地也不再是广大农村居民养老的主要保障基础。生产方式的转变、家庭规模的缩小、农村人口流动的加速，在新时期亟待加快健全完善农村社会养老保险制度，提升养老保障水平，进一步夯实养老保险的兜底保障功能，以应对现代化、社会化大生产的发展需求。一是建立养老保险的兜底缴纳制度，落实养老保险制度全覆盖，为生活困难、没有能力缴纳养老保险的贫困家庭成员缴纳一定档次的养老保险。二是在缴纳标准方面，制定科学的缴纳档次，让经济条件较好的家庭可多缴纳，提升未来养老保障水平。将城乡居民养老保险最低档和最高档的标准都提升到一定级别，如当前多数地方的缴纳档次从100元到2000元不等，也有的地区已经把缴纳档次提升到300元到3000元不等。应结合农村居民收入增长速度，进一步提升最高档缴纳标准，让提前富裕起来、有能力缴纳养老保险的农村居民可以有机会多缴。加大政府对不同档次缴纳标准的补贴力度，鼓励有缴费意愿和缴费能力的居民提高缴费水平，形成“多缴多补、长缴多补”的激励机制。三是加快构建多层次社会养老保险体系。基于农村老人经常面临的经济贫困、疾病、失能等主要风险，建立养老保险、医疗保险、护理保险等保险制度，为农村老人提供医疗兜底保障、基本生活照护保障。四是加大对欠发达地区、经济困难的老人养老保险的转移支付力度。因历史原因及自身养老保险给付能力的限制，贫困老人在过往未缴养老保险，或者缴纳养老保险的档次标准很低，现有养老金发放水平难以保障老人的基本生活，应加大资金转移支付力度和补贴力度，让欠发达地区的贫困老人能安享晚年。

（六）深入完善农村老人的社会福利和救助制度

农村社会救助制度是针对农村中无生活来源、丧失工作能力者，生活在贫困线或最低生活标准以下的个人和家庭，一时遭受严重自然灾害和不幸事故者实施的基本生活保障制度。一是健全农村社会救助制度，进一步织密社会保障“安全网”，将符合条件的农村高龄、失能等老人及时纳入最低生活保障范围，优先为困境老人提供基本的养老经济支持。二是加强各项保障制度衔接配合。低保为老人提供基本经济保障，医疗救助提供兜底的医疗保障，福利补贴为困难老人提供稍高水平的生活保障，特困供养主要为“五保”老人提供兜底保障。三是推动各地全面建立养老服务补贴、高龄津贴和护理补贴制度，让生活困难、亟须救助的老年群体得到照护，并根据当地经济社会发展适时提高标准，加快构建起完善的基本养老服务保障体系。

第九章

民族地区"弱有所扶"多层次兜底保障体系建设

第一节　问题提出与文献回顾

西方国家在很早的时候，就从立法的层面保障弱势群体权益，扶助弱势群体摆脱困境，如1601年英国伊丽莎白一世颁布《济贫法》，在法律层面确定了社会救助制度。到20世纪中后期，现代普惠型福利政策在西方国家普遍建立，弱势群体被纳入国家救助范围，从制度层面保障了弱势群体的基本生活，帮助他们摆脱贫困。西方高标准、给付慷慨的福利制度具有直接帮助弱势群体及反贫困的功能，通过现金转移支付的形式解决收入贫困，确保弱势群体能够获得基本的生存条件。但后来随着财政给付能力限制与福利依赖问题越来越严重，政府对福利政策进行改革，更加重视弱势群体的脱贫问题与可持续发展，如推行“工作福利制”，对受助者的福利领取增加工作要求，提供就业培训与文化知识提升机会，以进一步发挥积极福利救助对帮扶弱势群体的作用。西方国家通过完备的福利政策体系保障弱势群体基本生活，越来越多的成果集中于研究如何提升弱势群体的自我发展能力。西方国家帮扶弱势群体的政策改革历程表明，提供救助的目标在于帮助弱势群体摆脱困境，尤其需要提升受助者的可持续发展能力，如通过提供教育培训机会和就业机会等为弱势群体赋能，这远比直接向弱势群体提供现金或物资支持更有效。

国内学术界对民族地区“弱有所扶”保障体系建设进行了诸多探索，在制度与政策体系、现状与问题、对策与建设路径等领域形成了比较丰富的研究成果。

一是关于民族地区精准扶贫、精准脱贫的研究成果逐渐增多。精准扶贫是为了抵消经济减贫效应的下降而必须采取的措施。（汪三贵等，2017）民族地区贫困问题具备贫困的一般性及自身的特殊性，现有研究成果主要关注民族地区贫困成因、反贫困策略及政策效应等。（赵和楠等，2017；莫光辉，2017）

二是关于社会保障、社会救助对弱势群体的帮扶研究。必须科学甄别“弱有所扶”的对象，以满足弱势群体的主导性需求为目标取向，正确构建新时代“弱有所扶”的制度框架，涵盖社会保险制度安排、社会救助制度安排、社会福利制度安排、优抚安置制度安排和慈善事业制度安排等。（陈成文等，2018）城乡低保重点救助因病残、年老体弱、丧失劳动能力以及生存条件恶劣等原因造成生活困难的弱势群体。（王延中等，2015）社会救助的兜底、社会保险的防贫等缓解了民族地区的贫困问题，但仍须不断完善社会保障制度才能有效促进民族地区减贫。（李琼等，2017）托底性最低生活保障制度建设，是实现新时代“弱有所扶”的重要举措，但低保面临着“制度缺失”和“制度扭曲”的现实困境，导致其扶弱效果不尽如人意，须推进低保制度的统筹城乡发展，克服负激励效应，提高保障水平和瞄准率，强化执行监管。（孙嘉悦，2019）“弱有所扶”民生“安全网”建构需要将贫困群体、特殊困难群体、脆弱群体整合吸纳进社会帮扶机制，为破解社会扶助政策体系、资源配置、运行机制碎片化等问题，应将救急救难和激活并重，坚持分类分流的帮扶原则，以便民可及为落脚点，提升“弱有所扶”民生“安全网”的整合治理能力。（康镇，2020）要补齐“弱有所扶”这一民生“短板”，就必须加强针对弱者的社会保障体系建设，特别是要加强其中的社会救助体系建设，改革传统型社会救助供给模式，构建政府、市场与社会三大主体协同合作的社会救助供给新模式。（陈成文、陈建平，2019）

很多研究认为，社会救助制度体系还不健全，制度缺乏规范性、全面性，救助管理薄弱，资金投入不足。（关信平，2014；兰剑、慈勤英，2015）刘七军等（2017）认为，民族地区缺乏有效社会救助制度对支出型贫困家庭的支持，需要采取积极主动的救助方式，逐步构建分级救助体系。林闽钢（2018）认为，“弱有所扶”的提出，将扩大保障和改善民生的范围，有必要建立弱势群体激活的政策体系，全面开展多维贫困的监测和干预。

也有学者从比较分析的视角，总结归纳不同国家和地区“弱有所扶”的经验。如左停、金菁（2018）的研究，通过梳理多国针对脆弱群体的社会政策发现，国际上“弱有所扶”的社会政策设计涵盖帮扶条件、给付方式、帮扶对象、实施载体以及对象瞄准路径五个维度，多区分不同类型的脆弱群体。刘祖云（2018）的研究指出，香港与内地社会的“弱有所扶”在主体多元化程度、形式多样化程度、活动机制化和人性化程度方面均存在不同，我国内地“弱有所扶”的目标定位是在协力实现共享发展成果的基础上努力提高其共享程度，在扶持弱势群体方面体现在优先帮扶其摆脱生存型贫困上。

三是对特定领域或特定群体的“弱有所扶”现状、困境与对策进行研究。如慈善事业是实现新时代“弱有所扶”的重要力量，必须积极推进慈善体制改革，加强监督管理，推进政策赋能，促进慈善组织的持续发展，提高慈善组织的专业化水平，健全运行机制，保障慈善组织的扶弱效果。（陈成文等，2020）许巧仙、詹鹏（2018）通过实证研究指出，当前残疾人受教育状况仍然呈现结构性困境，残疾人整体平均受教育水平远低于全国人口平均水平，农村残疾人远低于城镇残疾人受教育水平，因此需要坚持“弱有所扶”理念，完善残疾人教育支持保障体系，进一步优化残疾人教育服务供给结构和供给机制。吴军民等（2019）的研究认为，在当前新型城镇化运动中，弱势人群公共服务资源配置仍难以摆脱二元化、区隔化的影响，改变这一空间分割格局的关键在于彻底剥离附着于户籍制度上的福利，促进弱势群体的生计救助、生计保护向整体社会权利发展。关于心理救助，卢俊（2019）认为，实现新时代“弱有所扶”的战略目标必须走出传统认识误区，走出“契合度偏差”的实践困境，必须明确行动目标取向，培育心理救助专业组织，提升心理救助专业服务水平，扭转心理救助人才培养方向，健全心理救助运行机制。关于住房保障，陈成文、黄利平（2019）认为其是实现新时代“弱有所扶”的助推器，只有积极扩展住房保障的制度空间，才能从根本上保障“居者有其屋”。这就需要强化动态监管，落实政府主体责任，构建多元参与机制。

党和国家高度重视和关心弱势群体，对贫困农民、农民工、被征地农民、就业困难人员和城乡残疾人、年老孤寡等弱势群体，通过精准扶贫、社会保障与社会救助等一系列政策进行帮扶，初步建成了“弱有所扶”的政策体系。

我国已经初步形成了包括扶贫开发、社会保障、社会救助、社会力量参与等扶持弱势群体的政策体系，学术界加强了对各项扶持政策的研究，但关于民族地区“弱有所扶”保障体系的研究成果还很缺乏。本章通过对武陵山地区贫困农户进行抽样调查，分析民族地区贫困农户的贫困现状，以及“弱有所扶”民生建设存在的突出问题，并据此提出如何加快民族地区构建“弱有所扶”多层次兜底保障体系。

第二节　民族地区贫困人口的贫困现状分析①

武陵山地区跨贵州、重庆、湖南、湖北四省市，集革命老区、民族地区和贫困地区于一体，区域内少数民族聚集多、贫困人口分布广。作为多年以来的国家级贫困县，X县地处武陵山腹地，地形封闭，以小农产业为主，交通不便，由于历史原因和地理条件的限制，经济社会还处于比较落后的状态，区域性贫困与连片特困明显，贫困发生率和返贫率高，贫困面仍较大。X县辖区内聚居了土家族、苗族等18个少数民族，少数民族人口占全县总人口的85%。在2018年9月，项目组对武陵山地区的X县16个民族村庄进行抽样调查，调查对象为贫困农户，包括建档立卡贫困户和低保户，以及已经退出低保或建档立卡但仍然认为自身比较贫困的农户。按照“乡镇—村—家户—个人”的层次，分阶段抽样确定调查对象。从X县下辖5个镇、5个乡中随机抽取4个镇，每个镇随机抽取4个村，到村后在低保名单、近三年建档立卡贫困户名单中再抽样。在每个村提供的贫困户名单中按30%的比例随机抽取入户名单，共收集417份有效问卷，同时对部分典型贫困户和当地参与扶贫工作的乡镇干部、村干部进行了深度访谈。X县深处武陵山腹地，远离大城市、大市场，总体经济发展水平还很低，处于贫困状态的人口还比较多。对贫困农户的人力与社会资本、家庭收入等进行研究，分析了民族地区贫困现状。

① 原文在《云南民族大学学报（哲学社会科学版）》2019年第2期刊发，本章在原文基础上有适当增减。

一、贫困户人力资本严重匮乏，社会资本存量低

从调查地区被访者及家庭成员的受教育程度、健康状况来看，当地贫困农户人力资本处于极度匮乏的状态。从受教育程度来看（表9-1），被访者多未接受过任何教育（文盲），或只接受过小学教育。其中，未接受过任何教育的被访者占比高达49.7%，受教育程度是小学的占比为33.1%。另外，从贫困农户家庭成员的受教育程度来看（表9-2），家庭成员中具有初中学历的贫困农户仅占38.1%，其中多数家庭仅有1名初中学历者；家庭成员中具有高中学历的仅占8.0%；家庭成员中具有大专及以上学历的更是少之又少，在417户家庭中仅有21户家庭。这些说明贫困农户家庭的总体教育水平非常低，支撑人力资本的教育资源极度匮乏。从健康状况来看，被访者多处于不健康状态，占比高达84.1%，其中很不健康的占比为38.8%。另外也发现，民族地区贫困农户社会资本存量低，以血缘、亲缘为纽带组建的人际关系网络活动半径小，贫困农户经常来往的亲朋好友不多，并且这些亲朋好友主要也是贫困户。调查发现有402户贫困家庭，其亲朋好友皆为农民，或在城镇经商，无一经济条件较好的。这可以发现，贫困农户的人力资本严重匮乏，社会资本存量低，对其脱贫或发展的支持力度较小，通过社会资本获得就业机会、取得经济收入的机会都非常少。

表9-1　被访者本人受教育程度与身体健康状况统计表

<table>
<tr><th colspan="2" rowspan="2"></th><th colspan="5">被访者受教育程度</th><th colspan="2">合计</th></tr>
<tr><th>文盲</th><th>小学</th><th>初中</th><th>高中</th><th>本科及以上</th><th>计数</th><th>比例</th></tr>
<tr><td rowspan="8">身体健康状况</td><td rowspan="2">健康</td><td>27</td><td>24</td><td>9</td><td>3</td><td>3</td><td>66</td><td rowspan="2">15.9%</td></tr>
<tr><td>40.9%</td><td>36.4%</td><td>13.7%</td><td>4.5%</td><td>4.5%</td><td>100.0%</td></tr>
<tr><td rowspan="2">不太健康，经常生病</td><td>108</td><td>60</td><td>15</td><td>6</td><td>0</td><td>189</td><td rowspan="2">45.3%</td></tr>
<tr><td>57.2%</td><td>31.7%</td><td>7.9%</td><td>3.2%</td><td>0.0%</td><td>100.0%</td></tr>
<tr><td rowspan="2">很不健康，但生活能自理</td><td>39</td><td>42</td><td>24</td><td>6</td><td>0</td><td>111</td><td rowspan="2">26.6%</td></tr>
<tr><td>35.1%</td><td>37.9%</td><td>21.6%</td><td>5.4%</td><td>0.0%</td><td>100.0%</td></tr>
<tr><td rowspan="2">很不健康，生活不能自理</td><td>33</td><td>12</td><td>0</td><td>6</td><td>0</td><td>51</td><td rowspan="2">12.2%</td></tr>
<tr><td>64.7%</td><td>23.5%</td><td>0.0%</td><td>11.8%</td><td>0.0%</td><td>100.0%</td></tr>
</table>

续表

		被访者受教育程度					合计	
		文盲	小学	初中	高中	本科及以上	计数	比例
合计	计数	207	138	48	21	3	417	100%
	比例	49.7%	33.1%	11.5%	5.0%	0.7%	100.0%	

注：*N*=417

表9-2　被访家庭所有成员受教育情况统计表

	家庭成员中具有该教育水平的人数					合计
	0	1	2	3	4	—
家庭成员中具有初中学历者有几人	258	84	45	21	9	417
	61.9%	20.1%	10.8%	5.0%	2.2%	100%
家庭成员中具有高中学历者有几人	384	24	9	—	—	417
	92.0%	5.8%	2.2%	—	—	100%
家庭成员中具有大专及以上学历者有几人	396	21	—	—	—	417
	95.0%	5.0%	—	—	—	100%

注：*N*=417

二、贫困户中病残人口占比较大，重大疾病、慢性病、残疾人口较多

贫困农户家庭成员中属于“病”“残”的人口数量和比例较高，需要扶助的人口比较多。从被访者的身体健全程度来看（表9-3），身体不健全者有234人。其中，一级和二级残疾者占比为38.5%，该类残疾程度的人口基本丧失劳动能力，甚至生活也不能自理。从被访家庭所有成员的健

全程度及残疾状况来看(表9-4),有99户(占23.7%)无身体健全者;153户(占36.7%)有1人轻微残疾,48户(占11.5%)有2人轻微残疾,6户(占1.4%)有3人轻微残疾;135户(占32.4%)有1人严重残疾,6户(占1.4%)有2人严重残疾,6户(占1.4%)有3人严重残疾。这些说明民族地区贫困农户家庭中残疾人口多,需要接受扶持的人口所占比例高。

表9-3 被访者本人身体健全状况与残疾程度统计表

		残疾程度					合计	
		一级残疾	二级残疾	三级残疾	四级残疾	身体轻微残疾	计数	比例
身体健全状况	身体不健全,轻微残疾	3	21	18	33	81	156	66.7%
		1.9%	13.5%	11.5%	21.2%	51.9%	100%	—
	身体很不健全,严重残疾	12	54	12	0	0	78	33.3%
		15.4%	69.2%	15.4%	0.0%	0.0%	100%	—
合计	计数	15	75	30	33	81	234	100%
	比例	6.4%	32.1%	12.8%	14.1%	34.6%	100%	—

注:N=234

表9-4 被访家庭所有成员身体健全状况与残疾程度统计表

	家庭成员中身体健全及残疾程度的人数							合计
	0	1	2	3	4	5	6	—
家庭成员身体健全者有几人	99	90	87	54	45	30	12	417
	23.7%	21.6%	20.9%	12.9%	10.8%	7.2%	2.9%	100%
家庭成员身体轻微残疾者有几人	210	153	48	6	—	—	—	417
	50.4%	36.7%	11.5%	1.4%	—	—	—	100%

续表

	家庭成员中身体健全及残疾程度的人数							合计
	0	1	2	3	4	5	6	—
家庭成员身体严重残疾者有几人	270	135	6	6	—	—	—	417
	64.8%	32.4%	1.4%	1.4%	—	—	—	100%

注：*N*=417

三、贫困户家庭成员处于整体亚健康状态，老弱人口多

从被访家庭所有成员身体健康状况来看（表9-5），150户（占36.0%）无处于健康状况的家庭成员。201户（占48.2%）有1名不太健康的家庭成员；93户（占22.3%）有2名不太健康的家庭成员；12户（占2.9%）有3名不太健康的家庭成员。135户（占32.4%）有1名很不健康的家庭成员；24户（占5.7%）有2名很不健康的家庭成员；9户（占2.2%）有3名很不健康的家庭成员。从农户家庭成员老年人及未成年人的分布来看（表9-6），156户（占37.4%）中有未成年人，126户（占30.2%）有2名65岁及以上的老年人。以上数据说明，贫困农户家庭成员的总体健康状况不佳，直接加大了医疗支出，降低了有效劳动力供给，同时“老”“弱”所占比重也较大，增加了教育支出和养老支出。

表9-5　被访家庭所有成员身体健康状况统计表

	家庭成员中处于该类身体健康状况的人数						合计
	0	1	2	3	4	5	—
家庭成员中处于健康状态的人数	150	105	42	72	39	9	417
	36.0%	25.2%	10.0%	17.2%	9.4%	2.2%	100%

续表

	家庭成员中处于该类身体健康状况的人数						合计
	0	1	2	3	4	5	—
家庭成员中不太健康的人数	111	201	93	12	—	—	417
	26.6%	48.2%	22.3%	2.9%	—	—	100%
家庭成员中很不健康的人数	249	135	24	9	—	—	417
	59.7%	32.4%	5.7%	2.2%	—	—	100%

注：N=417

表9-6　被访家庭中未成年人及老年人统计表

	家庭成员中未成年人及老年人的人数					合计
	0	1	2	3	4	—
家庭成员中未成年人有几人	261	96	48	9	3	417
	62.6%	23.0%	11.5%	2.2%	0.7%	100.0%
家庭成员中65岁及以上老年人有几人	189	102	126	—	—	417
	45.3%	24.5%	30.2%	—	—	100.0%

注：N=417

四、贫困户家庭劳动力严重不足，缺乏有效工作技能

因该地区贫困农户家庭成员多老弱病残，劳动力严重不足，已有的劳动力也多无工作技能，且多数在家务农，较低效率的小农生产使得贫困家庭收入来源极其有限。从被访家庭的总体劳动力来看(表9-7)，126户贫

困家庭中，无任何可用的劳动力，占比高达30.2%；96户（占23.0%）有1个劳动力；117户（占28.1%）有2个劳动力；78户（占18.7%）有3个及以上的劳动力。从家庭成员具备劳动能力的程度来看，213户（占51.1%）无“完全劳动能力者”可用；有“完全劳动能力”的家庭，多数为仅有1个或2个，占比为42.4%。从劳动力的务工情况来看，270户无外出务工的劳动力，占比为64.7%；78户有1个劳动力外出务工，占比为18.7%；60户有2个劳动力外出务工，占比为14.4%；9户有3个劳动力外出务工，占比为2.2%。

表9-7　被访家庭劳动力基本状况统计表

	家庭成员中具有该类劳动力状况的人数						合计
	0	1	2	3	4	5	
家庭成员中可用劳动力有几人	126	96	117	57	18	3	417
	30.2%	23.0%	28.1%	13.7%	4.3%	0.7%	100.0%
家庭成员中具备完全劳动能力者有几人	213	81	96	24	3	—	417
	51.1%	19.4%	23.0%	5.8%	0.7%	—	100.0%
家庭成员中具备部分劳动能力者有几人	207	147	54	9	—	—	417
	49.6%	35.3%	12.9%	2.2%	—	—	100.0%
家庭成员中在外务工的有几人	270	78	60	9	—	—	417
	64.7%	18.7%	14.4%	2.2%	—	—	100.0%
家庭成员中在家务农的有几人	180	114	111	9	3	—	417
	43.2%	27.3%	26.6%	2.2%	0.7%	—	100.0%

注：N=417

五、贫困户人均收入低，家庭经济十分脆弱

从贫困农户的人均收入来看（表9-8），有60户处于绝对贫困状态，低于2011年国家确定的贫困线“2300元”，占比高达14.4%。调查所在地区确定4500元为当年扶贫线，表9-8的统计数据显示，人均年收入低于4500元的有225户，占比高达54.0%；人均收入处于“4501~8000元”区间的有108户，占比为25.9%。并且贫困户的主要收入还依赖社会救助和扶贫资助，高达71.9%的家庭（总共300户）接受的救助资助总额在2300元以上。这些说明低于国家贫困线和当地贫困线的家庭所占比重还比较大，其收入来源主要依赖于救助和扶贫资助。另外，民族地区巩固拓展脱贫攻坚成果的压力非常大，从支出情况来看，两项主要的支出项目中，所有农户用于子女教育的支出均值为1502.52元，医疗保健的净支出均值为4143.06元。当被问及“最近一年您觉得家里农业生产的收成如何”时，有141户表示，因丧失劳动能力或其他原因，未从事农业生产，占比为33.8%；有36户表示“非常差，基本没有收成”，占比为8.6%；有90户表示“较差，有很少收成”，占比为21.6%；有147户表示“一般，有一定收成，可以基本保障吃穿”，占比35.3%；只有3户表示“比较好，能较好地保障生活”，占比为0.7%。当被问及“您觉得家庭经济上是否有保障”时，有33户（占7.9%）表示“完全不够用”，有147户（占35.3%）表示“不够用”。这些说明其家庭经济处于十分脆弱的状态，需要接受政府救助和扶持才能确保基本的生活。

表9-8　贫困农户人均年收入及接受的社会救助、扶贫资助情况统计表

		2300元及以内	2301~4500元	4501~8000元	8001~12000元	12000元以上	合计
家庭人均年收入		60	165	108	45	39	417
		14.4%	39.6%	25.9%	10.8%	9.3%	100%
救助与扶贫资助总额		117	132	96	33	39	417
		28.1%	31.7%	23.0%	7.9%	9.3%	100%

注：N=417

第三节 民族地区"弱有所扶"兜底保障制度建设及实施困境

通过以上分析可以发现,民族地区巩固拓展脱贫攻坚成果的压力仍然非常大,农户增收问题仍然很严峻,有很多脱贫人口难以通过产业扶贫、教育扶持等实现稳定脱贫,因此需要政府兜底政策和社会力量的扶持。下文进一步分析调查数据,从低保兜底政策、医疗保险与医疗救助、养老保险等层面,深入分析民族地区"弱有所扶"民生建设所面临的困境和问题。

一、推行"撒胡椒面"的低保政策,兜底救助效用有限

为让更多的困难家庭获得低保,当地推行了单独施保的政策,即对困难家庭中某1个或几个成员进行救助,如重残、重病或特别年长者。这可以在一定程度上扩大低保救助的范围,但降低了低保对困难家庭兜底救助的效用。对困难家庭领取低保的数据进行统计分析发现,在417户困难家庭中,有375户获得了低保救助。从表9-9的统计数据来看,189户(占50.4%)有1人领取低保;141户(占37.6%)有2人领取低保;27户(占7.2%)有3人领取低保;18户(占4.8%)有4人领取低保。这种"撒胡椒面"似的施保政策,在一定程度上扩大了低保对困难家庭的覆盖面,但这也与"低保救助是以户为单位"的初衷相违背,并且低保救助的实际给付金额比较低,降低了低保救助的兜底效用。现行低保救助水平并不能保障贫困农户的基本生活。困难家庭每月领取低保金总额低于150元的有72户,占比为19.2%;每月领取低保金总额在"151~250元"的有135户,占比为36.0%;每月领取低保金总额在"251~350元"的有45户,占比为12.0%;每月领取低保金总额在"351~500元"的有75户,占比为20.0%;每月领取

低保金总额在“500元以上”的有48户，占比为12.8%。另外，当地低保救助的全额标准为每月3500元/人，当地确认的扶贫线为人均年收入4500元。这些说明，当地低保救助标准过低，并且远低于扶贫线，低保救助的兜底效用不足。

表9-9 贫困家庭领取低保的人数及每月领取低保救助总额统计表

		贫困农户每月领取低保救助总额					合计	
		150元以内	151~250元	251~350元	351~500元	500元以上	计数	比例
家里领取低保的人数	1人	72	84	24	3	6	189	50.4%
		38.1%	44.4%	12.7%	1.6%	3.2%	100.0%	
	2人	0	48	18	63	12	141	37.6%
		0.0%	34.0%	12.8%	44.7%	8.5%	100.0%	
	3人	0	3	3	3	18	27	7.2%
		0.0%	11.1%	11.1%	11.1%	66.7%	100.0%	
	4人	0	0	0	6	12	18	4.8%
		0.0%	0.0%	0.0%	33.3%	66.7%	100.0%	
合计	计数	72	135	45	75	48	375	100.0%
	比例	19.2%	36.0%	12.0%	20.0%	12.8%	100.0%	

注：N=375

二、因病致贫现象严重，新农合报销比例低，医疗救助指标不足

从前文的分析来看，生活困难家庭的医疗支出较大，因病致贫成为最主要的现象。但从医疗救助的比例来看，共有99户在过去的一年里获得过医疗救助。这些多数为有重病家庭成员的贫困户，并且医疗支出特别巨大，一般在5万元以上的才有可能获得救助机会。这可以看出，因资金

来源有限,民族地区农村医疗救助指标严重不足,只能对少数特别贫困、医疗支出特别巨大的家庭给予有限救助。当地2017年新农合的个人缴费标准为每年150元/人,在该种缴费标准下,一级医疗机构报销比例一般为80%,二级医疗机构报销比例一般为60%,三级医疗机构报销比例一般为40%。但对于低保户来说,医疗保险可提升报销比例至90%。贫困家庭一般小病不重视,大病才会去看,当由小病转成大病的时候,往往需要到高级别医院治疗,但医疗费用报销比例很低,又进一步加重了贫困家庭的支出负担。另外,对于特别贫困的家庭(家庭人口在六七口以上的贫困户),存在新农合缴费困难的问题。表9-10的数据显示,有27.3%的贫困农户每年需缴纳600元以上的医疗保险费用,有36户(占8.6%)断缴新农合,较低水平的新农合缴费标准也会给贫困家庭带来较大的经济压力。当家庭成员患病的时候不能报销,进一步加重了家庭负担,使得因病致贫、因病弃医的现象更加严重。低保户有额外优惠的医疗保险报销比例和医疗救助,并由政府代缴新农合,这也使得农村出现"争着吃低保"的现象。

表9-10　贫困农户缴纳新农合总费用及政府补助情况统计表

	家庭缴纳新农合总费用及政府补助情况(单位:元)						合计
	0	150	300	450	600	750及以上	—
您全家最近一年缴纳的新农合总费用	36	90	117	60	66	48	417
	8.6%	21.6%	28.1%	14.4%	15.8%	11.5%	100.0%
您家缴纳的新农合费用中政府补贴金额	42	192	150	27	6	—	417
	10.1%	46.0%	36.0%	6.5%	1.4%	—	100.0%

注:N=417

三、贫困残疾人口所占比重大，相关扶持措施较匮乏

表9-3的数据显示，贫困农户中残疾人口多，但当前政府部门对农村残疾人的扶持措施相当少，仅有的救助优惠政策就是对持有一、二级残疾证的贫困人口（以及持三级残疾证的智力残疾、精神残疾者），可以纳入低保救助范围，实行单独施保，且低保金额相较于一般标准上浮20%。根据问卷统计数据，在过去的一年里，总共375户低保户中，有126户（实际上有234户贫困家庭有残疾人）获得残疾人补贴，全年获得补贴总额均值为584.96元。其中，多数家庭（有108户）的残疾人补贴低于1800元。除此之外，对残疾人的就业、教育、康复等并无特殊扶持政策。但从贫困农户家庭结构来看，因残疾人口所占比重较大，在就业、康复等领域有着比较强烈的救助或扶持需求。

四、养老保险缴费压力大，基础养老金给付标准低

当地养老保险的缴费标准最低档为每人每年100元，最高档为每人每年2000元，绝大多数家庭选择最低档。表9-11的统计数据显示，有部分贫困家庭因人口较多，面临着较大的新农保缴费压力；同时也发现，有部分贫困农户断缴养老保险。其中，30户有1人未缴纳养老保险；18户有2人未缴纳养老保险；3人或4人未缴纳养老保险的各有6户。此外，当地对60岁以上的老年人，发放基础养老金，发放标准为每人每月70元；对于80岁以上的老年人发放高龄补贴，80至89岁为每人每月50元，90至99岁为每人每月100元，百岁及以上老人每人每月300元。因贫困老年人无其他收入来源，子女也多处于贫困状态，很多家庭对老年人不管不顾，把高龄老年人推给政府，让其申请救助。虽然基础养老金和高龄补贴在一定程度上可以给贫困老年人一定的支持和扶助，但总的来看，给付标准较低，并不能保障贫困老年人安度晚年。

表9-11　贫困农户养老保险缴纳情况统计表

	家庭成员缴纳养老保险及未缴纳养老保险的人数						合计
	0	1	2	3	4	5	—
您家缴纳养老保险的总共几人	192	60	105	36	18	6	417
	46.0%	14.4%	25.2%	8.6%	4.3%	1.5%	100.0%
您家没有缴纳养老保险的人数(30~59岁家庭成员)	357	30	18	6	6	—	417
	85.7%	7.2%	4.3%	1.4%	1.4%	—	100.0%

注：N=417

五、基于贫困退出和贫困摘帽的压力，贫困农户受助机会显著减少

因当地有贫困退出和贫困摘帽的扶贫目标，每年按照要求，须确保一定数量的贫困人口退出贫困。贫困户的认定只是按照2013年精准扶贫政策提出后，当地根据国家贫困线和当地实际情况确定的建档立卡贫困户。在这之后，最主要的任务是确保这些最初被列为建档立卡贫困户的家庭每年按照脱贫目标脱贫。在这种脱贫压力下，已经退出贫困户的贫困人口，或者新增加的贫困人口，或者返贫的贫困人口，很难再进入扶贫资助或低保救助行列。作为弱势群体的贫困农户，获得政府扶持的机会显著减少，再进入救助行列也变得更加困难。并且当地政策规定，只有被评定为建档立卡贫困户的贫困家庭，才有资格申请低保，这显然是对低保救助政策的误解和异化。如果建档立卡贫困户认定或瞄准失误，则将导致低保救助的错保或漏保，也将使得最后的“安全网”对部分漏评的贫困人口失效。有很多贫困户认为，退出低保后，再进入救助行列变得更加困难，所以他们并不愿意退出。因此可以看出，新增贫困人口或脱贫后返贫

的贫困人口，再进入扶助范围的渠道不畅通，使得“弱有所扶”的民生建设目标难以根本实现。

第四节　民族地区“弱有所扶”多层次兜底保障体系构建路径

“实现全面小康，一个民族都不能少”，确保各族群众如期实现全面小康，是坚持“以人民为中心”发展思想的重要体现，也是“弱有所扶”民生建设的根本要求。脱贫攻坚目标任务完成后，仍应按照守住底线、突出重点、完善制度的思路，实现“广覆盖、保基本、多层次、可持续”的帮扶目标，有效帮扶民族地区农村已脱贫人口，尤其是处境困难的残疾人、妇女、儿童、老年人。进一步完善“弱有所扶”的民生建设，关键举措就在于加快建立以兜底保障、帮扶发展、社会扶持等为主导的多层次保障体系，助推民族地区如期打赢脱贫攻坚战。

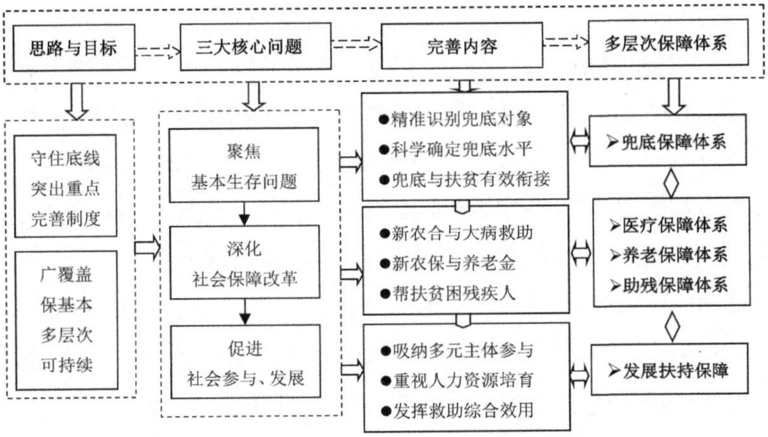

图9-1　民族地区“弱有所扶”多层次兜底保障体系建设思路

一、聚焦弱势群体基本生存问题,加快建成“弱有所扶”的兜底保障体系

按照“兜底线、织密网、建机制”的要求,全面完善民族地区社会救助保障制度,稳步提升救助保障水平,不断规范救助保障管理工作,提高救助对象识别的准确性,做到精准救助、应保尽保,着力建成“弱有所扶”的兜底救助体系。

一是精准识别和认定“弱有所扶”兜底保障对象,筑牢兜紧弱势群体基本生存“安全网”。“弱有所扶”的兜底保障对象,应该包括一切陷入生活困境的弱势群体,如低保对象、特困人员、残疾人等。综合认定贫困农户的收入、财产及支出状况,有效识别兜底保障对象,注重以贫困农户整户为单位进行救助,推进分类施保,强化动态管理,充分发挥各专项救助制度的作用,避免把低保与其他救助制度进行简单捆绑。

二是科学确定兜底保障水平,建立保障标准的合理增长机制。在现有兜底保障标准的基础上,根据当地经济社会发展水平和生活成本变化,适时调整兜底保障标准,构建动态调整机制,确保兜底保障水平随着生活水平和生活成本的提升而合理增长,并对于遭遇重大变故或损失的特别困难群体给予额外补贴。

三是加强民族地区社会救助兜底保障与脱贫攻坚政策的衔接配合,分类织密兜底保障网络。实现民族地区农村低保线与扶贫线统一,低保标准不低于扶贫线标准,低保救助与脱贫攻坚加强衔接,对于无力脱贫、无业可扶的建档立卡贫困户,纳入低保;对于可以被纳入精准扶贫范围的低保户,及时进行精准帮扶。合理考虑民族地区支出型贫困家庭的保障诉求,着力解决低保边缘户、残疾人、贫困老年人及其他阶段性贫困人口的兜底保障问题,应特别给予残疾人更多的兜底保障。

四是健全民族地区农村贫困人口兜底保障的快速反应机制,分类设计兜底保障政策和操作规程。细分弱势群体类型,健全农村贫困人口定期联系走访机制,落实投入、监管、兑现等责任主体,主动发现,及时救助,依靠制度与机制确保民族地区兜底保障政策的落实与执行。

二、深化弱势群体社保改革，加快建成“弱有所扶”的“医疗—养老—助残”保障体系

加快建立适合民族地区贫困农户的社会保障制度，重点推进农村弱势群体医疗、养老、助残等方面的保障工作。完善“弱有所扶”的医疗保障体系，主要包括医疗保险（新农合）、医疗救助、大病医疗保险等。“弱有所扶”的养老保障，主要包括农村养老保险（新农保）等。“弱有所扶”的“助残”保障体系，主要包括贫困残疾人口的脱贫、兜底、照料、教育、就业等。

一是全面推进民族地区新型农村合作医疗制度改革，建立农村大病保险制度和医疗救助制度。以推进新农合改革为突破口，防止少数民族贫困人口因病致贫、因病返贫，确保新农合全面覆盖民族地区所有农村人口，建立农村医保政策的长效机制，稳定提升民族地区新农合报销比例；以大病统筹为新目标，建立大病医疗保险制度，重点解决民族地区农村贫困人口常见大病的救治与报销问题。逐步扩大大病治疗、慢性病的补偿范围，对于因病支出特别大的贫困家庭给予医疗救助。构建良好的新农合、医疗救助和大病保险等政策衔接机制，对于无力缴纳医疗保险的低收入群体，由政府或集体经济代为缴纳，确保农村地区医疗保险的全覆盖，并鼓励农民参加大病医疗保险。

二是充分发挥民族地区农村养老保险的减贫与扶弱效用，尽快实现农村新农保缴纳的全覆盖，以及缴费标准的可持续、稳增长，逐步做实个人账户，并对已经处于老年阶段的贫困人口适度提升基础养老金发放水平。加强对民族地区农村养老保险政策的宣传和引导，让农村居民知晓新农合的具体内容与好处，增强参保意愿和积极性，鼓励农村居民提高参保标准。建立科学动态的农村基础养老金调整机制，稳定提升民族地区贫困老年人养老金待遇，让其共享社会发展的成果。

三是着力解决民族地区农村因残致贫家庭的突出困难，完善贫困残疾人社会救助、扶贫、照料、就业等方面的帮扶政策。做好贫困残疾人的精准识别工作，掌握贫困残疾人的实际困难，重点解决农村残疾人的康复照料、教育、就业等重大问题；以改善残疾人生产生活条件为重点，对一户

多残、老残一体、重度残疾等贫困家庭，稳步提升救助水平；抓紧做好适龄残疾儿童的入学安置，加大对贫困残疾学生的资助力度，加强对贫困残疾人实用技术的培训；通过政府补贴、购买服务等举措，为残疾人提供集中供养、日间照料、邻里照护等服务；以贫困残疾人家庭增收脱贫为突破方向，充分利用对口扶贫、对口支援的帮扶资源，建立帮扶贫困残疾人的长效机制。

三、促进弱势群体的社会参与，加快建成“弱有所扶”的发展扶持型保障体系

基于社会政策、社会参与、农户瞄准，加快构建民族地区弱势群体的经济参与和社会参与机制，赋予老人、妇女、儿童、残疾人等更多分享信息、参与社会的权利，充分调动社会力量参与扶持民族地区弱势群体的积极性。民族地区空间贫困、制度贫困、能力贫困等加剧了弱势群体脱贫的复杂性，贫困面广、贫困发生率高、返贫率高，亟须构建政府、企业、社会组织等广泛参与的多元化扶持机制，提高弱势群体抵御贫困风险的能力，加快建成集预防性、开发性、发展性为一体的发展扶持型保障体系。

一是吸纳企业、民间组织、志愿者团体等社会主体参与，推动政府、市场、社会等多元主体共同关心关注民族地区弱势群体，赋予贫困人口更多的社会参与、经济参与机会。民族地区“弱有所扶”保障体系的建构，需要广泛深入地动员社会力量，鼓励全社会积极参与，营造关爱扶助弱势群体的社会氛围，消除人们对弱势群体的歧视与隔阂，为其就业发展、接受教育与培训、经济与社会参与等创造有利条件。

二是深入挖掘弱势群体的发展潜力，重视人力资源的培育与开发，加强贫困人口劳动技能培训，由“他助”转换成“自助”，有效激发弱势群体摆脱贫困的信心和决心，使弱势群体依靠自己的力量解决问题，最终融入社会发展之中。加大对民族地区农村教育投入力度，注重发展民族特色的职业教育。设立针对弱势群体的职业教育培训基金，确保每一户贫困家庭至少有1名劳动力接受技能培训。加大公共财政对民族地区基本公共

服务的倾斜力度，为贫困农户发展生产提供资金、市场、技术支持。

三是统筹推进发展型社会救助，综合发挥现金救助、实物救助与服务救助的综合扶持效用。在完善社会救助兜底功能的同时，通过调整救助方式，促进以现金救助为主导的单一救助方式向生活照料、精神慰藉、心理疏导、能力提升和社会融入相结合的综合性救助方式转变，更加重视就业救助、教育救助、医疗救助等专项救助，最大限度发挥社会救助的综合效用。

第十章

兜底保障依赖现象解析与风险警惕

第一节　问题提出与文献回顾

作为兜底保障的最主要政策载体，低保制度为解决绝对贫困问题、稳定社会秩序等发挥了不可磨灭的作用。但在实际执行过程中，不可避免地产生了一些非预期后果，如低保依赖、退出难等问题一直受到社会和学界的广泛关注。在过去的十多年里，伴随着低保救助范围的扩大以及救助标准的提升，越来越多的适龄劳动力群体进入救助范围。但同时也不得不承认，受助者长期失业与长期领取低保等现象突出。经常见诸网络、纸质媒体的"低保救助导致养懒汉""好逸恶劳、坐享其成""愿吃低保不愿就业"等报道引发了社会对低保救助是否养懒汉的热切关注。因目前低保资格认定存在漏洞，有些受助者隐性就业或者隐瞒收入，很难通过现有技术手段进行甄别；关系保、人情保等由来已久的问题，使得低保救助的福利依赖之争复杂化。部分低保对象隐性就业和隐瞒收入，目的是在收入审查中使自身收入不高于低保资格线，从而确保长期获取低保救助。所谓低保对象的隐性就业，指的是适龄劳动者实际上处于就业状态并拥有相应的收入来源，但同时被作为失业者对待。（陆铭、田士超，2008）这表明，低保受助者名义上失业，但事实上拥有能够获得一定收入的工作。低保受助者隐性就业或隐瞒收入，使得低保是否引发福利依赖的问题更加复杂，西方发达国家出现的福利依赖现象是否在我国产生，一直处于争论之中。

一直以来，福利依赖问题是西方国家福利政策关注的热点，国外学者对福利依赖的理论起源、概念界定、形成原因与解决对策等进行了较多的研究，但对是否存在福利依赖依然有巨大争论。从现行国外学者对福利政策的研究来看，福利依赖呈现出一个基本相同的特点：基于一个不证自明的预设前提，即暗示了福利依赖的客观存在。（徐丽敏，2008）对福利依赖的认定，也逐步形成了比较一致的看法，主要观察受助者接受救助后能否重新就业，或失业时长，或接受救助时长等。这些因素成为衡量福利依赖与否的重要判断标尺。(Melkersson,2004)另外,从西方发达国家福利政策改革来看,各国福利政策调整也是基于预设福利依赖的客观存在,从而针对受助者提出了一系列的反福利依赖要求,如强制推行工作福利制(Gueron,1987),促使福利受助者重新进入劳动市场(Gilder,1981)。如英国政府从1990年开始,在失业保障中引入工作福利制(Clasen & Glegg,2003);美国在《个人责任与工作机会调和法案》中,将福利制度从“资格机制”改为“工作优先”模式,对福利获取采取时间限制。(Ybarra,2011)

受西方福利依赖问题的影响,近年来我国也出现了社会救助是否引发福利依赖的担忧,越来越多的学者对此进行了研究。目前,国内学术界对低保救助的福利依赖问题尚存较大争论,归纳起来主要包括两类截然不同的观点。

一种观点认为我国的社会救助制度产生了福利依赖现象。如邓蓉、周昌祥(2007)认为,低保救助“应保尽保”的泛化,可能助长福利依赖心理,导致出现不愿接受被推荐的工作、隐形就业等问题。学界持赞同观点的研究成果还比较多,主要体现在低保对就业的影响、低保的负向激励问题、退保难问题等方面。部分农村居民想方设法获得低保,主动要低保,争当低保户,主要缘于低保制度设计上的缺陷、执行偏差、农村贫困化解路径欠缺以及低保依赖文化。(兰剑、慈勤英,2019)李飞跃等(2019)的研究指出,弱势化的低保人口构成及就业救助服务缺失是长期接受低保的重要原因,非正规就业结构也对退保构成显著的不利影响,但这种影响随着时代的发展在不断减弱。肖萌、李飞跃(2017)通过实证研究发现,人口特征决定论对低保依赖问题具有一定的解释力,以退休、子女毕业为代表的显性变化因素对退保发挥出显著影响,隐性就业下的退保难问题凸显,就业服务政策对退保的推动作用依然有限。

另一种观点则认为,我国的社会救助标准还很低,不足以养懒汉。(徐丽敏,2008)张浩淼(2014)认为,低保群体并未形成依赖文化,最有力的佐证就是很多低保人员都在通过隐性就业获取一定收入作为低保金的补充以维持生活。如彭宅文(2009)的研究发现,当前低保制度的确存在弱化救助对象劳动激励的制度性因素,但仅仅是因为救助水平较低,救助对象希望依靠低保制度进而获得更多保障。

从西方发达国家福利改革或者国外学者福利政策研究的情况来看，虽然对于福利依赖的问题尚存巨大争论，但学者对社会福利问题的研究，或者政府对福利政策的改革与调整，都是基于预设福利依赖的客观存在的。西方国家语义下的福利依赖问题，是否在我国兜底保障中出现，两者有何区别，部分低保对象隐性就业和隐瞒收入现象的存在是否形成中国式福利依赖现象，成为亟须探究的问题。因此，本章通过对救助对象的问卷调查和访谈，采用定量数据构建回归模型，探究适龄劳动阶段有劳动能力的低保受助者其就业是否受低保救助影响，分析低保救助是否引发福利依赖问题；并结合受助者隐性就业的访谈资料进行定性研究，探究低保受助者隐性就业与兜底保障依赖风险。

第二节　数据来源与研究框架

一、研究数据来源

本章的研究数据主要来源于教育部哲学社会科学研究重大攻关项目"完善社会救助制度研究"课题组所采集的问卷数据与访谈资料。[①]调查对象为城乡低收入群体，包括目前正在享受低保或曾经享受低保的家庭。由调查者一对一地对低保受助者进行问答，调查者根据被访者的回答填写问卷，并由课题组成员进行现场督导与陪访。本章选取处于适龄就业阶段且有劳动能力的低保受助者作为数据分析对象。经过筛选，符合条件的样本有737个。在进行问卷调查的同时，课题组成员对有代表性的

① 作者为该课题的参与人员，参加了多数地方的社会调查。

低保受助者或低保边缘户、负责低保事务的专干进行了访谈，获得了一手访谈资料。

二、定量与定性研究的框架设计

（一）定量研究框架设计

对于福利依赖的认定，虽然目前尚未形成统一的观点，但基本呈现两类判断标准（张浩淼，2014）：一是客观上的判断，即受助者长期依赖政府救助，或者救助金在家庭总收入中超过一定比例，但“长期”的期限是多长，救助金占家庭收入比例是多少，尚无定论；二是主观上的认定，即认为受助者出现就业意愿下降、消极就业或不就业等现象，依赖政府救助维持生活。是否构成福利依赖，可以从主观心理和客观依赖两个层面进行判断：在主观心理上消极就业或不愿就业；在客观条件方面享受政府救助的时间已经超过一定期限，或超过一定比例的收入来源于政府救助。

本研究以能否促进就业作为判断低保救助是否引发福利依赖的切入点。通过分析受助者的就业情况是否受到低保救助金给付及其附属福利因素的影响，判断社会救助在运行中是否引发福利依赖现象。根据被解释变量“受助者是否处于就业中”的变量特征，简单分为“就业”与“未就业”，操作化后可被视为取值为0/1的虚拟二分类别变量，考察自变量的变动情况对因变量取值概率的影响，故采用回归模型进行建模。

回归模型表达式为：

$$p(y=1)=\frac{\exp(\beta_0+\beta_1X_1+\frac{1}{4}+\beta_pX_p)}{1+\exp(\beta_0+\beta_1X_1+\frac{1}{4}+\beta_pX_p)}$$

或

$$\text{logit}\,[p(y=1)]=\text{In}[p/1-p)]=\beta_0+\beta_1X_1+\frac{1}{4}+\beta_pX_p$$

图10-1　logistic回归模型运用公式

其中，方程式“$p(y=1)$”为概率方程形式，“logit [$p(y=1)$]”为logit逻辑变换的线性方程形式；y为因变量，表示“是否就业”；p为“处于就业中”的概率，$1-p$为“未就业”的概率，$p/(1-p)$为“处于就业中”事件的发生比，记为Odds；β_0为模型的截距，β_p为各自变量的偏回归系数。由于对数似然函数值对样本规模较为敏感，通过观察模型系数的综合检验模型、−2对数似然值Nagelkerke R方、Hosmer-Lemeshow等运行结果，综合考察模型是否可以采用，检验模型的拟合优度。该检验以卡方分布为标准，当χ^2统计值小于临界值时就认为模型能很好地拟合数据。同时，将切割值设定为0.5，以观察模型预测的正确率。

(二)定性资料来源与分析思路

通过对低保受助者、边缘户、基层民政干部等的访谈，实现更加清晰地透视依赖问题，以探究福利依赖等问题的表现与特点。

第三节　定量数据的回归模型构建与结果分析

一、主要变量及其特征

以“社会救助是否影响受助者就业”为研究主线，通过构建回归模型，检验社会救助资金给付因素对受助者就业的影响情况，并依次加入控制变量，探究是否还有其他因素影响受助者的就业，如受助者身体健康程度、文化教育水平、家庭经济负担等。社会救助体系资金给付因素，主要包括低保金额、除低保外的其他补贴(一般与低保资格进行挂钩)，以及其他专项救助项目的资金给付。

表10-1 回归模型的主要变量及特征

变 量	均 值	变量赋值	N
因变量			
目前就业情况	0.24	处于就业中=1,未就业=0	737
社会救助资金给付因素			
低保金额(月)	372.44	连续型变量	724
低保外补贴金额	0.47	低保外补贴在700元及以上=1,700元以下=0	737
个人救助收入替代比	0.714	连续型变量	720
家庭救助收入替代比	0.5633	连续型变量	732
控制变量			
受教育年限	8.90	连续型变量	721
被访者年龄	47.16	连续型变量	689
身体健全程度	0.67	身体健全无残疾=1,有轻微残疾=0	737
是否患过重大疾病	0.19	最近一年患过重大疾病=1,没有=0	733
有无慢性病	0.46	有慢性病=1,无=0	716
医疗支出占家庭总支出之比	0.184	连续型变量	722
经常交往的亲友数	6.13	连续型变量	737
是否有老年人需要照顾	0.08	家有老年人需要照顾=1,无=0	737

二、logistic回归模型构建与结果分析

构建核心自变量社会救助资金给付因素与因变量目前就业情况的二元logistic回归模型(表10-2),并加入控制变量,分别观察加入不同变量对因变量的影响情况,前后构建模型A1和A2。

模型A1仅考察核心自变量对因变量的影响情况，从模型运行结果来看，模型系数的综合检验$P<0.001$，由于概率P值小于默认的显著性水平0.05，表明应拒绝零假设，认为所有回归系数不同时为0，解释变量的全体与logit p之间的线性关系显著，采用该模型是合理的。另外，Nagelkerke R方=0.603，HL检验$P>0.05$，说明模型拟合度良好。从具体结果来看，变量“低保金额（月）”（$b=-0.003$，$P<0.001$）对受助者的“就业情况”产生显著负面影响，表明（在控制其他变量的情况下）受助者每月低保金额每增加1元，那么其目前处于就业中的概率就将下降0.3%（0.997−1=−0.3%）。这说明随着低保金额的不断增加，受助者就业的概率在不断下降。变量“低保外补贴总额”（$b=-0.497$，$P<0.1$）在显著度$P<0.1$的情况下，对受助者的就业呈负面影响，即指相比于“低保外补贴低于700元”的受助者，那些“低保外补贴高于700元”的受助者目前处于就业中的概率下降39.1%。这说明低保外补贴较高的受助者，其未就业的概率更大。变量“个人救助收入替代比”（$b=-0.056$，$P<0.001$）每增加一个百分点，受助者目前处于就业中的概率下降5.4%。这说明受助者个人收入越依赖于社会救助，那么其就业的可能性越小。“家庭社会救助收入替代比”对受助者就业情况无显著影响。以上分析结果发现，社会救助资金给付因素对受助者的就业行为产生显著的负面影响：低保金越高或低保外补贴越高，受助者处于就业中的概率越小；个人收入越依赖社会救助，其就业的可能性越小。

把控制变量纳入模型，综合考察核心自变量、个人人口学基本特征变量、家庭结构与经济负担变量对受助者就业情况的影响，构建模型A2。从模型运行结果来看，模型系数的综合检验$P<0.001$，说明零假设被拒绝，社会救助资金给付因素、受助者个人及家庭特征变量与因变量之间的线性关系显著，并且Nagelkerke R方=0.665，HL检验$P>0.05$，说明模型拟合度良好，可以采纳该模型。相比于模型A1，模型A2的Nagelkerke R方显著增加，说明新加入的控制变量对模型的拟合优度有新的贡献，模型A2可解释力度更强。从具体结果来看，在加入新的控制变量后，原有核心自变量对因变量的影响关系仍然存在。在显著度$P<0.1$的情况下，低保金额对受助者的就业仍然呈现负面影响（$b=-0.002$），低保金额每增加1元，

受助者目前正处于就业中的概率就下降0.02%；变量“低保外补贴总额”仍然对受助者就业呈现负面影响，表明低保外补贴较高（以700元为分界线）的受助者，其处于就业中的概率下降54.9%；变量“个人救助收入替代比”（b=-0.057，P<0.001）每增加一个百分点，受助者目前处于就业中的概率下降5.6%。这再一次说明个人收入来源越依赖社会救助，其就业的可能性也就越小。

从加入的控制变量来看，“身体是否健全”“是否患过重大疾病”“医疗支出占家庭总支出之比”“是否有老年人需要照顾”等变量对受助者的就业呈显著影响。变量“身体是否健全”（b=1.257，P<0.001）对受助者就业呈正面影响，身体健全的受助者目前正处于就业中的概率是身体有轻微残疾受助者的3.514倍。这表明身体的健全程度深刻影响着受助者的就业情况。变量“是否患过重大疾病”对受助者的就业产生负面影响，患过重大疾病的受助者，其就业概率比未患过重大疾病的受助者下降57.8%。变量“医疗支出占家庭总支出之比”（b=-0.019，P<0.05）对受助者的就业呈负面影响，家庭医疗支出占比每增加一个百分点，受助者目前处于就业中的概率下降1.9%。这表明家庭医疗支出的增加，缘于受助者家庭有病患，也正因有病患需要照顾，影响受助者就业。变量“是否有老年人需要照顾”（b=-3.085，P<0.001）对受助者就业呈负面影响，家庭有老年人需要照顾的受助者，目前正处于就业中的概率比家庭无老年人需要照顾的受助者下降95.4%。其他变量“受教育年限”“被访者年龄”“有无慢性病”“经常交往的亲朋好友数”等，对受助者的就业无显著影响。其中，“受教育年限”对受助者就业没有显著影响，出乎意料。但从受助者的总体教育水平分布来看，该运行结果又可以获得解释。

统计数据显示，属于小学及以下层次（包括小学、文盲）的受助者占比高达26.6%，属于初中层次的占比为42.7%。因受助者总体教育水平过低，加之受助者从事的主要为体力劳动，其较低水平的受教育程度对就业帮助非常有限，而从前文分析得知，身体健康程度对受助者的就业影响更大。

表10-2 社会救助资金给付因素对受助者就业影响的回归模型结果

	模型A1		模型A2	
	beta	exp(b)	beta	exp(b)
常 量	3.599***(.458)	36.547	2.269*(1.000)	9.673
低保金额(月)	-.003***(.001)	.997	-.002+(.001)	.998
低保外补贴总额	-.497+(.274)	.609	-.797**(.309)	.451
个人救助收入替代比×100	-.056***(.005)	.946	-.057***(.005)	.944
家庭救助收入替代比×100	.001(.006)	1.001	-.003(.007)	.997
受教育年限			.008(.047)	1.008
被访者年龄			.025(.021)	1.025
身体是否健全			1.257***(.355)	3.514
是否患过重大疾病			-.863^(.420)	.422
有无慢性病			-.171(.291)	.843
医疗支出占家庭总支出之比×100			-.019*(.008)	.981
经常交往的亲朋好友数			-.022(.021)	.979
是否有老年人需要照顾			-3.085***(.926)	.046
模型系数的综合检验模型	339.555(df=4)***		387.253(df=12)***	
-2对数似然值	388.749		341.051	
Nagelkerke R方	.603		.665	
Hosmer-Lemeshow 检验	卡方(15.316)(df=8) Sig.(.053)		卡方(7.342)(df=8) Sig.(.500)	

注:N=655,括号里为标准误S.E,,显著度:***P<0.001,**P<0.01,*P<0.05,+P<0.1

三、定量数据分析结论

综合以上分析结果来看,社会救助资金给付因素对受助者的就业产生显著的负面影响。这些说明,现行以低保为基础的社会救助资金在一定程度上降低了受助者的就业概率,存在一定程度的福利依赖。另外,个人身体健康条件、家庭成员患病情况与家庭是否有老年人需要照顾等因素，进一步抑制了受助者就业，加大了就业难度。

第四节　访谈资料的分析与讨论

以上回归模型分析的结果表明，低保救助不能排除存在福利依赖的可能，存在一定程度的福利依赖风险。但有劳动能力的低保受助者是否真的坐享其成，仅仅依赖低保救助维持生活？这还有待于定性资料的考证。一般而言，福利依赖是指受助者处于“事实上”的不工作状态，仅依赖社会救助维持基本生活。但在当前我国低保救助总体水平还非常低的情况下，仅仅依靠低保救助维持基本生活是很难实现的。样本地区月人均低保金额是365.80元。在物价高企、生活成本不断提高的情况下，这样的低保救助尚不足以维持一个人最基本的生活。因此，研究团队从访谈资料出发，分析有劳动能力低保受助者隐性就业案例，探究低保依赖的深层次问题。

一、低保的福利依赖现象是否存在

按照国外的标准，连续领取福利救助超过两年的受助者就可被视为福利依赖，这是以接受救助的时间长短作为衡量福利依赖标准的。但是在中国，有劳动能力的受助者领取低保超过两年的现象非常普遍。除此之外，从低保专干和低保受助者的访谈来看，低保受助者福利依赖的行为更多地体现在心理上，受助者往往不愿意退出低保，在心理上对低保有强烈的依赖性。

问：“低保退出工作存在什么困难，是不是有的人不符合条件了却不愿意退出低保?”

答:“我做低保工作已经很久了,差不多七八年了。有一些人从那个时候就开始领取低保,到现在还在领取。所以从时间上来看,是比较长的,有的甚至十多年。这些人,也不是说他不能干工作,有的还是可以劳动的。有的生活条件变好了,完全有条件可以退出来,但是并不愿意退出低保,非常抵触,对低保很依赖。”(低保专干-DBZ-01)

答:“最大的困难就是退不再符合条件的,吃(低保)的时间长了,就更不愿意退出了。有的时间特别长,超过五年的都比较普遍。如果真的按照低保线来清退,将有很大一批受助者不符合条件。好些人不愿意退出,问为什么要他退出。他会说他有多困难,没有稳定的工作,或者收入不高,支出有多大,对退出有强烈的抵触。我们很不好做工作。但实际上,他也不是那么困难,但他对低保已经有依赖性了。”(低保专干-DBZ-02)

答:“最大的困难就是清退不那么符合条件却在吃低保的。这一部分人,一般有劳动能力,并且通过了解,他们也往往能够干事,但是他们对低保存在一种依赖……这具有普遍性。我们的工作很不好做,尤其是进行收入核查时,很多受助者隐瞒工作,或者隐瞒一部分收入,这些都是常有的情况……还有的,甚至认为低保不吃白不吃,反正都是政府的钱,反正无论如何就是不会退出。要他退出就会给你闹,有时我们对这种情况也是没得法的。”(低保专干-DBZ-03)

从以上对低保专干的访谈来看,部分有劳动能力的低保受助者长期领取低保金的现象比较突出,对低保救助形成了比较强的依赖性。其中,很大一部分低保受助者通过隐瞒工作或收入的方式以获取低保救助资格。有的受助者甚至认为获取低保理所应当。也有的受助者认为只有依靠低保金,才能保障基本的生活,才有安全感。持续领取低保的时间以及受助者对低保救助产生的强烈心理依赖,可被视为一种福利依赖现象。

问:“如果生活变好了,有没有打算退出低保?”

答:“这个……现在的情况是,生活很难变好,收入太低了,生活成本

又很高,物价涨得厉害,没有低保金,生活将更加艰难。"(低保受助者-DBL-01)

答:"我现在生活没有变好!你看,我还住着破房子,家里还有老人要养。经常没有工作,挣不到多少钱。"(低保受助者-DBL-02)

"有居民跟我反映,说有的人家里条件是不错的,现在家里人已经没有住在村子里了,只是户口在农村,全部搬到了城区,但仗着有关系,依旧拿着低保。但问是谁的时候,又不愿意告诉我具体情况了,明显是不愿意惹事情。"(调研员-SD-01)

"在调查过程中,我观察到存在部分既得利益者在脱贫之后仍不想退出低保而继续隐瞒收入和财产状况的情况。尚未被评为贫困户的,尽管家庭条件尚可,却说政府不公。"(调研员-JS-01)

"贫困户对政府的依赖心理较重,一些人认为政府的钱是应得的,加之低保等评定时少数不公平现象的存在,使群众对政府、对村干部充满不满情绪和敌意。"(调研员-HN-01)

从以上对低保受助者的访谈以及调查员的反馈信息来看,部分低保受助者对低保救助有比较强的依赖性,认定自己的生活不会变好,需要依靠低保救助才能维持生活,并没有打算退出低保的心理预期。除此之外,在政策执行过程中,还可能因为执行不到位产生新的社会问题。如此,没有进入受助范围的群体,会对政府心生不满情绪。如何处理这些矛盾,也成为新时代兜底保障政策执行中亟待解决的问题。因此,综合低保专干和低保受助者的信息可以发现,部分有劳动能力的低保受助者对低保救助有着强烈的依赖心理,领取低保时间长,不愿退出低保。这表明,当前低保救助中存在福利依赖现象。

二、受助者福利依赖的重要路径:收入认定困境

相对来说,当前低保救助的"申请—审核—审查"机制是比较严格的,但为何还会存在不那么符合条件的低保受助者长期领取低保救助?重要的原因就在于对家庭收入的认定困难,尤其是对于灵活就业者,难以掌控

其实际的就业情况和工作收入情况。

问:“低保资格审查中面临哪些困难?隐瞒收入的情况多不多?”

答:“困难有很多,比如说,很多收入难以被量化,货币工资不能反映这些人的实际收入。有的开个假(收入)证明,单位帮着作假的事常有……但最大的困难就是有很多人隐瞒收入。在外头打个零工,在亲戚的厂里、店里做事,收入查不到,根本掌握不了。他说多少就是多少,或者干脆说没有工作,找不到工作。你给他介绍工作,他干不了几天就出问题了,说这说那的,一般干不长。他自己跑到外面去做事,但是具体有多少收入很难掌握。”(低保专干-DBZ-04)

答:“多数都会隐瞒一部分收入,隐瞒工作,跟我们说找不到工作,有多困难。说这些还不是为了吃低保。他们也知道,收入高了,就吃不到低保了,并且低保金也是跟收入直接挂钩的,收入越少,低保金就越多嘛。”(低保专干-DBZ-05)

答:“隐性就业啊,有点普遍。隐瞒收入的情况,非常多。低保对贫困群众来说还是很重要的,在一定程度上可以缓解他们的贫困。他们在心理上很依赖,觉得有低保了,生活才有保障。因为你晓得的,除了低保外,还有很多其他的补贴,比如说食品补贴,小孩子读书有照顾,看病报销比例比一般人高,等等。说实在的,现在很多人都不愿意退出低保,即使条件变好了,也怕失去低保。那么,为了获得低保,就隐瞒收入。”(低保专干-DBZ-06)

从对低保专干的访谈来看,低保资格认定中最大的困难就是对隐性就业和隐瞒收入等现象的甄别。部分低保受助者,为了取得低保资格,一是通过隐性就业、隐瞒收入的方式确保能够长期领取低保;二是低保救助与很多其他福利进行捆绑,增加了低保救助的“含金量”,使得很多受助者不惜代价也要获得低保,因为这样才能获得如子女就学等优惠政策。

问:“就您的了解,身边有没有低保对象通过隐瞒工作或收入获得低保资格的?”

答：“这种情况还是蛮多的，现在低保金提升了，以前百八十的，还没什么人要，现在一般都能达到五六百了，一家人一个月拿个一两千都是有的。所以，你看啊，就有很多人争着要。有的人你说他可以领，但是他还是有工作的，或者说有工作也不会说，让审查收入的查不出来。我之前也是领取过低保的，后来社区给我和老婆介绍了扫地的工作。现在我们两个一个月有2000来块，怎么说，吃饱饭基本上可以。”（低保边缘户-DBB -01）

答：“有些人，应该说比我过得好，但还是吃了低保。他们怎么吃到的？很简单啊，有工作的说没有工作，有收入的说没有多少收入……这个我也跟社区反映过，但他们说不好查，查不出来，只能把救助金减下来，不能取消。”（低保边缘户-DBB-02）

问：“您目前在做什么工作呢？”

答：“现在没得工作。之前在企业上班，后来企业破产了，也就下岗了。我四十多岁了，年龄大了，又没得啥子技术，很难找到一份工作。”（低保受助者-DBL-03）

答：“我自己身体也不太好，有小病，关节炎。家里有小孩需要照顾，两个孩子都上初中，我要每天给他们做饭，没办法工作。我老婆摆了一个小摊，平常卖点杂货，挣不了多少钱，生活过得非常困难。”（低保受助者-DBL-04）

调查员事后询问邻里，发现低保受助者DBL-03在打零工，DBL-04在亲戚家里帮店，有一定的收入。

从低保边缘户的访谈资料来看，存在部分低保受助者通过隐性就业、隐瞒收入的方式获得低保救助的情况。通过邻里及低保受助者本人的信息得知，该部分群体往往自身健康状况不是特别好，且年龄较大，无专业技能，很难找到稳定的工作，多从事不稳定的零工，常常面临失业的风险。为了规避丧失低保，他们往往隐瞒并不稳定的工作或收入，从而确保能够长期获取低保救助。

三、低保受助者隐性就业原因分析

低保受助者隐性就业的直接目的就是隐瞒收入,以获取低保救助,或者在“差额补贴”的救助原则下,以获取更多的低保救助金。在当前低保救助资格审查中,受助者隐性就业、隐瞒收入的原因值得探究。

“现在的低保资格审查,主要先通过对申请材料进行审核,然后再入户调查收入情况。上门调查的话,也很难知道申请对象有没有工作。如果他说没有,一般我们也没有办法。对于有些特别熟悉的救助对象,我们应该会知道,但每个社区申请低保的人还是蛮多的,工作量很大,不可能一直跟踪申请对象去了解他的就业情况。很多灵活就业的,比如给他的亲戚看店、家政服务、摆个小摊等,都没法知道收入。你说他有工作,他会告诉你,我这是偶尔给亲戚帮忙,没有给钱的,也不是天天去。”(低保专干-DBZ-07)

“对于那些有劳动能力,但长时间没工作的,会重点审查。我们也去他们家里看,问邻居,邻居一般也说不了解。你知道的,邻里之间交往都比较少。问他们自己,他们说身体不好啊,要照顾小孩啊,照顾家人啊,或者什么工作干了几天身体吃不消啊,这些情况都有。有的人在外边打个工,赚个钱,但是我们也不晓得。他在外边给私人打工,一个月拿几千块钱,你也查不出来,不是说电脑一查就能知道。”(低保专干-DBZ-08)

“如果他有看得见的情况,如多套房,有汽车,这种情况我们直接可以取消他的低保资格。但那种看不见的,我们就没法查。对这些打擦边球的低保户,处理起来也很麻烦。因为他们的隐性就业不稳定,有时就业,有时又无事可做,如果严格按政策取消他们的低保待遇,会遭到他们的竭力反对,还可能激化矛盾,他们又会来社区闹。”(低保专干-DBZ-09)

“不过,有些人家里的确很困难,有经常生病的,有小孩读书的,日子一般过得很造孽(困难),不吃点低保没法生活啊。并且这种低保还需要隐瞒收入,不然就不符合条件了。这也说明低保线太低了。”(低保专干-DBZ-10)

从以上访谈可以看出,部分有一定劳动能力的低保受助者隐性就业的原因主要有以下三点。(1)现有的资格认定技术难以有效甄别隐性就业和收入隐瞒的情况。如低保对象在私营企业打工,受雇于个体户,工作更换频繁,难以核查其收入,这都增加了对其收入审查的难度。(2)为保障基层社会的和谐,低保政策难以严谨和严格,这是基层低保推行的一种制度执行困境。加之各地确定的最低生活保障线与生活成本不匹配,比较贫困的受助者往往通过隐性就业或隐瞒收入的方式获取救助资格。(3)受助者家庭本身收入来源渠道不畅,就业能力不强,失业风险高,千方百计隐性就业和隐瞒收入以获取低保救助资格。

四、定性资料分析结果

从救助时间、受助者依赖心理等层面来看,当前低保救助存在一定程度的福利依赖现象。部分有劳动能力的低保受助者,主要通过隐性就业、隐瞒收入的方式获得救助资格。受助者隐性就业,事实上仍处于就业状态,这与养懒汉又有着本质区别。养懒汉是指低保受助者在接受低保救助后,处于不工作或主动失业的状态,并完全依赖政府救助维持生活。该类群体的主要特点是:年龄偏大、就业技能低、身体健康状况一般、家有老年人等。受助者隐性就业、隐瞒收入,主要是因为低保资格认定技术有缺陷,受助者本身工作和收入不稳定,为摆脱陷入绝对贫困,形成了长期依赖低保救助的福利依赖现象。

第五节　高度警惕兜底保障依赖问题

通过以上定量数据和定性资料的分析可以发现:以低保救助为基础,包括各种补贴在内的社会救助制度在运行过程中,一定程度上降低了受助者的就业率,没有足够的证据排除福利依赖的可能。定量数据的回归模型运行结果表明,社会救助制度在实际运行中存在较大的福利依赖风险,进一步佐证了国内一些学者提出的依赖观点,如李乐为、王丽华(2011),王增文、邓大松(2012)等。无法在模型里反映的可能还有其他因素,如低保金发放的补差原则,即受助者实际领取的低保金额等于各地确定的低保标准与就业收入之差。这实际上意味着对受助者的工作收入征收100%的边际税,工作收入增加,却会让受助者领取的低保金额相应减少。

因此,在经济理性的选择下,受助者就极有可能通过消极就业、隐性就业或隐瞒收入的方式获得救助资格,或者为获得更多更加稳定的低保金,而不积极在劳动市场找工作。事实证明,现阶段低水平的低保金不足以保障基本生活,受助者还需要通过其他途径来维持生活,如亲戚支持、政府额外补贴等。但也可以发现,正因为受助者自身能力有限,自我脱贫致富能力不足,依靠自身力量摆脱贫困陷阱的能力欠缺,只能长期依赖低保,故对低保有强烈的依赖心理。对于那些有劳动能力的低保受助者,或许通过隐性就业和隐瞒收入得以长期获得低保资格是一种“理性选择”。以上这些受助者自身脱贫能力不足、低保政策约束不力,从而形成福利依赖。但这种依赖心理与西方国家语义上的福利依赖有着较大的差别。

第一,从救助水平来看,现行较低的低保救助水平并不能保证基本生活,但能为处于贫困状态的低收入群体带来额外的生活保障。这与西方发达国家建立在高水平福利基础上的福利依赖有本质的区别。

第二,从受助者自我发展能力来看,低保受助者往往以自身能力难以摆脱贫困,为规避陷入极度贫困而需要长期依赖低保救助及其附带福利。低保受助者对低保救助的依赖,本质上仍然是因自身能力缺失、失业风险高、身体状况差等导致的。

第三,从受助者角度来看,隐性就业是避贫困风险的“理性选择”。然而,从社会发展和低保制度健康运行的角度来看,低保受助者隐性就业,虽然没有达到养懒汉的恶劣程度,但也导致新的不公平问题,产生新的不和谐因素,甚至使低保制度失去公信力。

应警惕这种依赖风险，及早注意研究这些初露端倪的现象，在政策设计上做出避免依赖的安排。要进一步完善低保资格认定，提升目标瞄准的精确性，注重提升低保受助者自我发展能力。一是实施分类救助，加强对有劳动能力但长期失业的低保受助者资格审查的力度。二是加强就业激励，进一步完善救助制度。对就业收入实行豁免政策，实行渐进退保政策。在政策设计上避免把各种补贴、专项救助制度与低保资格进行简单捆绑，科学定位各项救助制度的功能和救助范围。三是注重提升贫困家庭的可持续生计能力，加强对受助者的能力救助与就业援助。受助者隐瞒就业，主要原因也在于认为自身随时可能面临失业，其本身所隐瞒的工作收入不稳定——受助者害怕既失去工作，又失去低保救助。因此，对该类受助者，应给予系统性的就业援助，推行直接的工作推荐以及技能培训等。

第五篇　体系构建与建设路径

第十一章

新发展阶段兜底保障政策体系构建与完善

第一节　准确把握新发展阶段农村兜底反贫困新形势

兜底保障政策是反贫困的一项基础性制度安排，是确保贫困群体生存权、发展权的重要渠道，是最后一层“安全网”。随着反贫困战略的深入推进以及经济社会的不断发展，新发展阶段农村反贫困工作面临着新的发展形势。

一、低收入群体规模仍然庞大

在各地付出巨大努力的基础上，我国在2020年完成脱贫攻坚的主要战略目标，贫困人口在“五个一批”脱贫举措的联合帮扶下实现脱贫，贫困县、贫困村等顺利摘帽，区域性贫困问题、绝对贫困问题得到很好解决。这表明我国针对农村开展的大规模脱贫攻坚工作已取得阶段性的成功。后脱贫攻坚期农村反贫困重心发生重大转变。一是农村地区由以往的绝对贫困问题为主向相对贫困问题为主的新阶段转变。但是，绝对贫困人口规模也不小，保守估计常年仍然保持在2000万至3000万的规模。在脱贫攻坚取得全面胜利后，这部分生活困难人口仍然需要通过政策实现兜底保障。二是绝对贫困人口的减少，并不意味着贫困问题的根本解决，而是转向关注相对贫困。他们的家庭经济总体上还比较脆弱，这一群体的规模还比较大，也将是兜底保障政策需要继续关注和保障的对象。相对贫困人口也面临着较大的生活保障、医疗保障、教育发展等问题，绝对贫困问题与相对贫困问题夹杂，凸显反贫困形势的复杂化。民政部在2022年7月召开的2022年第三季度例行新闻发布会上介绍，民政部门与乡村振兴部门加强了动态监测数据的共享比对，及时将符合条件的易返贫致贫人口纳入救助范围。截至2022年7月，共有6200多万低收入人口被纳入动态监测预警范围。即使按照通用的现行贫困标准（2020年标准），仍然有很大一部分群体的收入仅略高于贫困线，具有巨大的返贫风险。低收入群体广泛分布在农村地区，尤其是原连片特困地区、中西部原深度贫困地区。总体而言，广大农村地区的反贫困任务仍然艰巨，低收入群体规模庞大，尤其是西部地区、连片特困地区的脱贫质量还亟待进一步提升。原深度贫困地区脱贫人口的增收渠道有限，还存在巨大的返贫风险，他们将成为兜底保障的重点关注群体，也是长期兜底保障的对象。

二、多维贫困成为主导

在之前的很长一段时间里，因对贫困问题认知的限制，人们习惯于用收入、消费或其他货币尺度来衡量贫困，但事实上贫困是一个复杂而综合的问题。贫困是一个多维的概念，不仅仅指收入低下，还包括许多非货币的维度，如教育机会的欠缺、身体健康状况的不佳、社会参与机会的匮乏以及住房与公共物品获得的不足等。阿马蒂亚·森(1983)将“可行能力”的理念引入贫困，提出了能力贫困的概念，认为能力的匮乏是贫困的原因，基本可行能力包括获得足够的营养、基本的医疗、基本的住房、一定的受教育机会等，如果缺乏全部或其中一部分，则意味着处于贫困的状态。从当前我国贫困形势及贫困人口的基本特点来看，多维贫困成为主导，收入贫困只是表象，并不能简单地以提升收入作为减贫的主要手段。低保救助仅是脱贫的基础手段，在今后长期的反贫困中，应把健康、教育、社会参与、就业等纳入兜底保障的范围，扩充和丰富新发展阶段兜底保障的内涵和内容，提升兜底保障水平。

三、已脱贫人口面临较大返贫风险

现代风险社会的主要特征就是存在各种不确定性与危险性：各种自然灾害、意外事故，家庭成员因病、死、伤、残、老等而陷入生存困境；市场经济造成的各种风险，如农业生产的病虫害或其他灾害、农产品价格下跌、生产资料价格上涨等。这些因素都可能增加收入群体陷入困境的可能性。已脱贫家庭经济脆弱，收入来源还不稳定，当面临突发性事故、自然灾害或家庭成员生病、上学等问题时，极有可能陷入返贫的困境。对于这种暂时性贫困问题，如果不能得到及时的干预，那么暂时性贫困面临着转向长期性贫困的巨大风险，甚至会面临跨代贫困的巨大风险。因此，当这些群体陷入阶段性贫困或临时困难时，兜底保障政策应及时介入，如通过临时救助发挥兜底保障的救急功能。

四、外在环境给农村家庭持续增收带来诸多不确定性

能否获得稳定的收入，决定着农村家庭能否摆脱贫困；能否实现持续增收，决定着农村家庭能否过上较高水准的生活。但农产品市场波动、经济形势变化和气候变化等外在因素具有诸多不确定性，这也给农村家庭稳定增收带来很多不确定性。一是农产品市场竞争进入新的阶段。很多产品价格受市场供给影响大，如水果、蔬菜、牲畜等，区域性或阶段性的供给过剩，导致价格下降，直接影响了种植户和养殖户的增收。还有中药材，个别品种的种植规模较大，导致市场价格下降较快，种植户利润空间急剧下降。一些脱贫地区发展的产业，主要是果蔬种植、中药材种植、牲畜养殖等，农户收入受到市场价格波动影响较大。二是宏观经济形势深刻影响贸易订单。全球经济形势进入新的波动周期，一些劳动密集型企业的外贸订单受到较大影响，订单的波动直接影响务工群体的就业。有些企业订单数量不足，直接导致务工群体收入下降。如以前能通过加班获得更高的收入，但因外需不足、订单下降，很多企业处于未充分开工状态，务工群体工作时间减少，造成收入下降。尤其对于劳务输出地区，外出务工是农村家庭主要的增收渠道，这就使得已脱贫人口及其他外出务工群体面临着收入降低或无法顺利实现就业的风险。三是农业种植受到气候条件的深刻影响，干旱少雨或雨多内涝都可能影响农业产出。近年来各地气候波动大，农业生产受到影响，这也使得一些以种植为主的农村家庭在稳定增收上存在较大困难。

第二节　深化新发展阶段兜底保障政策新内涵

一、深入理解兜底保障的“底”

在现有扶贫政策的帮扶下,能够稳定实现脱贫的往往是那些具备劳动能力的贫困群体,而剩余的农村贫困人口中有相当一部分是由各种原因失去劳动能力的人,他们很难依靠产业扶持等扶贫开发政策摆脱贫困。当前存在返贫风险的群体,多完全丧失或部分丧失劳动能力或地处自然生态条件极其恶劣的深度贫困地区,难以在短期内依靠自身努力或者依靠扶贫开发政策实现稳定脱贫。有的即使实现了脱贫,也极有可能经受不住风险而返贫。因此,要从制度上强化对这些群体的兜底保障。

1.制度层面:兜住政策保障的“底”。对生活困难人员实行兜底保障,是党和国家致力于消除贫困、改善民生、实现共同富裕、确保巩固拓展脱贫攻坚成果、保障困难群体基本生活的制度安排,也是解决深度贫困问题和绝对贫困问题的长期举措。在制度层面兜住政策保障的“底”,至少包括以下三层含义。一是在脱贫政策的干预上,政策兜底是最后的、最基础性的保障。当产业扶持、易地搬迁、生态补偿、教育扶持等脱贫政策不能有效帮助贫困人口脱贫时,就需要通过兜底保障来解决。二是兜底保障无时空上的限度。在2020年完成脱贫攻坚战略的各项目标后,兜底保障政策仍是一项基础性的制度安排,明确对全体国民应保尽保、应兜尽兜,只要符合保障条件,就从制度上确保贫困人口享有基本保障。三是保障主体的“兜底”。当家庭、集体、市场主体等失灵,无法及时有效保障贫困人口的基本生存时,各级政府是兜底保障的第一责任人,应从制度上保障贫困人口获得基本生活保障。

2.生活保障层面:兜住基本生存的“底”。兜底保障主要针对遭受自然灾害、失去劳动能力或其他低收入群体,保的是国民的基本生存。何谓基本生存?从反贫困的不同阶段来看,有三种不同层面的含义。一是基本的温饱问题，通常所说的“有饭吃、有衣穿”，这属于最低级别的兜底。二是与脱贫攻坚基本目标一致，按照“两不愁三保障”的标准来兜底，这属于基本生活的兜底。三是随着经济社会发展水平的不断提升，反贫困形势的不断转变，相对贫困成为主要贫困问题，那么这时就应实现比较高水平的兜底，即让贫困人口在医疗保障、教育获得、社会参与和机会平等方面有保障。

二、准确把握兜底保障的贫困类别

兜底保障肩负着巩固脱贫成果、守住不发生规模性返贫的底线任务，“兜”住最困难群体，“保”住最基本生活，是解决贫中之贫、困中之困的最后防线和托底安排。因扶持方式和扶持理念的差异，各项扶贫开发政策的侧重点和关注点各有特点，对于不同类别的贫困，要采用不同的扶贫政策。按贫困的程度来分，可以分为绝对贫困（极端贫困）与相对贫困，其中绝对贫困是兜底保障的主要贫困类别。这是因为，绝对贫困是生存贫困，是赤贫，个人和家庭难以依靠劳动所得和其他合法收入维持基本的生存需要，需要国家给予制度性的基本保障。绝对贫困，是以人们的绝对生活水准为参照，仅用纯粹客观的生存物质指标去测量的贫困，这是一种低于最低物质生活水准的生活状态。因此，对于该种贫困现象，需要给予制度上的兜底保障。对于相对贫困，也需要从长远的角度构建兜底保障机制。相对于社会上其他群体的生活水准而言，相对贫困意味着物质生活水平处于相对较低状态，其社会参与机会、教育获得、社会资本等仍处于比较匮乏的状态。伴随着我国反贫困形势的转变，相对贫困问题将会更加严峻，相对贫困也存在向绝对贫困转化的可能性。那么对于可能陷入绝对贫困的相对贫困人口，也应及时采取兜底保障政策，以使该部分群体的基本生活水准免于降低。

三、精确认定兜底保障的贫困群体

兜底保障对象属于极端贫困或绝对贫困群体，条件很特殊，如重残，重病,无劳动能力,无收入来源等,在住房、医疗、家庭成员接受教育等方面存在较大困难;或者其他扶贫举措不能发挥作用,无业可扶,需要社会保障兜底。一般而言,可把兜底保障的对象分为:(1)无劳动能力或者丧失劳动能力的个人或家庭;(2)因残或因病重度贫困的个人或家庭;(3)因自然灾害或意外事故导致重度贫困的个人或家庭;(4)无法依靠产业扶持和就业帮助脱贫的重度贫困个人或家庭;(5)个人或家庭无法通过自身努力获得基本的住房;(6)个人或家庭无法通过自身努力获得基本的医疗,或家庭成员因病导致医疗支出远远超过家庭经济承受能力,让生活难以为继;(7)贫困家庭中因未成年人接受基础教育存在较大困难,或者家庭成员接受更高层次教育在筹集学费、生活费等方面存在较大困难;(8)因其他不可抗拒的原因,应该被纳入兜底保障的特殊群体。以上这些群体是兜底保障的主体对象,属于最需要给予帮扶的群体。

第三节 健全完善新发展阶段兜底保障政策体系

按照以往的理解,解决了温饱问题,就表明已经实现了兜底保障,但随着反贫困战略的深入推进以及全民生活水平的不断提升,贫困标准和兜底保障目标也应发生变化。以往按照"菜篮子法""基本食物法"等确定的兜底保障水平,只能视为保障了温饱,但对于贫困群体的医疗、住房、教育、养老扶弱等也应给予兜底保障。因此,新发展阶段的兜底保障是一个系统工程,需要一系列政策的配合,建成最后的"安全网",兜牢兜准。

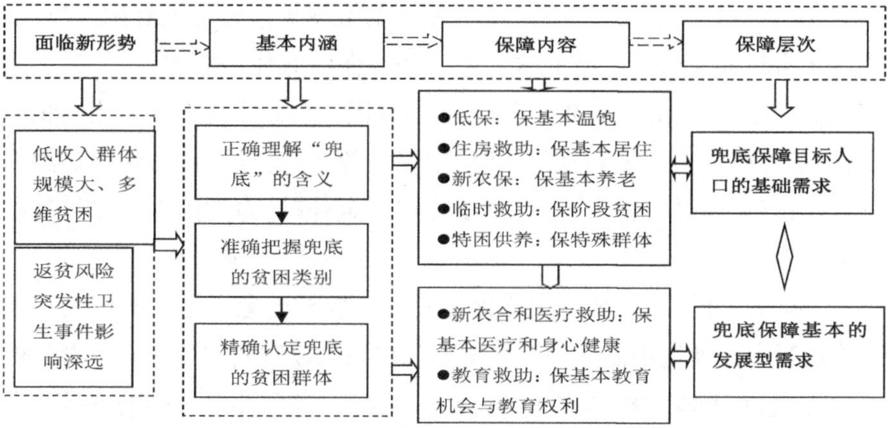

图11-1　新发展阶段兜底保障政策的内容体系与保障层次

一、兜底保障基础需求——解决贫困人口基本生活问题

贫困人口的基础性需求，是指为实现生存必须具有的基本生活条件，主要包括：一是温饱问题，即吃饭、穿衣、取暖、用水等；二是住房问题，有安全的住房；三是为特殊群体，如老年贫困人口、残疾人等提供满足其特殊需求的保障。

1.最低生活保障制度：兜底保障温饱需求。对于温饱问题，主要通过农村低保救助来进行政策兜底，对所有低于贫困线的贫困人口进行兜底保障，能够确保贫困群体的基本生存权。低保是兜住贫困人口基本生活的基础性制度，但保障标准如何确定一直是一个颇具争议的问题。很多学者认为，因农村地区财政投入不足，低保发放水平一直处于较低的水准，难以保障贫困人口的基本生活。因此，在全面建成小康社会的背景下，仅仅相当于绝对贫困线的兜底保障线并不能让贫困群体过上有尊严的生活，因此应确定一个合理的标准，并实现动态调整。

2.住房救助与扶持：兜底保障住房需求。住房救助，保障居者有其屋，保障基本的居住权。对无房可住或现有住房属于危房的贫困人口，须通过住房救助与扶持进行兜底保障。兜底保障其住房需求的方式，主要有以下三种：一是给予扶贫开发资金，为贫困人口修缮或新修适当面积的住所；二是在合适的地方选址，建设集中安置房，安排无房可住的贫困人口入住；三是通过其他方式，如给予房屋租金补贴，为贫困人口提供基本住房保障。

3.新型农村养老保险：兜底保障养老。农村养老及老年贫困是当前反贫困当中必须重视的问题。贫困家庭往往难以顺利完成家庭养老的任务，使得老人不能实现“老有所养、老有所依”。这需要制度性的安排给予老年人更多保障。当前，农村推行的新型农村社会养老保险，是一项由政府组织实施的保障农村居民年老时基本生活的保险制度。筹资方式由个人缴费、集体补助、政府补贴相结合，养老待遇由社会统筹与个人账户相结合，与家庭养老、社会救助等社会保障政策相配套。但是农村贫困人口有时因经济困难难以实现及时和足额缴纳保险费用。因此，在制度层面应考虑对农村贫困人口实行兜底缴纳养老保险和兜底保障基本养老。一是针对尚未进入老年的贫困人口，对于缴纳基本养老保险有困难的，由政府或集体经济给予兜底性帮扶，按照当地最低或合适的标准代缴纳，并且使得缴费标准能确保贫困人口年老后获得能保障基本生活的养老金。二是对于已经步入老年的贫困人口，家庭养老存在巨大困难的，政府或集体经济兜底保障农村老人可以领取到保障基本生活的养老金。

4.临时救助：兜底保障阶段性贫困人口的基本生活。当前，我国正处于转型的关键时期，不可预测性的社会风险日益增多。（兰剑、慈勤英，2015）低收入群体规模仍然较大，有很大规模的群体每个月收入仅1000元，低收入群体的家庭经济十分脆弱，其面临的各种突发性、临时性生存风险日益增多，需要通过临时救助制度兜底保障基本生活。因此，临时救助制度对遭遇突发事件、意外伤害、重大疾病或其他特殊原因导致基本生活陷入困境的贫困人口，给予紧急性、过渡性救助，兜底保障陷入阶段性极端贫困群体的基本生活。《国务院关于全面建立临时救助制度的通知》明确要求，进一步发挥社会救助托底线、救急难作用，解决城乡困难群众突发性、紧迫性、临时性生活困难。各地积极落实该项政策，加快建立临时救助制度，做到兜底线、救急难，填补社会救助体系缺项。临时救助在救助方式上保持灵活多样，在救助时效上保持及时性，在救助标准上确保兜底线，推动我国的社会救助网络织得更牢，网底变得更宽。

5.特困人员供养：兜底保障特殊困难群体。国家对“三无人员”、残疾人以及未满16周岁的未成年人，给予特困人员供养，兜底保障其基本生活。以往在农村地区的“五保户”在2016年后统一被纳入特困人员供养范围。《国务院关于进一步健全特困人员救助供养制度的意见》明确了特困人员供养的范围、要求和主要任务，完善了对特殊群体的救助供养制度，从制度上保障“三无人员”、贫困残疾人及贫困未成年人的生活与教育。在当前及今后的反贫困工作中，这些条件特殊的群体更需要获得兜底性保障，他们因自身丧失劳动能力，缺乏有效的收入来源，甚至无收入来源，往往在基本生活上面临着比其他群体更大的困难，亟须从制度上、政策上给予更多的兜底性保障。

二、兜底保障发展型需求——提供基本的发展机会和条件

贫困人口除了基础性的需求外，还有很多发展型的需求。如果不对这些发展型需求进行兜底保障，将使得贫困人口难以获得脱贫所需的资源和条件。尤其是随着反贫困理念的转变以及多维贫困内涵的深化，要解决贫困人口的贫困问题，应对其诸如教育获得、医疗保健等给予兜底性制度保障，帮助贫困人口提升发展能力，给予贫困人口更多发展机会，从而才能更好地推进反贫困事业的发展。

1.新型农村医疗保险和医疗救助：兜底保障基本医疗与身心健康。拥有健康的身体是贫困人口实现脱贫和发展的基础性条件，现代社会的劳动者只有具有健康的身体和心理素质，才能在社会生产中发挥更大作用，才有可能依靠自身力量脱贫并实现可持续发展。新型农村医疗保障，

是由政府组织、引导、支持，农民自愿参加，个人、集体和政府多方筹资，以大病统筹为主的农民医疗互助共济制度。在筹资方式上采取个人缴费、集体扶持和政府资助的方式进行。这对于农村贫困人口治疗与预防疾病，减轻家庭医疗支出负担等十分必要，且应从制度上实现与医疗救助、大病医疗保险等政策的衔接，构建贫困人口保障基本医疗与疾病预防的兜底医疗体系。其中，医疗保险解决一般性的疾病治疗问题。医疗救助作为一种兜底补充，对因病致贫且没有经济能力进行治疗的贫困家庭给予专门帮助和支持。

2.兜底保障贫困家庭及其子女的教育资源，保障其基本的接受文化教育的机会。教育是贫困家庭实现脱贫和长远发展的根本之计，反贫困既要关注贫困家庭当下面临的物质困难，更要注重为他们提供获得发展所必需的知识和技能。特别是要为未成年子女的长远发展考虑，让贫困家庭的下一代通过教育彻底摆脱贫困。因此，要从制度上兜底保障贫困家庭及其子女获得教育资源的机会。一是对贫困家庭未成年子女的教育救助。兜底保障贫困家庭子女教育问题，阻断贫困的代际传递，确保下一代能获得基本的教育资源；在完成基础教育后能有接受职业教育、高等教育的机会，让贫困家庭的子女不因经济条件而丧失接受更高层次教育的机会。二是为贫困家庭成员提供获得工作所必需的基本文化知识和技能，如提供基本的在职培训和文化知识提升培训，让他们具备脱贫和可持续发展的基本知识技能。

第十二章

改革完善兜底保障政策的主要路径

第一节　强化兜底保障制度体系衔接，凝聚反贫困合力

一、建立健全兜底保障的部门协作机制

兜底保障制度体系涵盖解决贫困群体温饱、住房、教育、养老与医疗保障等方面的内容，这涉及民政、住建、教育、人社、卫健、应急管理等部门的职责。要更好地发挥各部门的作用，亟待构建一个分工明确、衔接顺畅的组织结构。因此，鉴于民政部门对贫困群体兜底保障的主体作用，同时确保相关职能部门承担起相应的保障职能，需要明确建立起以民政部门为主导，各职能部门相互配合衔接的兜底保障分工与合作体系。

其中，民政部门主要负责解决贫困群体的温饱问题，通过不断完善最低生活保障制度来兜住民生底线，确保绝对贫困人口能享有基本生活条件，通过提升临时救助水平来保障阶段性陷入极端贫困群体的基本生活。同时，民政部门应为其他部门开展兜底保障工作提供基础信息等服务。

其他各职能部门，须主动承担起职能范围内的兜底保障工作。住建部门为住房困难的绝对贫困人口提供基本的住房保障；教育部门对就学困难的未成年人应加大兜底保障与支持力度；人社部门应为缴纳医疗保险、养老保险存在困难的贫困人口提供更多支持，为就业困难的贫困人口提供更多技能培训和就业渠道；医疗保障部门应为就医困难或就医后家庭医疗支出急剧增加导致家庭基本生活难以为继的家庭，协同民政部门给予医疗救助，帮助其渡过难关；卫健部门应为贫困群体提供基础性的健康保障服务，如体检、健身器材等；应急管理部门应为遭受自然灾害或面临其他急难的贫困群体提供基本生活保障。

在兜底保障的管理体系中，各职能部门既有分工，又有明确的合作。民政部门处于主导地位，应协调、配合及督促其他有关职能部门承担好相应的职责。各个职能部门共享贫困人口的基础数据，加强衔接配合，各自指定内部相应机构进行对接与协调。

二、加强兜底保障与扶贫开发的衔接配合

兜底保障与扶贫开发政策，都是农村反贫困的政策利器，但因两者分属不同的主管部门，政策重心存在一定差异，需要在政策设计和运行中加强衔接配合。如在兜底保障中起主导作用的社会救助制度，民政部门高度重视其与扶贫开发政策的有效衔接，在过去的几年里，相继出台了多个文件，要求民政部门会同扶贫办、财政、人社等部门全力推进社会救助与扶贫开发的衔接工作。为提升政策合力，须进一步加强兜底保障制度体系与扶贫开发、乡村振兴战略的整合衔接，实现在认定标准、扶持救助、管理系统等方面的并轨运行，应强化以下举措。

一是做到对象衔接精准，实现兜底保障对象与脱贫监测户的衔接。把因病、因残及其他因临时困难返贫的贫困家庭作为重点，将符合条件的及时纳入农村低保，实行政策性兜底保障。同时，对符合条件的农村低保对象、扶贫标准线以下低收入家庭全部纳入返贫风险监测范围，确保对象的双向衔接，实现“应保尽保、应扶尽扶”的目标。在兜底保障对象、返贫监测户上实现衔接，构建相对统一的贫困状况测算指标体系，精准认定农村低保对象、特困供养人员和返贫风险监控户。与此同时，还需要避免以下两个现象：避免在基层扶贫工作中将农村低保对象和返贫监测户进行“二选一”；不能因为指标考核的影响，让不能实现稳定脱贫的人口强行退出兜底保障范围。

二是提升信息化水平，做到两项政策基本信息的共享。依托全国最低生活保障信息管理系统和扶贫开发信息监测管理系统，逐步实现两项政策信息网络互联互通。对获取的兜底保障对象和建档立卡对象的基础资料，各相关职能部门可以共享，避免重复采集基础信息，造成资源浪费。依托乡镇街道建立的“一门受理、协同办理”机制，完善兜底保障和贫困监测对象信息数据化采集机制，加快健全居民家庭经济状况核对平台，按照“纵向到底、横向到边”的要求，构建省、市、县三级联动的经济状况核对系统，对兜底保障对象和贫困监测对象的信息进行精准采集和及时更新。健全信息公开机制，利用互联网平台，在不泄露兜底保障对象或贫困监测

对象隐私的情况下，建立线上线下公示制度，对其帮扶情况、其他救助信息及扶贫项目等进行公示，接受社会大众的广泛监督。

三是加强兜底保障政策体系内的其他政策与扶贫开发政策的深度衔接。强化对特殊困难人口的兜底保障。兜底保障政策是一个体系，除了农村低保需要与扶贫开发政策进行衔接之外，还包括其他很多政策相互之间的衔接。如医疗救助和扶贫开发政策的衔接，将贫困人口全部纳入城乡居民基本医疗保险、大病保险和医疗救助保障范围，确保新农合参保率达到100%，落实贫困人口县域内定点医疗机构住院治疗先诊疗后付费，实现各项医疗保障政策"一站式"信息交换和即时结算；临时救助和扶贫开发政策衔接，将因自然灾害、意外事故、家庭成员重病等导致生活困难的扶贫对象纳入急难救助范围，完善主动发现和快速响应机制，确保贫困人口求助有门，受助及时。同时，通过各个政策的整合衔接，加强对特殊群体的保障，如贫困老年人、贫困未成年人、重度残疾人、重病患者等。充分衔接兜底保障和扶贫开发政策，对因病、因灾、因急难事件等致贫返贫的农村居民加强兜底保障。

四是持续加强兜底脱贫政策与乡村振兴战略的深度衔接，强化乡村振兴战略成果惠及兜底保障对象。脱贫攻坚目标任务完成后，乡村振兴战略成为推进新发展阶段农村反贫困和经济社会发展的重大战略举措。乡村振兴战略的首要任务是通过产业振兴、人才振兴、组织振兴、文化振兴、生态振兴来推进农村农业发展，实现农民稳定增收，仍需要分级分类推进反贫困工作。尤其对于兜底保障对象，应确保他们能够共享乡村振兴成果。因此，须进一步做好兜底保障政策与乡村振兴战略的衔接。各地应以乡村振兴战略的实施为契机，加快壮大农村集体经济，建立兜底保障家庭的账户。这是资产建设理论的中国化实践。美国学者迈克尔·谢拉登（Michael Sherraden）在其著作《资产和穷人：一个新的美国福利政策》中提出，政府有组织地引导和帮助贫困群体进行资产积累与投资，而非简单地直接增加其收入与消费，通过建立"个人发展账户"，将一部分收入转变成贫困家庭的资产积累。在这一实践中，集体经济在不断发展壮大的同时，理应把发展成果惠及兜底保障家庭，鼓励贫困家庭进行积极的积累，为子女教育、改善住房、医疗保健、技能培训、创业创新等积累资金，为抵御贫困风险提供储蓄基础。

三、建立激励机制推进社会力量参与

除了政府承担兜底保障的主体功能外，还要充分调动社会力量，调动除政府部门之外的社会力量参与兜底保障的积极性，充分发挥慈善机构、企业、个人的优势，形成以政府为主导，社会力量共同参与的兜底保障政策体系。2014年出台的《社会救助暂行办法》就提出，国家鼓励、支持社会力量参与社会救助。2020年发布的《社会救助法（草案征求意见稿）》也明确提出，国家倡导和鼓励社会力量参与社会救助志愿服务；社会力量参与社会救助，依法享受相关优惠政策。当前，社会大众的参与意识还不强，企业参与的积极性不够，慈善力量还很不足，缺乏有效监管评估与激励，相关配套法律政策落后。因此，要想充分发挥社会力量，就应建立健全强有力的激励机制。

一是要进一步完善社会力量参与兜底保障的各项激励与优惠政策。通过政策激励来鼓励和引导，让社会组织、企业与个人等能够享有财政补贴、税收优惠、费用减免等。当前，有些地方对社会力量参与兜底保障有一定的激励政策，但因为强度不够，或因限制条件较多，社会力量参与兜底保障的积极性不足。这一方面需要及时出台全国层面的、系统性的激励政策；另一方面，各地须根据自身实际情况给予相应的细化，出台符合本地条件的激励政策，让积极参与兜底保障的社会组织、企事业单位及个人在精神上有荣誉，在事业上有发展，在社会上得尊重。完善志愿者服务和参与的记录制度，健全完善志愿者参与的嘉许和回馈机制，鼓励更多的人捐款捐物、提供服务等。

二是进一步发展壮大参与主体，丰富参与方式。对于企事业单位，应鼓励其通过慈善捐赠、设立专项基金、开展对口援助等方式参与兜底保障工作。对于社会组织，应进一步加大培育力度，降低注册门槛，优化登记手续，对初创类社会组织加大项目支持和政策倾斜力度，建立社会组织评估分级制度，打造一批诚实守信、运作规范、社会声誉高、服务水平高的社会组织，充分发挥其示范引领作用。对于社区(村)组织，明确要求其为其他社会力量参与兜底保障工作提供场地、信息等方面的服务，并在社会力量的参与过程中发挥引导带动作用。对于个体志愿者，鼓励其通过慈善捐赠、提供服务等方式参与，将社会工作方法引入，提升参与效果。

三是为社会力量参与兜底保障提供服务便利，构建完善的配套服务机制。各级政府及相关职能部门应为社会力量参与兜底保障工作提供健全的服务条件，如提供办公场地、人员培训、政策咨询等，为社会力量的参与做好登记。基层民政部门须加强与社会力量的信息对接，构建常态化的工作联系机制，在不泄露兜底保障对象隐私的前提下，做好对接与沟通工作，实现资源高效优化配置。

四、充分发挥社会救助在兜底保障中的基础性作用

社会救助制度是反贫困的最后一道防线，是反贫困的最后堡垒和整个社会最后的“完全网”。(王延中、王俊霞，2015)作为兜底线、救急难、保民生的基本制度，社会救助在兜底保障体系中肩负着不可替代的基础性作用，需要进一步兜牢兜实民生保障最后的“安全网”。底线再织牢，就是要兼顾兜底保障工作公平与效率的统一。公平是兜底保障工作的首要价值取向。效率是现代社会保障制度必须注重的工作目标，应进一步完善社会救助制度，优化救助程序，建立信息化共享平台，建立主动发现与应对机制，充分利用互联网推进社会救助服务向移动端转变，实现救助服务的便利化，多措并举守住基本民生安全的底线。

第二节　推进兜底保障资源靶向流动，实现兜底保障精准运行

一、完善家庭综合经济核查机制，推进兜底保障对象认定精准

兜底保障工作实现应保尽保的基础，就在于必须实现精准地认定兜底保障对象，而精准认定兜底保障对象依赖于深入完善家庭综合经济核查机制；改变以往仅以财产、收入认定为主导的认定方式，应以综合性的方式来考察申请对象的经济状况。

一是尽快推广认定方式综合化，综合评估家庭贫困程度。以财产和收入来判定申请对象的经济状况，存在明显的缺陷。收入型贫困是以往最普遍的贫困形式，但对收入进行认定时，很多申请对象并未提供真实的收入信息，并且基层民政部门也难以准确核对申请对象的收入状况。当前，支出型贫困已经成为经常出现的一种贫困形式，由于家庭成员出现重大疾病、子女就学、突发事件等导致家庭支出远远超出承受能力而陷入困境。当收入和支出都难以很好判定申请对象的总体贫困状况时，应通过综合性的社会观察认定申请对象的贫困状况，如家庭住房、穿衣吃饭等方面的整体水平，出行工具，家庭成员的构成及其健康与就业状况等。这些都是通过肉眼所见比较容易判定的。尤其是在农村熟人社会中，通过邻里访谈、基层干部的亲自走访，比较容易实现。这可以成为很好的辅助性判定标准。因此，应综合考虑家庭的收入、财产、支出、住房、家庭劳动力就业情况、子女就学、是否有需要赡养的老人等因素；健全完善入户调查、邻里走访、民主评议、社会观察、公开公示等常态工作机制，综合评估家庭贫困程度，精准认定兜底保障对象。

二是认定主体信息来源综合化，建立联合认定机制。充分发挥多元

参与主体的作用，推进民政、财政、人社、残联、教育、卫健等部门成立兜底保障对象认定工作领导小组，建立兜底保障对象联合认定机制。其中，民政部门负责申请对象的入户调查、家庭经济状况核查核对、信息公示，建立电子档案的基础数据；扶贫部门提供已脱贫人口的基本信息，协助参与入户调查，建立兜底保障对象的电子和纸质档案，并与民政部门协调一致；人社部门提供申请对象劳务输出、就业救助、社会保障等基本信息的查询和核对；医疗部门提供医保信息；残联进行残疾程度认定，发放残疾等级证书等；教育部门提供子女就学方面的信息。同时发挥基层自治组织的协助作用，因为基层自治组织对区域内申请对象往往比较了解，能够提供较多信息，但也要避免赋予自治组织过大的自由裁量权，防止其滥用职权和徇私舞弊；需要发挥人民群众的信息供给和监督作用，对于贫困状况争议性较大的申请对象，应参考区域内人民群众的意见，让人民群众参与到兜底保障对象的认定中来。通过主要职能部门、基层自治组织与人民群体的共同参与，建立联合认定机制，发挥各个主体在精准认定兜底保障对象中的应有作用。

二、借助政务数字化技术，建立兜底保障大数据中心

以云计算、大数据为支撑的“新基建”为政府数字治理、社会稳定运行和民生便利等发挥着越来越大的作用，在政务云迈入2.0的新时代，应加快民政领域政务信息化进程。大力支持利用云计算、大数据等技术构建兜底保障的大数据中心，通过整合多个职能部门掌握的数据，构建统一的贫困人口数据库，推进兜底保障信息资源的融合。确保民政部门可以通过相关部门和机构查询户籍、存款、不动产等信息，不断扩大核对信息数据项，推进建立跨部门、多层次、能共享的大数据平台，提高信息核对的全面性、时效性。如浙江省推动大救助体系建设，打造省域大救助信息系统，该系统已于2019年年底投入试运行，困难群众仅凭一张身份证即可办理救助申请。

兜底保障对象的大数据中心以居民家庭经济状况信息核对系统为基础，推进部、省(区、市)、市、县(区)、乡镇(街道)五级贯通，同时推进与住建、公安、人社、国土、教育等部门信息资源实现互联互通，对贫困人口的基本信息实现共享。对于条件不成熟的地方，支持建立贫困家庭基本信息数据库，用于汇总、收集、记录贫困家庭基本信息，并根据不同贫困类型和贫困程度进行归类分析、综合评估，确保有限的资源优先用于最贫困、最需要的人。通过信息化手段，建立大数据系统，综合研判申请对象的贫困状况，做到对象识别精准和源头把关精准。

三、简化申请审核程序，实现兜底保障对象准入畅通

健全完善申请审核程序，确保贫困对象能及时获得兜底保障，迫切需要改变申请程序冗繁和审核周期过长的现状，构建畅通、高效的准入机制。

一是缩短“申请—审核”时间，使兜底保障对象准入及时。当前，很多地方“申请—审核—公示”的时间过长，很多时候提交上来的申请材料积压许久得不到处理，审核很不及时，这不符合兜底保障救急难、兜底线的要求。因此，应该明确要求进一步缩短“申请—审核—公示”的时间。对已经提交的申请资料，加快审核进度，缩短“审核—公示”时间，对于符合条件的贫困者，须及时发放现金或物资，确保贫困对象及时得到救助。

二是完善“申请—审核”程序，实现兜底保障对象准入畅通。为居民提供便利化申报渠道，建立线上线下的受理平台，应完善以下两种渠道。(1)“一门办理、协同受理”机制。依托社会救助服务，在乡镇(街道)政务大厅、办事大厅等设立统一的申请受理窗口，拓展窗口服务功能，对申请对象诉求难以确定管理部门的，同样需要积极帮助办理或者转介，加强结果跟踪，为实现贫困群体“求助有门、受助及时”，打造利民便民的“绿色通道”，全面提升为民服务水平。(2)在有条件的地区借助信息化平台推进“网上办”“指尖办”。因此，在有条件的地区，应进一步借助信息化平台和

技术，开发和完善“网上办”“指尖办”等在线智能化服务，优化申请流程，提高审核效率，让困难群众足不出户就可以申请兜底保障，实现群众办事“零跑腿”。

同时，对不同的兜底保障类型，进一步简化优化受理程序，增强兜底保障体系中临时救助的时效性。急难发生地的基层民政部门有权直接实施临时救助，并在有条件的地区将申请代理延伸至村和社区。尤其对于急难型兜底保障，遇到极其特殊的情况时，可以由基层民政部门开展先行保障，简化申请对象家庭经济状况核对、民主评议和公示等环节，直接予以救助，事后再补齐相关手续。对于其他类型的急难群众，在规范执行受理程序的同时，应进一步压缩办理时限；对遭遇重大生活困难、社会影响大、群众反映强烈的情况，要先充分保障贫困群体的基本生活，采取一事一议的方式确定保障标准。

三是健全申请对象申述与群众投诉举报机制，加大力度处理错保漏保问题。建立完善的申请对象申诉机制，当申请对象对审核结果有意见或对基层兜底保障工作不满时，有畅通的渠道向相关部门进行申诉，如向上一级人民政府的民政部门进行申诉，并由该受理部门入户调查、了解和处理好相关矛盾，对仍然解决不好的争议，可以继续申请上一级人民政府的民政部门介入，给出指导性解决办法，及时化解基层人民群众的不满，避免事态和矛盾进一步激化而引起非预期性的重大后果。建立健全兜底保障的群众投诉举报机制，设立省域甚至全国性的统一举报投诉电话，如“全国民政公益热线12349”，畅通投诉举报渠道。规范从业人员职务行为，对兜底保障工作中的重大信访事项或社会影响恶劣的违规违纪事件，由省一级民政厅会同信访、监察等相关部门直接督办。探索建立有奖举报、义务监督员等制度，鼓励社会组织、企事业单位和公众积极参与监督，通过健全的投诉举报机制，避免错保、漏保、骗保现象，防止挤占、挪用和截留兜底保障资金，及时发现、纠正，惩处关系保、人情保等。

四、构建主动发现机制，实现兜底保障对象发现精准

对陷入生活困境的困难群众做到早发现、早干预、早保障，依托城乡基层党组织、群众性自治组织、公共服务机构和社会组织，通过"一门受理"和"主动发现"，实现兜底保障无盲区，精准发现贫困人员。加快构建积极有效的兜底保障主动发现机制，让突遇不测、突陷生存困境的贫困人口得到及时有效的救助。

一是明确基层民政部门担负主动发现的主导职责。街道(乡镇)及以上民政部门要建立畅通的信息上报制度，让人民群众、自治组织的干部等能够把第一时间掌握的信息进行上报，并建立严格的响应落实机制。相关职能部门在接到报告后，应该第一时间督办落实，组织力量赴现场调查了解情况，及时开展帮扶工作。兜底保障的相关职能部门要开通信息报告热线电话，畅通基层兜底保障渠道，确保困难群众求助有门、受助及时。

二是在村和社区建立信息汇报制度。社区(村)干部协助开展困难群众排查、信息报送、公示监督等工作，负责在第一时间内将发现的困难群众相关信息及时汇报给相关部门，便于民政系统及时了解、掌握、核实辖区居民遭遇突发事件、意外事故等特殊情况，并由基层干部协助困难群众申请兜底保障，做好应急救援工作。

三是充分发挥社工、志愿者其他社会组织以及个人的作用，依托统一的民政电话，及时把发现的情况报告给民政部门。发挥流浪乞讨人员救助管理机构的作用，建立流浪乞讨人员主动救助常态化、规范化的工作机制，积极开展转介服务。

五、健全快速响应机制，实现兜底保障政策运行高效

对于发现的贫困人口和急难对象，相关职能部门应各司其职、互相配合，做到快速响应，确保在接到求助申请后能够及时高效采取兜底保障的相应措施。

一是对常规性的贫困人口，社区（村）工作人员应协助其提出申请，做好政策阐释，按照兜底保障工作的基本流程提交申请材料，并及时告知申请对象审核进度和审核结果。

二是对于遭遇突发事件、意外事故、自然灾害等陷入生活困境的家庭，社区（村）工作人员应立即上报，政府接到报告后立即安排核实情况，对于符合条件的可先行安排兜底款物，立即将情况上报，提出初步兜底保障意见。

三是对于重大事项或无法解决的事项，由区县级民政部门牵头协商，及时有效地为陷入生活困境的困难群众纾难解困。在保障基本生活的同时，还要针对不同需求，及时开展心理疏导、能力提升、社会融入等个性化帮扶，帮助他们避免因生存危机、心理危机而陷入生活绝境。

第三节　健全完善兜底保障过程管理，加强动态兜底服务

一、合理确定兜底保障标准，健全联动调整机制

规范兜底保障标准的调整，完善保障标准与生活水平提升、物价上涨挂钩的联动调整机制，确保贫困人口基本生活水平不因阶段性物价上涨、生活成本增加而降低。要解决好以下两大问题：(1)推行什么样的兜底保障理念，确定什么样的保障水平；(2)兜底保障标准与谁联动，确定什么样的调整周期比较合适。

一是新时代的兜底保障应坚持适度普惠和标准放宽原则，确保贫困人口能够共享经济社会发展成果。以往主要按照"菜篮子法"等来确定兜底保障标准，即采用基本生活费用支出法进行测算，包括食品消费支出和

非食品类生活必需品支出。在以往绝对贫困人口较多、居民整体生活水平还很低的情形下，按照“菜篮子法”等确定兜底保障标准具有一定的合理性，但新时代人民整体生活水平明显提升，相对贫困逐渐取代绝对贫困，成为主要的贫困类型，仍然按“菜篮子法”等来确定兜底保障标准，会导致一方面救助标准确实很低，难以保障贫困人口脱贫；另一方面也凸显了兜底保障的单一性，仅保障吃穿，而忽视了住房、医疗、教育、养老扶幼等发展型领域的兜底保障。这就要求坚持适度普惠和标准放宽原则，确保贫困人口能够共享经济社会发展成果，在“菜篮子法”的基础上，紧密围绕贫困人口基本生活水平有保障，超越绝对意义上的最低生活水平，综合考虑地方经济发展水平、生活成本与物价水平，确保贫困人口能过上相对体面的生活。合理处理最低生活保障线与扶贫线的关系，推进“两线合一”，或者最低生活保障线参考“绝对贫困线”和“相对贫困线”，从而确定科学、适当的兜底保障线。

二是健全完善兜底保障标准与经济发展水平、物价上涨等的联动机制。这主要体现在两个方面，应分别构建常态化的联动调整机制，以应对临时性的物价上涨和长期性的经济发展水平变化。(1)兜底保障标准应以维持贫困人口基本生活为基础，逐步拓展至发展层面的兜底保障，统筹考虑经济社会发展水平和地方财力状况，建立和完善兜底保障标准与经济发展水平挂钩的动态调整机制。随着居民生活水平的提高定期调整，一般可以设置为每年调整一次，在调整时兼顾城乡，避免城乡差距过大，逐步实现城乡兜底保障水平的一体化。(2)健全兜底保障标准与临时物价上涨的联动机制。对于物价短期内上涨较快的，发放价格临时补贴，如居民消费价格指数(CPI)单月同比涨幅达到3.5%，CPI中的食品价格单月同比涨幅达到6%，表明达到价格联动启动时机，应在锚定价格指数发布后及时启动，并确保在一定的期限内完成价格临时补贴发放。

二、推进差异化分类保障，实现兜底保障对象管理精准

为更好地推进兜底保障对象管理，构建高效的服务管理机制，对于不

同类型的兜底保障对象，采用不同的认定审核周期、管理服务机制。依据贫困家庭的收入、财产、家庭劳动力、家庭成员健康状况、贫困原因等因素，实施类别化、差异化兜底保障，可以把兜底保障对象分为Ⅰ、Ⅱ、Ⅲ三类。Ⅰ类为重点兜底保障户，即完全丧失劳动能力或不具备生活自理能力，短期内难以脱贫的极贫家庭。Ⅱ类为基本保障户，由于年老体弱、残疾、重病或患慢性病等导致部分丧失劳动能力或生活自理能力，家庭生活困难，人均收入低于当地扶贫标准，且家庭财产、住房等符合有关规定的相对比较贫困的家庭。Ⅲ类为一般保障户，是因阶段性贫困导致家庭生活困难，其中家庭人均收入低于当地扶贫标准，且家庭财产、住房等符合有关规定的一般贫困家庭。

对于以上三类兜底保障对象，根据其特点采取不同的保障举措。Ⅰ类重点兜底保障对象为长期保障户，家庭收入、财产、支出等比较固定，认定与核查周期相对较长，可每年进行一次，主要保障内容在于保障基本生活。Ⅱ类基本保障户为重点监测对象，认定和审核周期可适当放宽，并根据其家庭特点，在提供基本生活保障的基础上给予相应的发展型兜底保障。如家有未成年子女的，应对子女教育加大兜底保障力度，使其能够较好地接受教育，并支持保障其子女能获得诸如技术培训、高等教育的机会，保障其家庭能通过教育兜底保障实现长效脱贫。如家有慢性病患者的，应加强医疗兜底保障，通过治疗早日恢复身体健康或劳动能力。Ⅲ类一般保障户为临时性或阶段性贫困家庭，认定和审核周期较短，应加强动态管理和动态帮扶。除给予生活兜底保障外，应为其提供更多的发展型兜底保障，如因家庭成员患重病导致的医疗支出急剧增加，应为其链接相应的慈善资源，提供医疗救助，帮助其减免医疗费用。

三、优化兜底保障资源供给，实现兜底保障帮扶精准

确保兜底保障资源提供给最需要的人，确保兜底保障项目精准帮扶贫困人口。前文已经论述过把兜底保障对象分为三类，对于不同类别的兜底人口，也需要采用不同的保障对策。

一是优化兜底保障资源，提供多元化的兜底保障方式。当前，兜底保障的主要方式是发放现金或物资，并且主要为政府财政投入，投入方式较单一且投入不足。因此，应进一步优化兜底保障资源供给，提供涵盖发放现金、发放物资、提供服务等在内的多元化兜底保障方式。多元化筹集兜底保障资源，发动社会组织、企事业单位、个人等捐资捐物，鼓励社会力量为兜底保障事业贡献力量。加强社会服务的兜底性供给，如对生活不能完全自理的老年人、残疾人或存在心理障碍的兜底保障对象，民政部门可以通过购买社会服务等方式，为其提供生活帮扶、心理疏导等，充分发挥专业社会工作服务机构和社会工作者在提供兜底保障服务领域的优势。

二是加强兜底保障的过程管理，精准施策提供兜底保障资源。贫困人口进入兜底保障范围后，不能仅是简单地发放款物，而应加强动态管理，针对兜底保障对象的不同需求，提供差别化的兜底保障资源。动态管理的中心意思就是要求对不同特点的贫困人口实施差异化的过程管理，使得兜底保障对象能够获得相应的资源，以更好地实现脱贫。如因缺乏劳动能力、重病重残或老幼体弱导致基本生活无保障的，应及时给予现金或物资帮扶；对于因能力不足或就业困难导致基本生活无保障的，应及时给予技能培训、就业推荐等。对于暂时难以摆脱贫困，需要长期兜底保障的重点兜底保障户和部分基本保障户，无须经常性地核查收入或财产变化，主要在于通过提升兜底保障水平来保障其基本生活。而对于部分基本保障户（如家庭成员中有未成年子女、慢性病成年人等）和一般保障户，其具备一定的发展条件，须根据其实际需求，给予针对性的兜底保障服务，尤其是涉及教育、医疗等发展型层面的兜底保障，在给予基本款物的同时，应更加关注和满足其发展型需求，如技能提升、子女教育帮扶、社会参与、就业机会等，通过强化发展型能力的兜底援助，提升其脱贫能力。

三是避免简单的政策捆绑，充分发挥各项保障政策的作用。应推行基于精准理念下的针对性保障，根据贫困者的实际困难及贫困程度，给予相应的兜底保障资源，发挥兜底保障制度体系对帮助贫困受助者摆脱贫困的合力。

四、建立生活变化跟踪机制，实现兜底保障应退尽退

加强对兜底保障对象基本生活变化的跟踪，目标在于通过实时掌握和综合了解兜底人口的生活动态，从而为是否继续给予兜底保障提供数据上的支撑，有助于健全规范退出机制。当前很多地方对兜底保障的退出在执行上存在较大阻力，尤其是以低保为主导的社会救助制度，很多人并不愿意退出低保，原因在于政策简单捆绑提升了低保的“含金量”，基层执行遇到的阻力大，社会监督制度不健全等。要解决以上问题，须强化以下举措。

一是建立对兜底保障对象生活变化情况的跟踪机制。这主要包括两个方面的内容，即对兜底保障对象的定期随访制度和兜底保障对象的定期报告制度。(1)健全完善民政干部、基层自治组织干部对兜底保障对象的定期随访制度。基层民政干部是责任主体，负责指导、协调和随访安排，不同类别的兜底保障对象，可以按照不同的周期进行重点跟踪和定期随访，如对上述的重点兜底保障户每年至少走访一次，基本保障户每半年至少走访一次，一般保障户每季度至少走访一次。采取定期、不定期入户调查、邻里走访、信函索证等方式调查了解兜底保障对象的基本生活、收入支出变化和家庭成员变化等情况。(2)有条件的兜底保障对象须定期报告家庭生活情况。兜底保障对象(主要通过电话告知、委托社区或村干部书面转告等方式)应向基层民政部门定期报告家庭人口、收入支出和财产状况等方面的变化情况。重点兜底保障户每年至少报告一次，基本保障户每半年至少报告一次，一般保障户每季度至少报告一次，不按规定报告的，可以暂停发放兜底保障的款物。

二是规范化运行兜底保障退出机制，实现应退尽退。从兜底保障对象的基本特征及反贫困态势来看，退出机制是一个有机的综合体系，不能简单地以强制退出为目标，而应首先健全完善退出机制，明确退出的程序、条件及后续跟进政策。在程序上需要规范化、合理化，准确依据动态跟踪、过程管理的数据，研判兜底保障对象的整体生活状况，不能简单地

以收入、财产等的变化为由，强制终止兜底保障。如兜底保障对象收入不稳定，即使短时期内收入提升，但长期来看随时面临着失业、家庭成员重病等风险，可能陷入极端贫困。因此在兜底保障退出机制的顶层设计上，须规避制度缺陷，如救助金的补差性原则，抑制了就业者增加劳动收入的积极性。

三是推行渐退机制，强化正面舆论引导。在退出理念上，为避免一次性终止兜底保障对受助者基本生活造成的巨大冲击，应推行渐退机制，规定兜底保障对象退出的缓冲期，确保兜底保障对象不因退出而重新陷入生活困境。如重庆市相关政策明确规定，实现就业的低保人员，若家庭仍然困难，可保留除低保金以外的其他待遇，保留原来在子女入学、医疗救助、廉租房、法律援助、收费减免等方面的帮扶措施。另外，对于退出的兜底保障家庭，应加强后续的政策支持和动态跟踪。与此同时，须强化正向舆论导向，加强退出机制的宣传引导，在全社会倡导自立文化，倡导自强自立与拼搏精神，批判赖保行为。完善监督体系，积极发挥政府、群众、媒体的监督作用，确保兜底保障退出工作的公开化、透明化。有效发挥人民群众的监督职能，为兜底保障退出机制的执行落实提供更多参考依据和有力的监督手段。

第四节　建立更加公平可持续的兜底保障制度，不断提升兜底效果

一、稳定兜底保障资金投入，加大财政转移支付力度

当前，兜底保障的资金主要来源于财政预算，对于落后地区而言，地

方财政给付能力非常有限，但因贫困人口较多，需要兜底保障的人口远远多于发达地区，因此在兜底保障的财政预算上，往往捉襟见肘。所以，亟待加大财政转移支付力度。

一是在财政资金上优先保障，确保兜底保障政策运行的可持续性。将兜底保障作为财政投入的重点优先保障领域，明确投入比例，对于新增财力、新增政府债券、公共财政预算要求优先安排一定比例用于兜底保障，从而建立财政优先保障、金融重点支持、社会积极参与的多元投入格局。如2020年印发的《关于调整完善土地出让收入使用范围优先支持乡村振兴的意见》对土地出让收入用于农业农村比例做了明确规定，那么对于兜底性保障的财政预算，同样可以明文规定，从其他比较固定的财政收入中列支一定比例的资金用于支持当地兜底保障事业的发展。

二是加大对落后地区兜底保障资金的转移支付力度。这主要体现在三方面。(1)加大中央财政对欠发达地区兜底保障资金的转移支付力度。(2)加强省市级财政对区域内欠发达地区的兜底保障资金的转移支付力度。(3)鼓励发达地区对中西部欠发达地区的对口财政帮扶。

三是持续提升兜底保障水平，加大对贫困人口养老保险、医疗保险等主要险种的资金帮扶力度。兜底保障水平的高低是衡量是否筑牢兜底保障网、兜准困难群众基本生活底线的重要依据。随着经济社会发展水平和人民生活水平的不断提升，贫困人口的基本生活也应得到提升，因此要进一步提升兜底保障水平，尤其是提高最低生活保障标准和特困人员供养标准，提高农村低保分档补助水平，阶段性提高价格临时补贴标准，持续实施价格联动机制。考虑到很多贫困家庭无力缴纳养老保险、医疗保险，应兜底保障这类人群在医疗、养老方面的需求，加大对他们缴纳养老保险、医疗保险的资金扶持力度。

二、强化政策合力，提升兜底保障政策体系整体效果

当前的兜底保障政策很注重通过农村低保对“两无”贫困人口进行兜

底，主要在于对基本生存问题的兜底，而对贫困人口的医疗健康、教育发展、就业技能等关注较少。应发挥社会救助、社会保险、医疗保障、扶贫开发、乡村振兴等政策的合力，提升兜底保障的整体效果。

一是协同推进基本生活兜底保障和发展型兜底保障，强化配套扶持政策的支持力度。兜底保障政策体系首要的任务就是为贫困人口解决基本生活的问题，其次需要为贫困家庭提供发展的基础条件和机会。基本生活兜底保障主要由低保、特困人员供养等来解决，发展型兜底保障主要由医疗保障、教育扶持等政策来解决，并且需要更加注重发展型兜底保障，如为贫困家庭提供基本的技术技能培训、文化知识培训等。只有这样，才能提升其脱贫能力。对贫困残疾人，要为其基本生活、生活照料、就业发展等提供更多兜底性帮扶；对贫困老人，要为其基本生活等提供更多保障，助其安度晚年；对贫困家庭的未成年子女，在教育关怀、心理辅导、价值观教育等方面提供更多兜底性帮扶。

二是发挥政策合力，提升兜底保障政策体系的整体帮扶效果。改变以往对兜底保障政策的片面认识，如一想到兜底保障，就认为由农村低保来负责。要全面认识到兜底保障政策是一个体系，是一项系统工程，认识到农村各项反贫困政策具有一定的兜底线性质，无论是社会救助、社会保险，还是扶贫开发、乡村振兴，其首要任务都是反贫困。反贫困的基础在于提升贫困人口的福祉和生活水平，而作为最贫困的农村人口，应首先获得这些反贫困政策的眷顾和帮扶。因此，应充分发挥各项反贫困政策的合力，综合提升帮扶效果。应全面整合兜底保障资源，统筹推进农村低保、特困人员供养、基本养老、扶贫开发、助残、临时救助等政策，衔接好扶贫开发、乡村振兴战略，巩固拓展脱贫成果。如乡村振兴战略助推农村产业振兴，产业振兴提振集体经济发展壮大，集体经济壮大后应首先惠及区域内兜底保障家庭，为其基本生活、子女教育、养老、医疗等提供更多兜底性的帮扶。

三、注重家庭保障，提升兜底保障家庭互助能力

家庭是人类社会的基石，是社会发展的重要推动力量。习近平总书记明确指出："无论时代如何变化，无论经济社会如何发展，对一个社会来说，家庭的生活依托都不可替代，家庭的社会功能都不可替代，家庭的文明作用都不可替代。"作为社会最稳固的细胞，家庭承担着稳定社会的作用。要做好社会成员生存和发展的保障工作，家庭是最理想的社会单元，家庭保障是人生存和发展中最重要的一种保障。（巫文强，2015）贫困家庭作为一个整体，应注重对整个家庭的兜底保障，明确反对有些农村家庭通过分割老年人、残疾人户口的方式来规避养老、助残、扶弱等责任。

一是加强对困难家庭的兜底帮扶力度，全面提高农村家庭的整体互助能力。注重支持贫困家庭育儿、养老、助残等功能，进一步提升兜底保障的帮扶效果。在以家庭为单位给予兜底保障的同时，对不符合兜底保障低收入家庭中的特殊困难人员可以给予单独保障，如重度残疾人、生活不能自理的老年人、重病患者等，避免对特殊困难群体进行"割户"。可以通过单独施保的方式来应对"割户"，鼓励农村家庭关爱和帮助生活困难的家庭成员，提升家庭成员的获得感、安全感和幸福感。

二是提升对贫困家庭的整体帮扶水平，规避"撒胡椒面"的兜底保障政策。很多地方因财政给付能力有限，加之争保现象严重导致低保分配存在较大矛盾，农村低保像"撒胡椒面"似的照顾更多家庭，并且每个家庭往往只保障一个人。虽然这一政策能惠及更多农村低收入家庭，却降低了帮扶效果。要提升兜底保障政策对家庭的保障能力，就需要回归到以家庭为单位进行施保。通过加大对贫困地区的财政转移支付力度、鼓励慈善组织加大对落后地区的支持力度等来拓宽欠发达地区兜底保障资金的来源渠道。

四、规范兜底保障制度运行，降低帮扶依赖心理

有些贫困人口对兜底保障政策有比较严重的依赖心理，当生活条件变好后，完全可以退出，却不愿意退出；也有些农村居民，想方设法获取兜

底保障政策的照顾。这些现象的存在说明亟待进一步规范兜底保障制度的运行，通过严格执行退出机制、加大收入豁免和正向激励力度、加强能力层面的援助等来降低依赖心理，实现能退则退。

一是加强管理和规范执行。关键在于确保兜底保障的各项政策能充分实现准入畅通、动态管理、退出机制严格执行，依照法律法规管理和推进落实。对于符合条件的，必须坚决地及时纳入兜底保障范围；而对于不符合条件的，必须坚决清退。应加强对贫困对象生活变化情况的跟踪，加强动态管理。一方面是通过了解其需求的变化，精准链接资源，给予精准帮扶，助其早日摆脱贫困；另一方面是通过了解兜底保障家庭收入、支出、财产等的变化，来判定其是否符合退出条件，为退出机制的执行提供数据支撑。规范执行兜底保障政策，也就要求必须让兜底保障政策回归到政策设计的初衷上来，彻底解决人情保、关系保、维稳保等问题，加大对典型案例查处和通报力度。利用信息化网络平台，线上线下推行审核结果公示制度，确保“公开、公正、透明、阳光”。

二是加大收入豁免力度，强化正向激励机制。确定兜底保障的实际给付标准，应改变对收入的简单补差替代。这里所说的补差替代，主要是指农村低保实行差额补贴原则，即按照家庭人均收入低于当地低保全额标准的差额确定实际给付水平。实际上这意味着对贫困家庭的收入征收100%的边际税率，收入的增加并不能带来家庭总体生活水平的提升，在一定程度上挫伤了贫困家庭通过就业、务农等方式增加收入的积极性。应强化正向激励机制，降低帮扶依赖心理，加大对贫困家庭收入的豁免力度，规定一定期限或一定额度的劳动收入免于计入审查，超出的那部分劳动收入只抵扣较小比例。同时，采取渐退机制，可根据实际情况继续给予一定期限的帮扶，确保贫困家庭退出兜底保障后总体生活水平不下降。

三是加强能力层面的兜底保障，帮助贫困人口可持续脱贫。以往兜底保障以款物帮扶为主，应该为贫困家庭提供更多就业机会、教育培训、社会参与等发展型兜底保障资源。针对条件较好的兜底保障家庭，加强对其子女教育、技能培训等方面的扶持。在兜底保障的实务工作中，应以端正的态度和科学的方法掌握贫困人口的价值观、需求与关心的问题，将生存需求与发展需求有机结合，给予和链接多元化的社会支持，使其拥有脱贫及持续发展所需的资源、机会和条件，提升其主动应对困难与主动发展的能力。

参考文献

[印度]阿马蒂亚·森.以自由看待发展[M].任赜,于真译.北京:中国人民大学出版社,2013.

安永军.低保瞄准的精准化与农村低保治理转型——基于鄂东W村的实地调研[J].社会保障研究,2017(6).

安永军.规则软化与农村低保政策目标偏移[J].北京社会科学,2018(09).

安永军.农村低保政策中的"福利叠加"现象及成因[J].西北农林科技大学学报(社会科学版),2017(5).

毕天云.论底线福利公平[J].学术探索,2017(11).

毕金平.论我国精准扶贫与社会救助制度的衔接和调适[J].学术界,2018(7).

白小平,代枚训,王娅荣.精准扶贫与社会救助制度"协同"观察[J].重庆社会科学,2017(5).

白维军.我国现代社会保障的理念、政策演变及启示[J].内蒙古社会科学(汉文版),2019(3).

白维军,樊文苑.十八大以来我国社会保障研究的态势与评价——基于CSSCI(2013—2017)的文献计量分析[J].社会保障研究,2018(4).

陈艾,李雪萍.脆弱性-抗逆力:连片特困地区的可持续生计分析[J].社会主义研究,2015(2).

陈成文,陈建平.社会救助供给模式与新时代"弱有所扶"[J].甘肃社会科学,2019(1).

陈成文,陈建平,洪业应.新时代"弱有所扶":对象甄别与制度框架[J].学海,2018(4).

陈成文,王雅妮,何培.发展慈善事业与实现新时代的"弱有所扶"[J].中州学刊,2020(10).

陈成文，黄利平．论住房保障与实现新时代“弱有所扶”（上）[J]．城市发展研究，2019(3)．

陈永胜，钟仁耀．以色列社会保障制度创新及其对中国的启示[J]．社会保障研究，2018(4)．

曹艳春，陈翀．从“低保”标准到“家庭运行标准”——社会救助制度的革新与设计[J]．现代经济探讨，2016(4)．

曹亚娟，张少哲，周长城．芬兰普惠式社会保障体系及其历史经验[J]．社会保障研究，2018(2)．

丁建定，王伟．改革开放以来党对中国特色社会保障制度目标的认识[J]．社会保障研究，2019(3)．

多庆．西藏社会保障在反贫困中作用[J]．西藏研究，2015(4)．

高和荣．底线公平理论指导民生建设和谐发展[J]．人民论坛，2009(20)．

高和荣．中国特色社会保障事业的发展：主要成就与未来方向[J]．学术前沿，2017(1)．

关信平．当前我国反贫困进程及社会救助制度的发展议题[J]．陕西师范大学学报（哲学社会科学版），2019(5)．

关信平．现阶段中国社会救助制度目标提升的基础与意义[J]．社会科学文稿，2018(4)．

关信平．我国低保标准的意义及当前低保标准存在的问题分析[J]．江苏社会科学，2016(3)．

关信平．朝向更加积极的社会救助制度：论新形势下我国社会救助制度的改革方向[J]．中国行政管理，2014(7)．

公丕明，公丕宏．精准扶贫脱贫攻坚中社会保障兜底扶贫研究[J]．云南民族大学学报（哲学社会科学版），2017(6)．

国际劳工组织．全球社会保障的最新动态与未来展望[J]．社会保障评论，2018(2)．

贺雪峰．当前农村扶贫工作中的几对辩证关系[J]．中国老区建设，2017(9)．

贺雪峰.农村低保实践中存在的若干问题[J].广东社会科学,2017(3).

贺雪峰.中国农村反贫困战略中的扶贫政策与社会保障政策[J].武汉大学学报(哲学社会科学版),2018(3).

何仁伟,李光勤,刘邵权等.可持续生计视角下中国农村贫困治理研究综述[J].中国人口·资源与环境,2017(11).

韩克庆.兜底,统一,还是倒挂——农村低保标准与扶贫标准的关系[J].探索与争鸣,2018(12).

韩克庆.社会救助是兜底性保障吗?——一项关于低保标准的描述性研究[J].郑州大学学报(哲学社会科学版),2018(4).

韩克庆.中国社会救助制度的改革与发展[J].教学与研究,2015(2).

胡鑫.精准扶贫中社会保障制度的合理利用[J].人民论坛,2019(3).

景天魁.底线公平:和谐社会的基础[M].北京:北京师范大学出版社,2009.

景天魁.底线公平概念和指标体系——关于社会保障基础理论的探讨[J].哈尔滨工业大学学报(社会科学版),2013(1).

景天魁."底线公平"的社会保障体系[J].中国社会保障,2008(1).

景天魁.底线公平:公平与发展相均衡的福利基点[J].北京工业大学学报(社会科学版),2015(1).

焦克源,杨乐.扶贫开发与农村低保衔接研究:一个文献述评[J].中国农业大学学报(社会科学版),2016(5).

焦克源,张焱.连片特困区农村低保与扶贫开发衔接绩效影响因素分析——基于六盘山特困区两个县的数据[J].中国农业大学学报(社会科学版),2018(5).

寇浩宁,李平菊."过度化执行":基层政府与农村低保政策的执行逻辑[J].深圳大学学报(人文社会科学版),2017(3).

匡亚林.论精准治贫与社会救助的整合治理[J].华中科技大学学报(社会科学版),2018(1).

李迎生,李金珠.走向一体化的反贫困政策框架——扶贫开发与农村低保衔接的路径与趋势研究[J].江苏行政学院学报,2019(4).

李晓宁,高晓春.突破贫困恶性循环的"怪圈"[J].西北农林科技大学学报(社会科学版),2001(1).

李文钢.贫困文化论的误用与滥用[J].中国农业大学学报(社会科学版),2018(5).

李卫东.发展中国家社会救助体系的现状、成效及挑战[J].行政管理改革,2018(4).

李琼,张登巧.少数民族地区社会保障制度减贫的功能及实践[J].甘肃社会科学,2017(4).

李志平.扶贫开发与社会保障政策的最优组合与效果模拟[J].经济评论,2017(6).

李丹,李鹏,杨璐.民族地区精准扶贫与农村低保制度联动研究[J].农村经济,2017(12).

乐章,程中培.收入是低保制度的唯一认定标准吗?——基于政策文本与中国家庭追踪调查数据的分析[J].学习与实践,2017(7).

雷望红.政策吸纳:理解农村低保政策执行偏差的新视角——基于黔西南M县Y乡的田野调查[J].西南大学学报(社会科学版),2019(1).

兰剑,慈勤英.中国社会救助政策的演进、突出问题及其反贫困突破路向[J].云南社会科学,2018(4).

兰剑,慈勤英.新时代社会救助政策运行的社会风险及其应对[J].青海社会科学,2018(2).

兰剑,慈勤英.现代风险社会与"急难"风险的应对——兼论社会救助救急难的常态化机制构建[J].青海社会科学,2015(4).

兰剑,慈勤英.后脱贫攻坚时代农村社会救助反贫困的困境及政策调适[J].西北农林科技大学学报(社会科学版),2019(3).

兰剑,慈勤英.后脱贫攻坚时期农村"争当低保户"现象的症结及其治理[J].农村经济,2019(4).

兰剑.后脱贫攻坚期民族地区"弱有所扶"民生建设困境及其完善路径——基于武陵山地区X县16村的调查研究[J].云南民族大学学报(哲学社会科学版),2019(2).

兰剑.反贫困视域下社会救助依赖问题的解构及其治理[M].北京:科学出版社,2018.

兰剑,慈勤英.社会救助政策的“负激励”风险及其防范[J].西北农林科技大学学报(社会科学版),2016(3).

刘洪银,李沁.农村低保政策执行中的问题与改进对策[J].长白学刊,2017(3).

刘七军,李金锜.精准扶贫视阈下民族地区支出型贫困家庭社会救助路径探析[J].甘肃行政学院学报,2017(5).

刘晓雪.英国照护社会救助制度及对我国的启示[J].地方财政研究,2017(2).

刘浩瀛,魏莉,刘玉安.国外社会救助的经验借鉴[J].中国财政,2014(21).

刘欣.功能整合与发展转型:精准扶贫视阈下的农村社会救助研究——以贵州省社会救助兜底扶贫实践为例[J].贵州社会科学,2016(10).

刘宝臣,韩克庆.中国反贫困政策的分裂与整合:对社会救助与扶贫开发的思考[J].广东社会科学,2016(6).

鲁全.中国共产党对社会保障认识的变迁与发展(1997—2017)[J].国家行政学院学报,2017(6).

罗丞,王粤.摆脱农村贫困:可持续生计分析框架的解释与政策选择[J].人文杂志,2020(4).

吕学静.日本社会救助制度的最新改革及对中国的启示[J].苏州大学学报(哲学社会科学版),2016(3).

彭华民,顾金土.底线公平理论的学术价值[N].光明日报,2009-04-28(11).

彭宅文.最低生活保障制度与救助对象的劳动激励:“中国式福利依赖”及其调整[J].社会保障研究,2009(2).

仇叶,贺雪峰.泛福利化:农村低保制度的政策目标偏移及其解释[J].政治学研究,2017(3).

秦继伟.农村社会保障的多重困境与优化治理[J].甘肃社会科学,2018(3).

孙远太.社会救助运行机制的功能障碍与改进路径[J].中国行政管理,2016(10).

唐钧.追求“精准”的反贫困新战略[J].西北师大学报(社会科学版),2016(1).

田蓉,周晓虹.社会救助服务:欧盟经验与中国选择[J].学习与探索,2018(11).

王延中,王俊霞.更好发挥社会救助制度反贫困兜底作用[J].国家行政学院学报,2015(6).

王延中,王俊霞,单大圣等.改革开放40年与社会保障中国模式[J].学术界,2018(8).

王延中.习近平新时代我国社会保障体系的改革方向[J].社会保障评论,2018(1).

王轩,刘骏民,王佳妮.我国社会保障评价体系重构、检验与分析[J].管理评论,2018(2).

汪文志.关于构建多层次社会保障体系研究[J].经济研究参考,2016(72).

汪怀君,汝绪华.社会救助与精准扶贫有效衔接的“瓶颈问题”及其治理——基于新时代精准扶贫思想的思考[J].河南大学学报(社会科学版),2018(5).

汪超.可持续生计理论对农民工资产贫困的理解与公共政策启迪[J].理论月刊,2019(6).

王蒙.扶贫开发与农村低保衔接的政策执行偏差及其矫正——基于复杂政策执行的“模糊——冲突”分析框架[J].中国农业大学学报(社会科学版),2018(5).

吴海涛,陈强.精准扶贫政策与农村低保制度的有效衔接机制[J].农业经济问题,2019(7).

巫文强.人生存和发展的社会保障[J].改革与战略,2015(5).

王三秀.国外可持续生计观念的演进、理论逻辑及其启示[J].毛泽东邓小平理论研究,2010(9).

袁方，梅哲．对底线公平理论的辩证思考[J]．中国高校社会科学，2010(2)．

岳经纶，胡项连．低保政策执行中的“标提量减”：基于反腐败力度视角的解释[J]．中国行政管理，2018(8)．

印子．农村低保政策“走样”及其整体性治理[J]．西北农林科技大学学报(社会科学版)，2019(2)．

杨穗，鲍传健．改革开放40年中国社会救助减贫：实践、绩效与前瞻[J]．改革，2018(12)．

杨爽．国际比较视角下我国社会救助制度内容与体系研究[J]．理论月刊，2018(12)．

余大银．做好社会救助兜底保障应坚持三个导向[J]．中国民政，2018(20)．

郑功成．科学发展与共享和谐：民生视角下的和谐社会[M]．北京：人民出版社，2006．

郑功成．中国社会救助制度的合理定位与改革取向[J]．国家行政学院学报，2015(4)．

郑功成．中国社会保障改革与经济发展：回顾与展望[J]．中国人民大学学报，2018(1)．

郑秉文．中国社会保障40年：经验总结与改革取向[J]．中国人口科学，2018(4)．

张昊．农村低保评审乱象的成因及治理——基于定性定量混合研究方法的分析[J]．中国农村观察，2017(1)．

张峻豪，何家军．能力再造：可持续生计的能力范式及其理论建构[J]．湖北社会科学，2014(9)．

张彦生，王虎峰．我国社会保障理念演进与路径选择研究[J]．现代管理科学，2017(1)．

张泽胜．农村低保制度与扶贫开发政策的有效衔接[J]．重庆社会科学，2017(8)．

张召华，王昕，罗宇溪．“精准”抑或“错位”：社会保障“扶贫”与“防贫”

的瞄准效果识别[J].财贸研究,2019(5).

张璟,许竹青.扶贫与社会保障制度结合的减贫国际经验启示[J].世界农业,2019(2).

左停,赵梦媛,金菁.路径、机理与创新:社会保障促进精准扶贫的政策分析[J].华中农业大学学报(社会科学版),2018(1).

左停,金菁.“弱有所扶”的国际经验比较及其对我国社会帮扶政策的启示[J].山东社会科学,2018(8).

赵锋.可持续生计分析框架的理论比较与研究述评[J].兰州财经大学学报,2015(5).

祝建华,邓茜钰.“宁漏勿错”与“宁错勿漏”:低保制度目标定位的两难及化解[J].学习与实践,2017(9).

朱梦冰,李实.精准扶贫重在精准识别贫困人口——农村低保政策的瞄准效果分析[J].中国社会科学,2017(9).

朱俊立.政府购买社会保障扶贫服务与乡村社会治理创新[J].财政研究,2014(11).

韩沛锟,程瑶瑶.农村养老服务:需求,政策实践与发展展望[J].学习论坛,2021(2).

胡小武.城镇化与老龄化叠加时期的中国养老模式转型[J].新疆师范大学学报(汉文哲学社会科学版),2016(5).

陆杰华.新时代积极应对人口老龄化顶层设计的主要思路及其战略构想[J].人口研究,2018(1).

陆杰华,沙迪.新时代农村养老服务体系面临的突出问题、主要矛盾与战略路径[J].新疆师范大学学报(汉文哲学社会科学版),2019(2).

蒋军成.农村养老保障的制度演进与发展趋势探析[J].云南民族大学学报(哲学社会科学版),2017(2).

汪三贵等.中国扶贫开发的实践、挑战与政策展望[J].华南师范大学学报(社会科学版),2017(4).

赵和楠等.民族地区“精准扶贫”的实施难点与改进建议——基于四省民族贫困区的调查[J].学习与实践,2017(2).

孙嘉悦.论健全最低生活保障制度与实现新时代“弱有所扶”[J].贵州社会科学,2019(1).

康镇.“弱有所扶”民生安全网的整合治理研究[J].社会建设,2020(3).

林闽钢.新历史条件下“弱有所扶”:何以可能,何以可为?[J].理论探讨,2018(1).

刘祖云.社会转型与“弱有所扶”:香港与内地比较视角的探讨[J].山东社会科学,2018(8).

许巧仙,詹鹏.公平正义与弱有所扶:残疾人教育结构性困境及服务提升研究[J].中国行政管理,2018(11).

吴军民,李丹妃,徐志毅.居住空间,生计禀赋与“弱有所扶”政策均等化效应[J].中国行政管理,2019(10).

卢俊.论心理救助与新时代“弱有所扶”[J].探索,2019(3).

陆铭,田士超.显性失业还是隐性就业?——来自上海家庭调查数据的证据[J].管理世界,2008(1).

徐丽敏.国外福利依赖研究综述[J].国外社会科学,2008(6).

邓蓉,周昌祥.在反福利依赖中社会工作对社会政策方面的介入[J].西南民族大学学报(人文社科版),2007(11).

肖萌,陈虹霖,李飞跃.低保对象为何退保难?动态分析策略下的退保模式及其变迁趋势研究[J].社会,2019(4).

肖萌,李飞跃.低保依赖的影响因素及对策——一个综合解释模型探讨[J].南开学报(哲学社会科学版),2017(2).

张浩淼.救助、就业与福利依赖:兼论关于中国低保制度“养懒汉”的担忧[J].兰州学刊,2014(5).

李乐为,王丽华.就业激励和援助:贫困救助制度演进和优化的基本取向[J].甘肃社会科学,2011(3).

王增文,邓大松.倾向度匹配、救助依赖与瞄准机制:基于社会救助制度实施效应的经验分析[J].公共管理学报,2012(2).

DFID.Sustainable livelihoods guidance sheets[M].DFID,London,2001.

Lewis O. La vida: a Puerto Rican family in the culture of poverty-San

Juan and New York[M].New York: Random House,1966.

Lewis,Oscar.The Culture of Poverty[J].Scientific American,1966.

Lewis O. The culture of poverty[J].Poor Americans: How the white poor live,1971:20–26.

Murray C.The War on Poverty 1965–1980[J].The Wilson Quarterly,1984: 94–136.

Greenstone J D. Culture, rationality, and the underclass[J].The urban underclass,1991:399–408.

Kraay A . When is growth pro–poor? Evidence from a panel of countries [J]. Journal of Development Economics, 2006, 80(1):0–227.

Klasen S , Günther, Isabel. Measuring Chronic Non–Income Poverty[C]// German Development Economics Conference. Verein für Socialpolitik, Research Committee Development Economics, 2007.

Son H H . Interrelationship between Growth, Inequality, and Poverty: The Asian Experience[J]. Asian Development Review, 2007, 24.

Maria Cancian and Sheldon Danziger, eds. Changing Poverty, Changing Policies[J]. Social Service Review, 2011.

Boon B , Farnsworth J . Social Exclusion and Poverty: Translating Social Capital into Accessible Resources[J]. Social Policy & Administration, 2011, 45 (5):0–0.

Henninger N , Snel M . Where are the poor? Experiences with the development and use of poverty maps.[J]. Washington D, 2002.

Davis S H . Indigenous Peoples, Poverty and Participatory Development: The Experience of the World Bank in Latin America[M]// Multiculturalism in Latin America. Palgrave Macmillan UK, 2002.

Felicia Olufunmilayo Akinyemi. Geographic Targeting For Poverty Alleviation in Nigeria: A Geographic Information System (Gis) Approach[C]// 2 of International Cartographic Conference. Scientific and Technical Program Committee, 2008.

Ha Y , Ybarra M . The Relationship Between State-Level Characteristics and Child Care Subsidy Policy Choices[C]Society for Social Work & Research Sixteenth Conference Research That Makes A Difference: Advancing Practice & Shaping Public Policy. 2012.

Birdsall, Nancy. 14. New Findings in Economics and Demography: Implications for Policies to Reduce Poverty[J]. population matters, 2001:411–440.

Felipe P . Poverty, culture and social capital in Puerto Rican urban communities[J]. Centro Journal, 2008, xx(1):230–245.

Cherry R , Rodgers W M I . Prosperity For All?: The Economic Boom and African Americans[J]. prosperity for all, 2000.

Gilbert N. Transformation of the welfare state: The silent surrender of public responsibility[M].Oxford University Press,2002.

Goul Andersen J. Welfare Crisis and Beyond: Danish welfare policies in the 1980s and 1990s[J].Survival of the European Welfare State. London and New York:Routledge,2000:69–87.

Kildal N.Workfare tendencies in Scandinavian welfare policies[M].ILO, 2001.

Ybarra, M. Should I Stay or Should I Go? Why Applicants Leave the Extended Welfare Application Process [J]. Journal of Sociology and Social Welfare,2011,38(1).

Huber M,Lechner M,Wunsch C,et al.Do German Welfare-to-Work Programmes Reduce Welfare Dependency and Increase Employment?[J].*German Economic Review*,2011,12(2):182–204.

M.Melkersson, J. Saarela. Welfare Participation and *Welfare Dependence Among the Unemployed*[J].Journal of Population Economics,Vol. 17, Issue 3, 2004.

Judith M.Gueron. Patricia Auspos Encyclopedia of Social Work, 18th Edition [M].*Maryland, NASW Press*, 1987:896.

G. Gilder.Wealth and Poverty[M].*New York* , *Basic Books* ,1981.

Jochen Clasen, Daniel Glegg. Unemployment Protection and Labour Market Reform in France and Great Britain in the 1990s: Solidarity Versus Activation?[M].*Cambridge University Press*, 2003, Inl Soc. Pol. 32(3): 361–381.

Ybarra, M. *Should I Stay or Should I Go? Why Applicants Leave the Extended Welfare Application Process* [J]. Journal of Sociology and Social Welfare, 2011,38(1).

Sherraden M W. Assets and the Poor [M]. ME Sharpe, 1991.